The Beijing Development Report 2023
A Study on Beijing Model of Urban Renewal

2023
首都发展报告
首都特色城市更新研究

沈体雁 温锋华 等 著

科学出版社

北京

内 容 简 介

本书从减量发展、空间再造、街区共生、产权重置、价值倍增和多元共治等角度总结首都城市更新的理论逻辑；围绕挑战与要求、特色需求、内容体系与实施体系，阐述首都城市更新的总体框架目标；从问道、论道、行道、证道、悟道、寻道等角度总结首都城市更新在合道而行路上的成就，以及系统阐述首都城市更新的动力体系、活力之源、空间统筹、投融资体系、科技体系、治理体系；在介绍首都优秀更新实践案例，以及借鉴伦敦、东京、柏林和巴黎等首都城市更新典型经验的基础上，提出构建首都城市更新法治体系、激励体系和协作体系的政策建议。

本书可以作为高等院校公共管理、城乡规划、建筑学、城市管理、人文地理学等相关专业师生的专业参考书，也可以作为从事城市更新行业的管理者及技术人员的政策指导书，还可以作为相关培训机构开展城市更新专业技能培训、政策学习的参考资料。

图书在版编目（CIP）数据

2023首都发展报告：首都特色城市更新研究/沈体雁等著. —北京：科学出版社，2023.1
　ISBN 978-7-03-074088-5

　Ⅰ.①2⋯　Ⅱ.①沈⋯　Ⅲ.①区域经济发展−研究报告−北京市−2023
Ⅳ.①F127.1

中国版本图书馆CIP数据核字（2022）第231387号

责任编辑：石　卉　刘巧巧/责任校对：贾娜娜
责任印制：徐晓晨/封面设计：有道文化

科 学 出 版 社 出版
北京东黄城根北街16号
邮政编码：100717
http://www.sciencep.com
北京建宏印刷有限公司 印刷
科学出版社发行　各地新华书店经销
*
2023年1月第 一 版　开本：720×1000　1/16
2023年1月第一次印刷　印张：19 1/2
字数：400 000
定价：138.00元
（如有印装质量问题，我社负责调换）

学术指导委员会

编辑委员会

总　序

今年适逢我国改革开放四十年，也是首都建设和京津冀协同发展迎来新时代的开局之年。站在"两个一百年"的历史交汇点上，回顾往昔，展望未来，"建设一个什么样的首都，怎样建设首都"及如何促进京津冀协同发展这一被习近平总书记提出的重大时代课题摆在了我们各级决策者、众多研究者的面前。研究新时代的首都发展规律，探索建设以首都为核心的京津冀世界级城市群的发展道路，是区域与城市研究者，特别是首都与京津冀研究者的历史担当和使命。

成立于 1999 年 3 月的北京大学首都发展研究院（简称首发院）是北京大学与北京市委、市政府共建的服务于首都发展的重要平台。首发院汇聚了众多主要来自北京大学的区域与城市研究者，是首都及京津冀研究的一支重要力量，也是北京市第一批十四家高端智库建设试点单位之一。成立近二十年来，首发院在城市与区域科学研究、首都发展战略研究、京津冀协同发展研究、空间大数据与政策模拟研究四大方向持续开展了卓有成效的研究咨询工作，已经成长为享有盛名的政策研究咨询机构。

首发院致力于归纳、把握与传播以首都和京津冀为研究对象的最新研究成果，持续地跟踪和分析城市与区域的发展动态，已经先后出版多部"首都发展报告"和"京津冀区域发展报告"。作为新时代首都新型高端智库的成果集中发布与展示载体，首发院整合原有发展报告产品，将其统一改版，以"北京大学首都高端智库系列报告"的形式编辑出版。

作为北京大学的毕业生和长期从事城市与区域研究的学者，我希望"北京大学首都高端智库系列报告"应该在以下三个方面成为典范：

一是应吸取北京大学及社会各界关于城市与区域发展理论和实践的经验，集中展现首都与京津冀发展研究的高质量成果和最新动态；

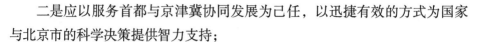

二是应以服务首都与京津冀协同发展为己任，以迅捷有效的方式为国家与北京市的科学决策提供智力支持；

三是应努力以翔实的数据、科学的方法、扎实的研究、凝练的语言，提供高质量的学术精品。

陆大道

2018年12月

前　言

　　城市更新是城市发展到一定阶段所必然经历的再开发过程。随着我国城市化（又称城镇化）从增量开发阶段转向存量挖潜阶段，城市发展的逻辑必将发生重大转变，首都城市更新是首都减量发展过程中遇到的重大课题，也是首都存量空间挖潜的重要手段之一。党的十九届五中全会通过的《中共中央关于制定国民经济和社会发展第十四个五年规划和二〇三五年远景目标的建议》明确提出实施城市更新行动。在城市更新行动的指导下，首都北京开展了一系列的试点项目探索，获得了大量宝贵的试点经验，产生了一批具有示范作用的优秀案例，形成了独具首都特色的城市更新模式。

　　本书是在北京大学首都高端智库2021年重点研究课题"具有首都特色的城市更新模式研究"和北京大学首都高端智库2022年重点研究课题"统筹推进疏整促专项行动与北京城市更新的创新模式研究"等项目成果的基础上，在"北京大学首都高端智库系列报告"学术指导委员会的指导下，由北京大学首都发展研究院组织院内外专家集中研究并编制完成的。本书旨在总结首都城市更新的实践经验，凝练具有首都特色的城市更新模式。在首都高端智库研究课题的支持下，课题组通过高频次的现场踏勘、全面系统的文献与案例研究以及利益相关者的深度访谈等方法，从系统梳理北京城市更新的历史脉络出发，总结首都城市更新政策的逻辑演变以及党的十八大以来城市更新取得的伟大成就与独特经验，构建首都型城市更新的理论逻辑；进而在理论逻辑的指导下，搭建首都城市更新模式的总体框架，从政策法制、激励、协作方面提出首都特色城市更新的政策体系建议，以期为首都下一步城市更新工作的相关决策提供参考。

　　本书分为总论篇、经验篇、案例篇、借鉴篇和对策篇。第一部分总论篇从城市发展规律与城市更新的关系出发，阐述了本研究的缘起，从减量发展、空间再造、街区共生、产权重置、价值倍增和多元共治等角度，总结党的十八大以来首都城市更新的理论逻辑，并围绕挑战与要求、特色需求、内容体系与实施体系等层面，阐述了首都城市更新的总体框架目标。第二部分经验篇首先从问道、论道、行道、证道、悟道、寻道等角度总结了党的十八大以来首都城市更新在合道而行路上的伟大成就；随后，围绕引擎、产业、共赢、价值、支撑与协同等视角，系统阐述了首都城市更新的动力体系、活力之源、空间统筹、投融资体系、科技体系和治理体系。第三部分案例篇在进行全市优秀案例评选基础上，优中选优，选择了钟鼓楼俯瞰街区综合治理提升项目、法源寺历史文化街区更新项目、真武庙租赁置换项目、崇雍大街街区更新与综合整治提升项目、石油共生大院项目以及北京小微城市公共空间改造提升的探索与实践等六个首都更新优秀案例，详细介绍了各个案例的背景、主要做法、主要成效以及存在的问题与建议。第四部分借鉴篇系统介绍了英国、日本、德国和法国等国家首都伦敦、东京、柏林和巴黎等超大城市的更新历程、典型案例，并总结对北京城市更新的经验启示。第五部分对策篇提出了建构首都城市更新的法治体系、激励体系和协同体系的相关政策思路与建议。

本书编写组成员均来自北京大学首都发展研究院及其合作机构。本书由主编、副主编共同讨论确定结构框架、各章节的主要内容及基本观点，然后由各位执笔者承担相应章节的写作。在课题的前期研究中，沈体雁作为课题负责人起草了课题研究报告的结构框架，安排了具体任务，并进行了最终的统稿。具体分工如下：第一部分总论篇，由中南民族大学经济学院马楠副教授执笔；第二部分经验篇，由中央财经大学政府管理学院副教授温锋华、硕士研究生田美多，以及新疆克孜勒苏柯尔克孜自治州住房和城乡建设局干部、北京大学访问学者丁婵执笔；第三部分案例篇，由温锋华、田美多及各案例项目单位共同撰写；第四部分借鉴篇，由马楠执笔；第五部分对策篇，由重庆财经学院副教授、重庆工商大学博士研究生、北京大学访问学者陈影执笔。作为"北京大学首都高端智库系列报告"之一，本书在课题研究报告的基础上进行了补充、更新和完善。具体分工如下：第一部分总论篇，温锋华、张明瑞；第二部分经验篇，温锋华、田美多；第三部分案例篇，温锋华、田美多；第四部分借鉴篇，温锋华、蔡晓林；第五部分对策篇，温锋华。最后由沈体雁、温锋华统稿。本书涉及数据较多，如无特别说明，相关数据源自历年的《中国统计年鉴》《中国建设年鉴》及首都相关的官方媒体报道。

在课题调研和报告撰写过程中，课题组得到了北京市城市规划设计研究院石晓冬院长、北京大学首都发展研究院院长李国平教授、李平原副院长、冯长春副院长、林坚副院长、李虹副院长、万鹏飞副院长、蔡满堂副院长、白宇副院长以及程宏、李雯、刘翊、韦荟、何晶彦等老师的大力支持。从课题研究到报告成书，我们得到了大量相关单位和机构的大力支持。它们是中共北京市委研究室城市处、北京市规划和自然资源委员会详细规划处、北京市住房和城乡建设委员会、海淀区人民政府学院路街道办事处、海淀街道办事处、清华大学建筑设计研究院有限公司、中国城市规划设计研究院、北京市城市规划设计研究院公共空间与艺术设计所、清华大学建筑学院、中国人民大学公共管理学院、中央财经大学政府管理学院、北京工业大学建筑与城市规划学院、北京建筑大学建筑与城市规划学院、愿景明德（北京）控股集团有限公司、北京宣房大德置业投资有限公司、北京和合社会工作发展中心、北京市夕阳再晨社会工作服务中心、北京联讯安防科技有限公司等，在此以有限的文字对它们提供的大力支持表示衷心的感谢！

本书作为"北京大学首都高端智库系列报告"之一，由北京大学首都高端智库（北京大学首都发展研究院）立项支持，由科学出版社出版。在此，对给予本书出版帮助的相关机构和个人表示衷心的感谢。特别感谢中国科学院院士、北京大学首都高端智库首席顾问陆大道先生为"北京大学首都高端智库系列报告"作序，同时感谢科学出版社首席策划和本书责任编辑石卉女士的辛勤工作。

北京作为我国第一个实施减量发展的超大城市，在实施城市更新行动过程中还有很多经验规律和实践模式需要总结，有不少问题亟须破解。本书只是首都城市更新工作总结研究的一个初步尝试，限于理论水平与实践经验，难免存在不足之处，恳请广大读者批评指正。

沈体雁

2022 年 10 月 6 日

目 录

第三部分　案　例　篇

第一部分　总　论　篇

1 | 第一章
缘起：城市发展规律与城市更新

　　城市是国家和地区乃至世界经济的重要组成部分，是人类社会经济文化发展到一定时期的产物，城市的发展又有力地推动了人类经济社会的发展。城市是人类为满足自身生存和发展需要而创建的，融合了自然环境和人工环境，城市的产生和发展都来自人的需要，这种需要成为人创建和发展城市的根本动力。世界城市化的进程大致经历了三个阶段：一是工业革命时期。早期城市因生产力水平不高，可提供城市居民需要的农副产品数量有限，所以城市发展受到限制，这个阶段延续的时间最长，城市人口增长缓慢。二是工业社会时期。18世纪中叶开始，在工业革命的浪潮中，城市发展快、变化巨大，工业化带动城市化，近代城市化已成为世界城市体系的发展特点。三是存量更新为主旋律的后工业时期。第二次世界大战（简称二战）后，城市化开始形成世界规模，发展中国家经济得到发展，加快了世界城市化进程，已成为当今世界城市化的主体①。纵观世界各国城市化的演进过程，城市的发展

---

　　① 吴志强，李德华. 城市规划原理[M]. 4版. 北京：中国建筑工业出版社，2010.

普遍具有一般规律，如城市化以经济发展为基础；大都市区被认定为城市发展的高级阶段；城市化发展空间布局呈梯度模式；城市化进程具有显著阶段性；城市化经历城市功能日趋完善，承载能力不断提高，从城乡分离、城乡对立到城乡统筹到城乡一体化的过程，由粗放型增长向集约型增长转变等。当前，我国城市的发展已经进入了集约化、高质量发展的新时期，城市发展迎来新一轮的洗礼和结构演进。为更好地提升城市品质和发展水平，迫切需要在重新认识和审视城市发展规律的基础上，认知在城市化进入稳定发展阶段之后的城市更新本质和规律。

第一节　城市更新是全球城市生命周期的必经阶段

"生命周期"最早是生物学领域中的术语，指具有生命现象的有机体从出生、成长到成熟衰老直至死亡的整个过程。生命周期理论最早在 20 世纪 30 年代由希尔（R. Hill）和汉森（Handsome）提出，保罗·赫塞（Paul Hersey）与肯尼斯·布兰查德（Kenneth Blanchard）在其基础之上做了进一步的发展与延伸。一般生命周期分为出生、成长、成熟和衰退四个阶段，后被广泛应用于经济学、管理学理论，并被扩展到企业和产业等诸多领域。城市作为一个生命有机体，也同样适用于生命周期理论。城市生命周期包括兴起、发展、繁荣和衰落四个阶段，为了扭转城市发展由繁荣阶段向衰落阶段转变，城市更新成为城市生命周期的一个重要阶段。从国内城市发展实践来看，城市更新被视为一种不断改善城市建成区空间形态和功能的有效手段。目前国内对于城市更新的研究主要集中在规划和建筑领域，主要关注城市更新和发展的宏观背景和投资规模等。不同于发达经济体早在二战后便开始的城市更新浪潮，我国真正的城市更新始于改革开放之后。在经历了大规模拆迁改造旧城和房地产引导旧城改造后，我国已经进入城市更新发展的新阶段①。

一、生命周期：城市发展不能绕开的宿命

1. 城市化与城市生命周期

城市化是农业人口转化为非农业人口、农村转化为城市、农业活动转化

---

① 丁凡，伍江. 城市更新相关概念的演进及在当今的现实意义[J]. 城市规划学刊，2017（6）：87-95.

为非农业活动的过程。城市化是一个国家或地区实现人口、财富、技术和服务集聚的过程，同时也是一个生活方式、生产方式、组织方式和传统方式转变的过程。美国城市地理学家诺瑟姆（Ray Northam）将城市化进程划分为三个阶段：第一，初期阶段（城市人口占总人口比重在30%以下），农村人口占绝对优势，工业生产水平较低，工业提供的就业机会有限，农业剩余劳动力释放缓慢。第二，加速阶段（城市人口占总人口比重在30%～70%），工业基础已经比较雄厚，经济实力明显增强，农业劳动生产率大大提高，工业吸收大批农业人口。第三，稳定阶段（城市人口占总人口比重在70%～90%），为了保持社会必需的农业规模，农村人口的转化趋于停止。从世界城市化进程来看，城市化水平随时间的变化可以用诺瑟姆曲线来表示[①]，如图1-1所示。

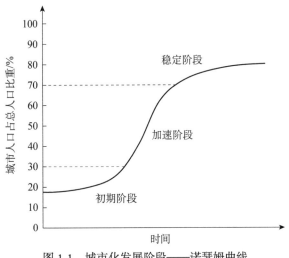

图 1-1　城市化发展阶段——诺瑟姆曲线

伴随着国民经济的不断增长，城市化进程总体呈现出四个方面的主要特征：第一，城市人口占总人口的比重不断上升；第二，产业结构中，农业、工业及其他行业的比重此消彼长，不断变化；第三，城市化水平与人均国民生产总值的增长成正比；第四，高水平的城市化是建立在第二、第三产业的基础和农业现代化的成果上的。因此，可以判断世界城市化增长势头猛烈而持续，城市化发展的主流已从发达国家转移到发展中国家，人口向大城市迅速集中，使大城市在现代社会中处于支配地位。

① 谢文蕙，邓卫. 城市经济学[M]. 北京：清华大学出版社，1996.

纵观世界城市发展历程，很多城市在经历了兴起、发展的过程之后均走向了衰落。城市生命周期理论认为城市化过程由城市化、郊区城市化、城市绅士化、逆城市化和再城市化五个阶段组成。

（1）城市化（urbanization）阶段。城市化阶段出现在20世纪50年代。城市化从本质上来说只涉及人口再分布的两种基本形式：一是农村人口向城市迁移；二是中小城市人口逐渐向大城市集中，如图1-2所示。20世纪50年代，发达地区的工业、服务业以及政府部门活动迅速扩张，使得非农产业的就业机会，尤其是大城市的就业机会大大增加，资源产业和农业就业岗位数量也相应地随之减少，导致各类优质资源不断地向大城市集中，大城市人口规模迅速增长。20世纪60年代初，大多数发达国家居住在大城市里的人口占城市总人口的比重基本均达到或超过了25%。

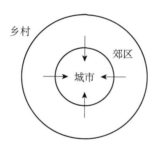

图1-2　城市化阶段人口流动模型

（2）郊区城市化（suburban urbanization）阶段。郊区城市化主要发生在20世纪60年代，主要特征表现为两个方面：一是相对分散，即城市中心地区的人口增长率降低，而周围地区的人口增长率升高；二是绝对分散，即无论是城市中心地区还是周围地区，人口增长率都降低，如图1-3所示。郊区城市化现象产生的原因有以下三个：第一，随着发达地区经济的发展，人们的收入不断增加，对良好居住环境的向往和对住宅场所的选择性也随之增强；第二，高速公路系统从城市中心向郊区和相邻的乡村区域延伸，为人们从城市中心向郊区迁移创造了条件；第三，城市生活的某些消极方面，如生活费用较高、人口拥挤、空气污染等，促使人们逐渐从城市中心搬迁到郊区。在郊区城市化过程中，首先是人口从城市中心迁移到郊区，然后是工业、商业和零售业逐渐迁移到郊区，最后是高新技术部门迁移到郊区。随着郊区城市化的发展，郊区的特点逐步消失，城市和郊区之间的区别越来越模糊，整个城市逐渐达到了一体化。

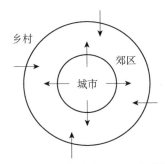

图 1-3 郊区城市化阶段人口流动模型

（3）城市绅士化（gentrification of city）阶段。城市绅士化是 20 世纪 60 年代末西方发达国家城市中心区更新中出现的一种社会空间现象，其特征是城市中产及以上阶层取代低收入阶层重新由郊区返回内城（城市中心区）[①]，如图 1-4 所示。由于城市绅士化自身的模糊性与复杂性，不同的学者对城市绅士化有不同的理解，但综合起来一般有以下三方面的内容：一是在城市中心区范围，社区外的高收入者"侵入"并替代社区内的低收入者，低收入者不断迁出；二是社区物质条件得到相应的改善；三是社区特性发生了转变并出现"大门社区"的现象。因此，城市绅士化实际上意味着城市中心区从居民阶层到相应物质条件与环境的高级化趋势。西方城市绅士化兴起于 20 世纪 60 年代的"城市复兴运动"，在经历了 70～80 年代的"返城运动"后，开始进入城市绅士化的稳定发展期。城市绅士化最重要的宏观背景是西方城市在郊区城市化以后城市中心区逐渐衰退，使城市中心区的服务功能、辐射功能等大打折扣。城市中心区由于大量贫民的入住，地方财政收入受到影响，城市贫困的增加又使城市中心区的物质景观破败，环境不断退化。城市绅士化的动力机制归纳起来主要有城市中心区就业机会的快速增加、住房市场的趋紧、家庭结构的变化、城郊通勤时间的延长、政府税收和住房贷款政策变化等因素。在这些因素的综合作用下，城市中心区生活的舒适性和便利性重新得到人们的认可。城市绅士化是"城市复兴运动"的一个重要组成部分，也是城市更新的一项重要举措。

（4）逆城市化（counter urbanization）阶段。逆城市化现象出现在 20 世纪 70 年代初至 80 年代初，主要特征是人口迁移的方向发生了倒转，即从 20 世纪

---

① Smith N. The New Urban Frontier: Gentrification and the Revanchist City[M]. 2nd ed. London: Routledge, 2005.

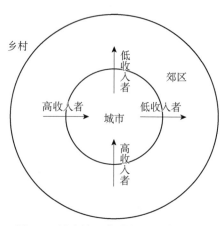

图 1-4　城市绅士化阶段人口流动模型

50 年代的向大城市区域迁移转变为向非大城市区域迁移。大城市人口数量下降，而小城市、乡镇和部分乡村地区人数急剧上升，如图 1-5 所示。与郊区城市化不同的是，逆城市化并不仅指人口从城市中心向周围郊区和乡村区域迁移，而且指人口从大城市区域向较小的城市和城镇迁移。在此过程中，由于人口逐渐向非大城市区域迁移，工业也逐渐向非大城市区域迁移。逆城市化现象的产生主要有四个方面的原因：第一，20 世纪 70 年代全球石油价格上升对西方经济产生了严重的冲击，导致发达地区出现了严重的经济衰退，因而纷纷加强对边缘地区石油和自然资源的开发利用，在边缘地区和农村地区建立了与国防工业相关的研究机构，非制造业地区的人口迅速增长。第二，广泛的经济重构和经济调整导致工业分散化，劳动部门在地区上的重新组合代替了劳动部门的地区专业化，从而导致旧制造业地区人口增长速度放慢，甚至变为负值，如我国 20 世纪的"三线建设"等。第三，由于农村地区公共基础设施日趋完善，私人服务机构逐渐增加，高等院校常常将新校址选在远离大城市的农村地区。第四，随着大城市人口增长率的下降和人口老龄化程度的加深，退休迁移对人口分布的影响越来越大，退休老年人一般喜欢远离城市中心和人口较密集的地区，到住房价格更便宜、环境更惬意的小城镇和农村地区定居，这加速了逆城市化的进程。

（5）再城市化（re-urbanization）阶段。再城市化现象（图 1-6）出现在20 世纪 80～90 年代。再城市化现象主要特征表现为以下几个方面：非大城市区域的人口增长速度再一次低于大城市区域；城市规模和迁移增长率之间呈正相关关系；城市分散的速度变慢；人口重新向大城市集中。再城市化现象产生的原因有以下四个方面：第一，大城市是金融业、保险业、房地产业和高新技术产业的中心，这些行业在 20 世纪 80 年代迅速增长，为大城市提供了大量的就业机会；第二，20 世纪 80 年代世界范围经济衰退，石油、矿产和农产品价格暴跌，使得许多依靠资源发展的地区经济活动减少，就业人口和收入也随之减少，人口增长率降低；第三，面临 20 世纪 70 年代出现的大城市萧条问题，许多发达国家的城市发展方针发生了变化，即将更多的注意力集中到内城区的复兴上，城市发展方针的宗旨从使城市人口分散转变为使大城市内城区恢复活力；第四，大城市拥有较多青年人可以利用的高等教育设施、较完善的就业网络、更多的就业机会和社会活动机会、更便宜的住房等。

图 1-5　逆城市化阶段人口流动模型

图 1-6　再城市化阶段人口流动模型

2. 城市生命周期理论模型

城市发展阶段理论不仅是有关城市发展、演化和可持续发展研究中最重要的思想支撑，也是城市更新、城市转型、城市空间和城市体系等研究领域的重要思想。依据城市发展阶段理论，总结出城市生命周期理论模型（图 1-7），包括起步、扩展、稳固、停滞、收缩、复兴等六个阶段。

起步阶段：城市发展慢，城市人口占总人口的比重小；城市规模小，城市功能简单，城市的结构和形态都较单一。扩展阶段：城市人口迅速增加；土地、住房、交通、环境等城市问题频繁出现；城市分布不均衡，形成区域性城市密集分布特征。稳固阶段：城市化水平比较高，城市化进程趋缓，中心区表现出衰落迹象，出现逆城市化现象。停滞阶段：城市人口占总人口比重增长缓慢甚至停滞。收缩阶段：城市人口流失，导致经济、社会、环境和文化在空间上出现全面衰退，使城市出现收缩现象。复兴阶段：由城市发展目标单一、内容狭窄的大规模改造逐渐转变为主张目标广泛、内容丰富，更有人文关怀的城市更新理论。

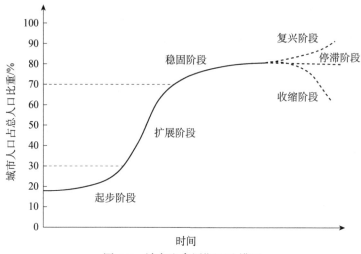

图 1-7 城市生命周期理论模型

二、城市更新：延长城市生命周期的良方

城市从诞生之日起不断发展的过程就是一个不断更新的过程，因此可以说城市更新伴随城市发展的全过程。西方国家在二战之后经历了一段长时间平稳高速的经济增长期。进入 20 世纪 70 年代，由于各种因素的作用，经济增长呈现的则是更多不规律性和不可捉摸性，也随之引发了越来越多、越来越严重的社会问题。许多西方传统工业城市或城市的部分地区出现了衰败。经过长时间的理论探索与实践，这些衰败的城市和地区逐步认识到，城市更新不能仅注重物质环境的改善，同时也应该高度重视运作的过程，以人为本，融汇社会、经济、环境和文化全面的复兴。

城市更新是城市改造和发展的一个重要手段。首先，从建筑单体质量的全生命周期角度看城市更新，城市更新似乎比人更"微妙"。《民用建筑设计统一标准》《住宅设计规范》要求住宅建筑设计使用年限为 50 年。由于我国经济社会发展变化较快，人民对美好生活的需求不断提高，城市住宅往往在建成 20～30 年后就有了更新的需求。以北京为例，截至 2020 年，全市建筑规模约为 17 亿平方米，每年新建完成规模约为 3000 万平方米。如果仅仅通过传统征地收储和供地新建的方式，17 亿平方米的存量建筑需要 58 年才能完成一轮更新建设。而 1990 年以前建设的 30 多年的老房子已经需要更新，2000 年以前建成的 20 多年的老旧小区也需要改造，按此推算，拆建类城市建设的速度将滞后于房屋衰老的速度。其次，从城市产业经济发展全周期角度看，城市更新需要从"赚快钱"转向产业链和创新链的深度融合，并向价值链高端跃升。我国一线和二线城市的房地产开发市场正在萎缩，城市开发已经从传统的开发建设"赚快钱"的土地金融方式，逐渐向前端伸展到投资、向后端延伸到城市运营和维护的全生命周期领域。城市建设领域的工作不仅要依靠规划，而且要拓展到全社会周期协作，包括投资、财税、经济与信息化、交通、环保、教育、医疗等多行业的动态协同。

第二节　城市更新是中国城镇化"下半场"的主战场

城市更新是城市发展到一定阶段所必然经历的再开发过程，不同的时代背景和地域环境中的城市更新具有不同的动因机制、开发模式、权力关系，进而产生不同的经济、环境、社会效应。截至 2021 年，我国城镇化率已从 1978 年的 17.9% 增长到 64.72%，城镇化发展阶段已从外延数量扩张的"前期"到存量提质增效的"中后期"；人民对美好生活的需求也已从"有没有"转向"好不好"。在此背景下，《中华人民共和国国民经济和社会发展第十四个五年规划和 2035 年远景目标纲要》（简称"十四五"规划）提出："加快转变城市发展方式，统筹城市规划建设管理，实施城市更新行动，推动城市空间结构优化和品质提升。"

实施城市更新行动，其内涵不是狭义的旧区改造，而是国家推动城市走向高质量发展的整体性、战略性部署，是围绕"人民城市人民建，人民城市为人民"的宗旨，通过"修复、保护、传承、融合、补缺、提质、贯通、开放"等设计手法，提升城市环境品质，激发城市多元动能，塑造城市幸福家园，形成以存量空间为主要载体、有机更新为主要手段、精细运营为主要模式的新型城市发展路径。

一、共同富裕：中国城镇化"下半场"的本质目标

1953 年 12 月，中共中央通过由毛泽东亲自主持起草的《中共中央关于发展农业生产合作社的决议》，该决议提出党在农村工作中最根本的任务就是"使农民能够逐步完全摆脱贫困的状况而取得共同富裕和普遍繁荣的生活"。

共同富裕是全体人民通过辛勤劳动和相互帮助最终达到丰衣足食的生活水平，也就是消除两极分化和贫穷基础上的普遍富裕。1955年7月，《关于农业合作化问题》进一步提出在逐步地实现社会主义工业化和逐步地实现对于手工业、对于资本主义工商业的社会主义改造的同时，逐步地实现对于整个农业的社会主义的改造，即实行合作化，在农村中消灭富农经济制度和个体经济制度，使全体农村人民共同富裕起来。改革开放以后，以邓小平同志为主要代表的中国共产党人紧紧围绕"什么是社会主义，怎样建设社会主义"这一重大问题，坚持解放思想、实事求是思想路线，对共同富裕问题在理论和实践两方面做出了新的探索。

2020年10月第十九届中央委员会第五次全体会议提出扎实推动共同富裕，到2035年，人民生活更加美好，人的全面发展、全体人民共同富裕取得更为明显的实质性进展。会议还提出要建立共同富裕示范区，目前我国发展不平衡不充分问题仍然突出，城乡区域发展和收入分配差距较大，各地区推动共同富裕的基础和条件不尽相同。因此，以浙江为例，建立高质量发展的共同富裕示范区，到2025年取得明显实质性进展，2035年基本实现共同富裕，为其他地区实现共同富裕提供现实基础。浙江省高质量发展建设共同富裕示范区，有利于通过实践进一步丰富共同富裕的思想内涵，有利于探索破解新时代社会主要矛盾的有效途径，有利于为全国推动共同富裕提供省域范例，有利于打造新时代全面展示中国特色社会主义制度优越性的重要窗口。

推动共同富裕，打造城乡共建宜居家园，必须持续提升城市品质，城市更新是实现共同富裕的重要手段。城市更新计划涉及面广、涵盖人员多，在不大拆大建的前提下，不破坏原有居住生态的基础的同时改善居民的生活质量，这既是一项改善人们生活环境的民生工程，也可以保存城市记忆和人文脉络，促进城市的全面发展，最终实现市民与城市的双赢。

二、从增量到存量：中国城镇化逻辑的根本变化

城镇化是民生问题解决和改善的产物。新中国成立后，在城镇化推动下，城市更新经历了从最初推倒重建缺乏整体规划的"1.0时代"，到追求"增量增长"的"2.0时代"，再到高品质生活追求驱动下从"量"到"质"转变的"3.0时代"。城市更新伴随着中国大中城市过去30年的高速发展，如今迎来了以存量换新、内涵增值为发展诉求的全新"4.0时代"。在建设智慧、

高效、可持续发展的城市中心的浪潮下，"城市更新4.0"为推动城市现代经济发展迈入下一阶段，并在城镇化快速推进、城市环境日新月异之中，为城市物业资产（建筑/土地）的长期保鲜保值提供了保证。中国城市在思考如何更新或改造它们现有物业资产时，必须考虑到未来市民对于不动产的要求，以一种可持续发展的方式来对现有物业进行更新和改造①，具体如表1-1所示。

表 1-1　中国城市更新的演化逻辑

城市更新阶段	对提升城市品质方面具体做法
"城市更新1.0" "推倒式"清空再重建	（1）大拆大建：街区的全面拆除及重建； （2）"混凝土丛林"
"城市更新2.0" 追求规模效应与高速建设	（1）将老旧的建筑物重新开发改造成具有现代属性和全新用途的物业； 保持特殊景点及具有历史文化和建筑价值的遗产，并尽可能地保留当地的文化特色； （2）倡导绿色建筑技术的使用及环境保护； （3）采用富有吸引力的城市设计和提升城市的美学价值； （4）上海新天地
"城市更新3.0" 从"量变"到"质变"	（1）城市建设的重点开始从追求体量转向强调质量； （2）顶级的办公和零售空间以展示其专业的品牌形象； （3）高端服务式公寓和星级酒店的发展，大量高档物业应运而生，优质物业的需求呈爆炸式增长
"城市更新4.0" 智慧、高效、可持续	（1）创造高度宜居的社区环境，并将休闲娱乐、办公和住宅相结合，以满足未来的社区需求； （2）具有历史意义的建筑可以通过物业改造得到更好的利用和保护； （3）使用城市更新的方法来加强建设城市中心； （4）采用最新的绿色建筑技术，而且还能通过减少工作与居住分离的现象，提高能源利用效率； （5）经验丰富的规划专家、城市更新相关机构和私营部门通力合作； （6）对历史建筑进行分级，拆改留并举，平衡文化的保护传承和空间的开发建设； （7）利用5G、大数据、绿色建筑来营造以人为本、以绿色发展为导向的生活方式，提高城市宜居性； （8）考虑到区域特色，还要在开发新项目与保留历史遗产之间达到最佳平衡

资料来源：根据戴德梁行《城市更新4.0：迈向卓越的全球城市》整理

三、城市更新：实现新型城镇化目标的核心抓手

我国新时代的新型城镇化并不是传统意义上城乡分离的城镇化，而是

① 戴德梁行. 城市更新4.0：迈向卓越的全球城市[EB/OL]. https://www.cushmanwakefield.com.cn/images/upload/2/977CC489C69E4B2BB17B924063490273.pdf[2018-06-11].

"新型工业化、信息化、城镇化、农业现代化"联动的城镇化,是信息化和工业化深度融合,工业化和城镇化良性互动,城镇化和农业现代化相互协调,工业化、信息化、城镇化、农业现代化同步发展的城镇化。这种城镇化注重城乡发展一体化的体制机制,在城乡规划、基础设施、公共服务等方面实现一体化,城乡要素实现平等交换和公共资源均衡配置,形成了以工促农、以城带乡、工农互惠、城乡一体的新型工农、城乡关系。因此,新型城镇化为民生解决和改善提供了新的机遇。

城市更新是解决人民群众对美好生活的追求与落后的居住环境之间矛盾的核心抓手。随着我国城镇化进入稳定发展阶段,我国城镇建设的主流从增量的建设转入存量的挖潜提升阶段。像北京这样的特大城市,经过多年的增量扩张,城市中心区留下了大量的老旧小区,这些老旧小区由于建设年代较早,加上早年建设质量与配套标准较低,社区居住环境普遍恶劣,公共空间先天不足,停车场等配套设施严重不够,地下管网等基础设施日益老化,严重影响居民的生活质量,落后的居住环境与人民日益增长的美好生活需要之间的矛盾越来越突出。

城市更新是支撑我国"六稳""六保"工作的重要路径。习近平总书记在上海考察时提出:"在城市建设中,一定要贯彻以人民为中心的发展思想,合理安排生产、生活、生态空间,努力扩大公共空间,让老百姓有休闲、健身、娱乐的地方,让城市成为老百姓宜业宜居的乐园。"①2020 年印发的《国务院办公厅关于全面推进城镇老旧小区改造工作的指导意见》要求按照党中央、国务院决策部署,全面推进城镇老旧小区改造工作,满足人民群众美好生活需要,推动惠民生扩内需,推进城市更新和开发建设方式转型,促进经济高质量发展。以城镇老旧小区改造为核心的城市更新工作,已经成为国家战略层面的重要工作之一,是落实"人民城市人民建,人民城市人民管"的重要抓手。

城市更新是提高城市中心区土地集约化利用的重要途径。位于城市中心区的老旧小区,土地价值高,但由于早期规划建设标准的滞后,房屋的容积率较低,公共空间利用率低,造成土地利用和产出率低下。通过对老旧小区的统一规划,整合优化社区土地资源,可以实现社区内建设用地的充分和循环利用,加大社区的空间容量,为社区邻里中心、基础设施改善、市政道路

---

① 习近平:人民城市人民建,人民城市为人民[EB/OL]. http://www.gov.cn/xinwen/2019-11/03/content_5448082.htm[2019-11-03].

建设和公共绿地优化等提供更多空间。

第三节 城市更新是首都世界级大都市圈的新征程

20 世纪 60 年代以后，随着科技革命发展的日益深入，经济全球化和区域经济一体化的进程快速推进。在这一进程不断深入的影响下，新一轮国际产业空间的地域分工全面展开，大城市地域的空间组织发生了很大的变化，以城市空间集聚为主的大都市带、城市群、都市圈等发展模式成为未来城市发展的主要载体和空间支柱。城市竞争将不再是单一个体之间的竞争，而是区域与区域之间的竞争——以区域系统为核心的都市化战略。都市圈是都市化战略中最重要的一种空间形式，是由一个或多个核心城市与其周边地区共同形成的具有紧密经济、社会、文化等联系的城市区域，并且该区域呈现出具有一体化倾向的圈层状地域结构特点，城市之间的联系是由分散状态向集聚状态发展的，显现出规模化、集团化和一体化的发展态势。

改革开放之后，我国城市化进入了快速发展阶段，尤其是 20 世纪 90 年代以来，以城市建设、中小城镇发展和建立经济开发区为主要动力，城市化进入了全面推进时期，大都市圈作为一种新的区域经济发展模式，在一定程度上可以解决我国城市化过程中出现的种种问题。

一、城市更新是推动城市高质量发展的必然要求

改革开放以来，我国城镇化进程波澜壮阔，创造了世界城市发展史上的伟大奇迹。当前，我国已经步入城镇化较快发展的中后期，城市发展模式由大规模增量建设转为存量提质改造和增量结构调整并重。从国际经验和城市发展规律来看，这一时期城市发展面临许多新的问题和挑战，各类风险矛盾突出。因此，我国在城镇化进程中需要更加注重解决城市发展自身的问题，制定实施相应政策措施和行动计划，走出一条内涵集约式高质量发展的新道路。

"十四五"时期，北京将推动城市副中心和河北雄安新区"两翼齐飞"，建设以首都为核心的世界级大都市圈。城市副中心作为北京"重要一翼"，将坚持国际标准、中国特色、高点定位进行规划建设，打造京津冀协同发展的"桥头堡"，更好地发挥示范带动作用。第一，确立绿色发展定位。蓝绿交

织、水城共融是城市副中心最突出的特色和亮点，把绿色发展理念贯穿于各项工作之中，打造绿色发展新优势。第二，基本形成城市框架。坚持一年一个节点，每年保持千亿元以上投资强度，引导各方面资源优先向城市副中心投放。第三，围绕"3+1"主导功能谋发展。推动产业高质量发展，将城市副中心打造为发展高地。第四，抓好通州区与北三县（三河市、大厂回族自治县、香河县）协同发展规划落地实施，推动一体化发展。健全完善统筹协调机制，引导适宜产业向北三县延伸，打通道路堵点，完善交通等基础设施，优化居住、养老等配套布局。

河北雄安新区作为北京的"重要一翼"，须坚持统筹规划和北京同步发展，不断提高城市承载力。第一，深化教育、医疗等公共服务合作。建成雄安新区"三校一院"交钥匙项目，分别由北海幼儿园、史家胡同小学、北京市第四中学和首都医科大学宣武医院提供办学和医疗支持。充分发挥北京优质资源优势，加大对基础教育、医疗卫生、职业培训创新等领域的帮扶力度。第二，提高创新发展水平。共同推进雄安新区中关村科技园区规划建设，引导更多北京创新资源在雄安新区布局开发。第三，加强交通畅通体系建设。建成京雄高速公路等项目，实现交通网络的顺畅衔接，为现代都市圈建设提供支撑。

二、城市更新是首都功能转型升级的重要途径

城市建设是贯彻落实新发展理念、推动高质量发展的重要载体。随着我国经济发展由高速增长阶段进入高质量发展阶段，过去"大量建设、大量消耗、大量排放"和"过度房地产化"的城市开发建设方式已经难以为继。实施城市更新行动，推动城市开发建设方式从粗放型外延式发展转向集约型内涵式发展，将建设重点由房地产主导的增量建设，逐步转向以提升城市品质为主的存量提质改造，促进资本、土地等要素根据市场规律和国家发展需求进行优化再配置，从源头上促进经济发展方式转变。

北京市第十五届人民代表大会第四次会议指出，北京市要牢牢把握"四个中心"，推进"两区"建设，处理好"都"与"城"的关系，不断优化和完善首都功能。"四个中心"的建设任务：第一，全力做好政治中心服务保障，营造优良的政务环境，让核心区逐步"静"下来。第二，扎实推进全国文化中心建设，力争使文化产业增加值占地区生产总值比重达到10%以上。第

三，持续强化国际交往中心功能，2025 年初步建成具有较高国际影响力的国际交往之都。第四，2025 年基本建成国际科技创新中心，率先组织攻克解决关键核心技术"卡脖子"问题。"两区"建设：首都北京正在全力推进国家服务业扩大开放综合示范区，以科技创新、服务业开放、数字经济为主要特征的自由贸易试验区的建设。"两区"概念的形成，是国家基于构建以国内大循环为主体、国内国际双循环相互促进的新发展格局而来的。复杂多变的国际环境加剧了全球分裂的风险，促进了中国新的发展模式的形成。新发展格局的推进，必须要有一支先锋队，首都"两区"建设一马当先。在国家发生重大变化和转型之际，首都需要全面推进"两区"建设，引领新格局下各项政策的部署和实施。

三、城市更新是协调首都"央地"关系的核心抓手

党的十九届四中全会提出，要"理顺中央和地方权责关系""建立权责清晰、财力协调、区域均衡的中央和地方财政关系，形成稳定的各级政府事权、支出责任和财力相适应的制度"。建立协同高效的中央和地方关系，不仅有利于调动中央和地方政府的积极性，也是坚持和完善我国国家制度、推进国家治理体系和治理能力现代化的客观要求。

第一，理顺中央和地方的权责关系。把中央和地方的权责关系从原则框架落实到更加具体的制度安排和运行机制之中。其一，加强对中央宏观事务的管理。维护法律体系的统一，确保地方性法规及政府规章不与国家上位法相冲突；维护政令统一，防止上有政策，下有对策，确保令行禁止，政令畅通；维护市场统一，破除地方保护主义，有效激发各类市场主体的活力。其二，激发地方治理活力。在维护党的集中统一领导的前提下赋予地方和基层更多自主权，充分调动其积极性和创造性，推动形成规范有序、充满活力的地方治理。其三，强化条块协同。把垂直管理和地方分级管理有机统一起来，既理顺条块之间的权责关系，又使二者相互协同配合，共同管理好国家治理中的各项事务。

第二，协调中央和地方的财力分配。党的十九届四中全会强调，要形成稳定的各级政府权力、支出责任和财力相适应的制度，需要进一步协调中央和地方财力。其一，完善中央和地方收入分配制度。以新一轮中央和地方收入分配改革为契机，推进增值税退税分担机制调整、消费税征收环节后移、

地方税制完善。特别是要科学合理地确定中央税、地方税和共享税，以培育和扩大地方税源为导向，稳步推进地方税制改革，着力增强地方财政的"造血"功能。其二，完善转移支付制度。这项制度是协调地区财力、保障和改善民生的重要方式。关键不在于资金规模的大小，而在于转移支付模式和结构是否合理。按照激励约束原则，进一步加大一般性转移支付的比重，严格控制、清理和规范专项转移支付的资金规模和项目数量，逐步形成更加有效的转移支付制度体系，使其在促进地区财力均衡化方面发挥更大作用。其三，深化税制改革。按照税收法定原则，推进增值税法、消费税法、契税法、城市维护建设税法等税收立法工作，逐步形成税法统一、税负公平的制度体系。按照统一简便的原则，优化税制结构，逐步提高直接税比重，合理确定地方税的主要税种。

第三，划清中央和地方政府的事权责任。党的十九届四中全会进一步提出，优化政府间事权和财权的划分；形成稳定的各级政府事权、支出责任和财力相适应的制度。因此，要在巩固以往改革成果的基础上，进一步明确中央和地方政府的事权责任。其一，继续推进重大领域事权责任改革。根据中央的改革部署，继续研究制定相关领域的事权责任改革方案，确保在预定时间内完成主要领域改革任务。及时将改革成果上升为法律内容，适时制定中央与地方财政关系法，在中央和地方事权责任上形成更加成熟的制度体系。其二，建立事权责任划分的动态调整机制。加强对重点领域改革实施情况的监督、指导、跟踪和评价，确定科学、合理、有效的改革事项，对分工不合理的事项及时调整。同时，根据经济社会发展需要、各级政府财力等客观条件的变化，调整中央和地方各级政府的事权责任。其三，加快省级以下财政事权改革。与中央和地方财政关系改革相互衔接与贯通，合理确定省级以下政府事权责任，优化省级以下财政分配格局，健全省对市、县转移支付制度，适当增加省级支出责任，推动县级政府切实承担提供基本公共服务的组织落实责任。

2 | 第二章
顺势：首都城市更新的理论逻辑

　　城市更新始终伴随着城市的发展，是城市不断进行自我完善的一种机制。城市在发展过程中，无时无刻不在进行着自发性的自我更新。在工业革命的推动下，欧洲和北美洲的城市化进程中产生了有计划的城市更新，城市结构和城市功能发生了极大的改变，城市的盲目扩张引发了生态破坏、内城衰落、居住环境恶化、交通拥堵及贫民窟等城市问题。城市问题与城市理想共同推动了城市更新的发展。早期的城市更新往往是为了解决城市化进程中不断恶化的城市问题而采取的针对性措施，但随着问题的解决，往往又带来了新的问题。随着社会经济的发展，城市的物质环境、功能、产业结构、社会、人文环境也在发生着深刻的变化，城市问题也随之逐渐增多且越发复杂。同时，人对城市更新的认知和价值判断也在不断地发展之中，"城市更新"也因而被不断赋予新的内涵。

第一节　减量发展：首都城市更新的功能逻辑

城市功能是由经济、社会、环境组成的综合系统，城市功能重构即指一种综合手段。功能重构就是在城市发展过程中通过自身调节或外力干预，分别对城市的经济功能系统、社会功能系统和环境功能系统进行转型升级，以推动城市经济结构升级，城市社会健康运转，环境优美生态良好以及文化的多元发展。

一、产业转型与城市功能变迁

城市功能与产业发展相辅相成，一方面，城市功能定位决定产业定位，城市功能影响产业发展方向；另一方面，不管是城市的一般功能还是城市的主导功能都需要一定的产业形态作为依托，产业结构的升级转型往往带来城市功能的提升。

产业转型是指国家或地区在一定历史时期内，根据国内外环境，通过特定的产业或财政金融政策，从旧的产业结构布局转向以高新技术产业为先导、基础产业和制造业为支撑、服务业全面发展的产业新格局①。随着经济全球化的加速推进，国际竞争的影响已蔓延至国内市场，劳动密集型产业竞争力逐渐下降，尤其是金融危机使得国际市场需求出现萎缩，传统产业竞争优势在逐步消失。后金融危机时期，全球已进入了一个创新密集和新兴产业快速发展的时代，现实要求发展模式从依赖要素、资源消耗向依靠科技、管理转变。虽然传统产业在促进经济增长、解决社会就业、增加财政收入、改善人民生活和推进城市化等方面都发挥了巨大作用，但是产业技术层次不高、自主创新能力弱、产品附加值低、原材料和能源消耗大、环境污染严重等问题，导致持续发展前景不容乐观。新一轮的竞争将是创新与技术的竞争，传统产业只有利用新技术进行提升转型，才能适应新的市场环境。

产业转型升级不仅直接决定着城市空间的分配，而且也影响和推动着城市功能的变化。在城市形成的初期阶段，农业在经济中占据主导地位，城市功能比较简单，主要表现为政治功能、军事功能。到了封建社会，城市的政

---

① 徐振斌. 新型工业化与产业转型[J]. 经济研究参考，2004（17）：34-48.

治功能进一步加强，自上而下的行政管理体制与城市的设立完全对应；同时，某些城市开始出现贸易功能和文化教育功能。进入工业社会，城市经济功能开始占据主导地位，具体地说，是工业生产功能占据主导地位。同时，出于为工业生产服务的需要，城市也开始起到商业贸易中心、金融中心、运输中心、消费中心、文化中心的作用。进入知识经济时代，第三产业发展迅猛，尤其是生产性服务业的地位越来越重要。城市的工业生产功能开始弱化，以生产性服务业为基础的金融、贸易等功能成为主导功能，并决定着城市在全球城市体系中的地位和等级。[①]城市功能的变迁决定着城市的兴衰[②]。

二、产业转型升级推动城市更新

经济全球化发端于西方发达国家，这些国家的城市化水平比发展中国家高，在产业结构与城市功能重构的研究也先于发展中国家。21 世纪以来，国外学者对产业结构理论的研究主要包括三个方面：产业结构与经济增长关系的研究、产业结构演变的影响因素、产业结构演变与城市化功能空间结构的关系研究。

约翰·冯·杜能（Johann Heinrich von Thünen）的农业区位论[③]和阿尔弗雷德·韦伯（Alfred Weber）的工业区位论[④]是最早将产业布局融于城市空间结构并加以简单叙述的理论。此后，同心圆理论、扇形理论和多核心理论致力于研究城市各种功能区的布局以及功能区之间的重构，但是这些理论难以解释城市经济活动的空间结构与城市功能的演变，是研究城市空间问题的基本工具。丁娟等运用历史分析方法，借助地理信息系统（geographic information system，GIS）等手段，对黄山市城市空间形态演变过程进行梳理，研究发现：城市产业演进，特别是产业结构的调整与升级和组织形式的演化与更替，影响了城市空间的物质与功能要素，进而推动了城市空间形态的演变[⑤]。张洋从产业集群的视角规划城市功能定位、加强城市功能支撑体系建设以及通过产业结构升级来优化城市功能空间结构等方面来讨论产业功能

① 姜国杰. 经济全球化与城市功能[J]. 特区经济, 2002（12）: 34-36.

② 孙志刚. 城市功能论[M]. 北京：经济管理出版社, 1998.

③ 约翰·冯·杜能. 孤立国同农业和国民经济的关系[M]. 吴衡康译. 北京：商务印书馆, 1997.

④ 阿尔弗雷德·韦伯. 工业区位论[M]. 李刚剑, 陈志人, 张英保译. 北京：商务印书馆, 1997.

⑤ 丁娟, 焦华富, 李俊峰. 产业演进对旅游城市空间形态演变的作用机理——以黄山市为例[J]. 地理研究, 2014, 33（10）: 1966-1976.

与空间形态之间的依托关系，从而得出在城市经济治理过程中要充分发挥产业集群的核心作用，以产业集群为依托来促进城市功能的优化升级[1]。

经济结构是衡量区域发展水平的重要因素，是反映国民经济发展的重要指标。产业结构在一定程度上反映了经济结构的内部构成情况和其空间分布的特点，是经济结构的重要组成部分。可以说，产业结构的空间扩散模式和方向决定了城市功能的空间布局及其重构的方向。产业升级和其空间布局的互动发展是城市功能重构的内在机制。产业结构的升级与调整带动城市空间布局的改变，进而影响城市功能的重构。而且这种影响是相互的，所以功能的重构也会影响到产业的选择，对其发展方向产生引导和推动作用。因此，城市功能重构的主要推动力是经济结构的优化调整。

三、文化产业植入确保城市经久不衰

"文化产业"概念的最初表述是"文化工业"（cultural industry），该词来源于法兰克福学派的两位德裔犹太哲学家霍克海默（M. Horkheimer）和阿多诺（T. Adorno）合著的《启蒙辩证法》一书中的章名[2]。霍克海默和阿多诺面对大众文化的兴起和文化的商品化，创造"文化工业"这个术语来表现文化和工业之间具有矛盾性的联系。

文化产业空间的集聚影响着城市的空间形态，有助于促进旧城再生。莎朗·祖金（Sharon Zukin）发现旧城中的阁楼对艺术家、手工艺者、音乐人等各种文化生产者具有强大的吸引力[3]。赫顿（T. A. Hutton）研究发现，以设计和创意服务部门为主的创意产业区趋向于大都市的内城和中央商务区（central business district，CBD）边缘地区，这些地点成为城市的"新生产空间"[4]。艺术和文化资源，以及文化集群是推动经济可持续发展的引擎，不仅有利于吸引有素质的人力资本、便于知识的生成和传播，而且可以推动新的生产链的形成，并通过城市再生政策来复兴城市[5]。汉斯·孟玛斯（Hans Mommaas）以荷兰的文化产业集聚战略为对象，分析了文化产业集聚对城市发展的影

① 张洋. 产业集群与城市功能优化研究[J]. 生态经济，2016，32（12）：69-72.

② Horkheimer M，Adorno T. The Dialectic of Enlightenment[M]. London：Verso，1979.

③ Zukin S. Loft Living Culture and Capital in Urban Change[M]. London：Radius，1988.

④ Hutton T A. Reconstruction production landscapes in the postmodern city: applied design and creative service in the metropolitan core[J]. Urban Geography，2000，21（4）：285-317.

⑤ OECD. Culture and Local Development[R]. Paris：OECD，2005.

响，表现为：强化了城市身份识别、吸引力和以休闲与娱乐为主的市场定位；强化了艺术和文化的商业化；增强了创新和创意能力；重新利用旧的建筑和废弃的空间；促进了文化多样性和文化民主①。埃文斯（G. Evans）通过比较北美、欧洲、非洲和东南亚一些主要创意城市的城市政策，发现了城市政策的趋同性，即推动创意空间和文化创意集群的发展、打造数字媒体和科技城市的战略，来进行城市的发展和城市的复兴②。

文化产业往往选择在内城和具有较多老工业建筑的旧城区和其他物理空间集聚。通过赋予这些空间独特的文化生产功能，原本衰败的空间再次成为生产的空间资本，不断激发文化创意并实现城市化经济的增长，为城市的旧区带来了新的生命力。这表明可以利用文化产业对城市衰败地区进行空间的再生发掘。洪再生等从旧城更新的理论视角，将文化创意产业区建设作为旧城空间整合的一种重要方法，通过研究文化创意产业在旧城中的空间适应性和创意阶层的群体空间特征，制定有利于旧城整体复兴的空间规划原则③。韩天丽基于南锣鼓巷的文化创意产业发展特点，分析了文化创意产业与历史文化相结合存在的问题，提出了几点关于南锣鼓巷的发展建议，以传承与弘扬历史旧城区的传统文化特色④。李留通等以西安市核心区为例，分析西安市核心区文化产业空间成长与城市空间形态演变的特征，探究二者的空间关系与作用机制，对完善文化产业空间研究体系、提升产业空间支撑城市空间转型的协同度方面具有重要意义⑤。

四、新型业态导入促进首都永葆活力

随着不同时代经济社会的发展、城镇化进程的不断演进，城市体现出与众不同的资源禀赋。利用当下科学技术条件，在遵循城市功能发展和市场经济发展客观规律的前提下，对首都原有功能中不适应或不合理的部分进行调

---

① Mommaas H. Cultural clusters and the post-industrial city: towards the remapping of urban cultural policy[J]. Urban Studies, 2004, 4（3）: 507-532.

② Evans G. Creative cities, creative spaces and urban policy[J]. Urban Studies, 2009, 46（5&6）: 1003-1040.

③ 洪再生, 俞剑光, 赵城. 文化创意产业区在旧城空间发展策略研究[J]. 建筑学报, 2013（S1）: 132-135.

④ 韩天丽. 文化产业对历史旧城区空间生产的作用机制研究[J]. 山西建筑, 2017, 43（2）: 38-39.

⑤ 李留通, 张森森, 赵新正, 等. 文化产业成长对城市空间形态演变的影响——以西安市核心区为例[J]. 地理研究, 2021, 40（2）: 431-445.

整，为新的城市功能进行合理的空间布局，不断地调整和完善首都空间结构、要素和支撑体系，实现首都城市功能的转型与优化布局。

首都有机更新不仅是重大的民生工程，而且是激活首都老城区活力的经济工程，更是助推首都高质量发展的建设工程。新时代城市更新更重要的内涵与使命是城市的环境更新、产业更新及人的更新，这是新时代赋予城市更新的新定位、新要求。张亚军认为城市功能及其能级决定产业发展方向，产业发展则进一步推动城市功能丰富完善，促进城市能级提升①。李磊、王信东认为科技企业孵化器能充分发挥它对先进科技向现实生产力转化的功能，培育更多自主创新型企业，增强我国的企业自主创新能力②。项顺子通过对"星河WORLD"和"天安云谷"的研究，探索基于城市运营的产业更新项目的经验方法，得出两种模式都进行了产业创新和片区的功能复合提升，并在M0用地的实际发展中作经验总结③。王子鹏等以良渚新城古墩路沿线城市设计为例，探讨了新时代背景下数字文化产业功能布局对新城发展的借鉴意义④。从目前大多数发达国家的首都发展经验看，以工业生产为主导的城市功能，不同程度地在首都型超大城市的经济社会发展中限制了首都核心功能的发展，首都功能的升级就是指改变以工业为主导，向以知识、技术和文化为主的新型业态为核心的功能迈进。

第二节　空间再造：首都城市更新的空间逻辑

城市的发展是一个不断循环更新的过程，尤其是历史悠久的城市，循环更新的空间再造是城市可持续发展的重要形式。城市空间再造表现为城市空间增量的拓展和存量的更新与重组，它通过改变城市功能促进经济增长，并直接作用于经济要素空间布局的区位、方式和形态，在增长区域实现城市功能最优配置，进而推动经济结构的调整和优化。

① 张亚军. 以产业演进提升城市能级[J]. 上海企业，2022（3）：85.

② 李磊，王信东. 论科技企业孵化器对促进城市产业升级的功能[J]. 科技和产业，2011，11（1）：1-5，24.

③ 项顺子. 基于城市运营的产业更新改造模式研究[J]. 城市建筑，2021，18（33）：95-97.

④ 王子鹏，章明辉，叶璐. 新时代背景下数字文化产业功能布局对新城发展的借鉴意义——以良渚新城古墩路沿线城市设计为例[J]. 城市住宅，2021，28（9）：164-165.

一、城市功能的空间类型及演变

城市的主导功能是由分工决定的，城市在不同的发展阶段，分工和分工所决定的功能也就不同。因此，分工和分工所决定的功能是动态的、发展的，分工产生了不同的城市功能，确立了不同的城市定位（表 2-1）[①]。

表 2-1　世界城市功能定位分类

序号	名称	说明
1	综合性城市	城市的政治、经济、文化等职能均突出
2	工业城市	多门类的综合工业城市、单一门类的工业城市
3	商业城市	零售商业城市、批发商业城市
4	交通枢纽城市	港湾城市
5	文化娱乐城市	音乐城、电影城、旅游城、疗养城、古城
6	科研教育城市	科学城、大学城
7	行政城市	基于综合性城市，政治功能突出
8	卫星城	郊区城市、居住城市（"睡城"）
9	农牧渔业城市	农垦型城市、牧业城市、水产城市
10	联合国城	联合国主要办事机构所在地

城市功能依附和源于城市空间，但城市功能的演变也会推动城市空间结构的演变，城市发展直接依赖城市功能的强弱，城市竞争力的大小，根本在于城市空间结构的合理性和先进水平。城市空间结构是指城市各功能区的地理位置及其分布特征的组合关系，它是城市功能组织在空间地域上的投影[②]。城市空间结构处于不断演化过程中，在不同的城市发展阶段，城市空间结构呈现不同的模式。胡俊依据德国规划学者阿伯斯（G. Albers）的观点，将整个现代城市空间结构理论模式研究的发展分为三个阶段：19 世纪末以前的形体化模式发展阶段、20 世纪初至 50 年代的功能化模式化模式发展阶段和 60 年代后的人文化、连续化模式发展阶段[③]。柯林·罗（Colin Rowe）的拼贴城市、列波帕特（A. Poporti）的多元文化城市等，反映了高科技发展对城市空间可能造成的（诸如情感真空、环境破坏、文化缺失断层等）城市问题[④]。90

① 黄继忠，夏任凡. 城市学概论[M]. 沈阳：沈阳出版社，1990.

② Gallion A B. The Urban Pattern[M]. Van Nostrand：Van Nostrand Reinhold Company，1983.

③ 胡俊. 中国城市：模式与演进[M]. 北京：中国建筑工业出版社，1995.

④ 顾朝林. 战后西方城市研究的学派[J]. 地理学报，1994，49（4）：371-382.

年代后，城市空间结构的研究进一步向区域化、网络化方向发展，诸多的学者提出21世纪城市空间结构的演化必然体现人类对自然资源最大限度集约使用的要求，并针对日益显著的大都市现象，提出了世界连绵城市结构理论[①]。

我国对城市空间结构的研究起步较晚，最早始于20世纪80年代初对我国城市商业空间的研究[②]。我国早期对城市地域空间结构的研究主要是在对外国理论进行翻译介绍的基础上进行的，相继对城市地域结构的概念、类型，地域结构的演变规律、动力机制、合理模式，个别城市地域结构的特征等问题进行了探讨[③]。20世纪80年代末至1995年为研究起步阶段。城市商业的空间结构和社会空间结构研究有一定的进展，城市形态和城市土地空间扩展的研究开始起步，城市边缘区的空间结构研究达到了高峰阶段[④]。90年代中期以后，我国学者对城市空间结构研究水平达到了一个新的台阶。段进的《城市空间发展论》（2006年）、顾朝林等的《集聚与扩散》（2000年）、朱喜钢的《集中与分散——城市空间结构演化与机制研究（以南京为例）》（2000年）、王兴中等的《中国城市社会空间结构研究》（2000年），以及宋家泰、崔功豪、周一星、宁越敏等在相关的文章和著作中均对城市空间结构及其机制进行了针对性的研究[⑤]。随着科技的发展，吴志强、叶锺楠以上海中心城区为例，利用数据的实时优势建立了基于空间使用强度的城市空间研究方法，探讨了基于百度地图热力图的城市空间结构[⑥]。李煜等基于NPP-VIIRS夜光遥感数据分析城市空间结构，探究京津冀城市群空间结构及时空变化特征[⑦]。

二、城市更新再造城市生活空间

城市是人类文明的主要组成部分，城市的出现是人类走向成熟和文明的标志，也是人类群居生活的高级形式。人的聚集形成了城市，人的日常生活

① 吴启焰，朱喜钢. 城市空间结构研究的回顾与展望[J]. 地理学与国土研究，2001，17（2）：46-50.

② 冯健，周一星. 中国城市内部空间结构研究进展与展望[J]. 地理科学进展，2003，22（3）：204-215.

③ 于洪俊，宁越敏. 城市地理概论[M]. 合肥：安徽人民出版社，1983.

④ 许学强，朱剑如. 现代城市地理学[M]. 北京：中国建筑工业出版社，1988.

⑤ 杨永春. 近二十年来城市地理学研究进展[J]. 兰州大学学报，2001，29（5）：84-91.

⑥ 吴志强，叶锺楠. 基于百度地图热力图的城市空间结构研究——以上海中心城区为例[J]. 城市规划，2016，40（4）：33-40.

⑦ 李煜，陈密，付迎春. 基于NPP-VIIRS夜光遥感数据的京津冀城市群空间结构变化分析[J]. 测绘通报，2022（2）：50-55.

构成了城市最大的实质内容，人作为城市的主体，其现实的生活需求产生了对空间的需求，日常生活空间在满足人们的生存需求和不断变化的生活方式的同时，也促进了城市空间布局和社会结构的变迁。日常生活空间是人们日常生活各种活动所占据的空间，它不仅是人们组织其活动的空间，而且是具有意义的感性空间，其实质是构成人们日常生活的各类活动及相应的社会关系在空间上的投影。它既不是简单的物理空间，也不是抽象的完全由心理、行为所决定的空间，它是人、人的活动及空间的总和。日常生活空间不仅是人们组织其生活的物质空间，也为人们满足生活中的精神需求或舒缓压力提供了环境氛围，因此除了居住空间、单位空间、消费空间，城市的公共领域（如广场、街道、公园、绿地等交往休闲空间）也属于日常生活空间①。

　　随着人本主义思潮的兴起，学术界对城市空间领域关注点更多地从物质和经济等功利性的空间上转移出来，更加注重生活空间的打造。王立、王兴中以人本主义地理学的行为研究方法为指导，从提高城市社区居民生活空间质量的角度入手，运用城市社会地理学中城市社会生活空间质量观的理念解构了城市社区生活空间的架构要素及其社区生活空间的人本缺失问题②。李斐然等以北京著名的郊区大型居住区——回龙观文化居住区为研究对象，探讨了包括居住空间、工作空间、购物空间和游憩空间在内的郊区大型居住区生活空间重构的特征与机制，分析了居民生活空间重构与郊区城市化的关系③。赵楠、冯健以邓州市桑庄镇8个村作为调研区域，对当地村民进行问卷调查和深度访谈，归纳出"空心村"背景下乡村居住生活空间的形态变化和利用模式，以及乡村生活中的矛盾与问题，并在此基础上提出对乡村居住生活空间的重构思路，为"空心村"整治过程中乡村社区的重建与优化提供参考④。魏艺结合对鲁西南农业型乡村的实地调研，对乡村所面临的自然生态环境、地域建筑环境、社会文化环境的发展困境进行分析，指出乡村生活空间结构失衡是社区韧性失衡的重要内因⑤。

---

① 李程骅. 商业新业态：城市消费大变革[M]. 南京：东南大学出版社，2004.

② 王立，王兴中. 城市社区生活空间结构之解构及其质量重构[J]. 地理科学，2011，31（1）：22-28.

③ 李斐然，冯健，刘杰，等. 基于活动类型的郊区大型居住区居民生活空间重构——以回龙观为例[J]. 人文地理，2013，28（3）：27-33.

④ 赵楠，冯健. 空心村村民居住生活空间特征及其优化重构——对河南邓州市8个村庄的调查[J]. 人文地理，2016，31（6）：29-38.

⑤ 魏艺. "韧性"视角下乡村社区生活空间适应性建构研究[J]. 城市发展研究，2019，26（11）：50-57.

三、城市更新再造城市生产空间

空间生产理论的创始人列斐伏尔（H. Lefebvre）提出了"空间即社会"的论断，揭示了空间生产作为社会关系再生产与社会秩序重构过程的本质[①]。此后，卡斯泰尔（M. Castells）指出，城市空间是社会结构的表现（包括经济、政治和意识形态系统），是资本积累、劳动力再生和集体消费的主要场所；国家及政府的干预随着集体消费的增长而日益增强，其介入集体消费过程的方式和程序会极大地影响城市空间的变动[②]。大卫·哈维（David Harvey）则更明确地指出，城市空间就是资本的生产对象（而不再仅仅是场所），空间的生产充斥着资本、权力和阶级等政治经济力量的作用，并以资本的三级循环论生动地展现了资本对城市空间景观形成的宰制[③]。总之，随着空间社会属性的不断凸显而起的空间生产理论认为，空间的构造不再仅是物理空间特性的展现，而是多方主体参与、相互博弈的特殊社会过程。

空间生产理论聚焦空间生产的社会特性，是反思城市更新的有效理论工具。城市空间是资本、权力和社会博弈的场所，其生产总是伴随着利益的激烈竞争。随着我国城市化的不断推进，城市更新作为空间生产的重要形式，成为多方主体争夺利益的战场，并对城市的社会形态产生着深远影响。大卫·哈维指出，资本主义城市空间生产的过程实质上就是各种人工建成环境的生产、创造、交换和消费的过程，通过固定资本加快积累与增值速度，在诱发对更具生产力固定资本形式新追求的同时加速原有固定资本形式的贬值，并通过"空间修复"加以解决[④]。我国当代城市化及城市更新过程同样面临着资本的冲击，在我国城市更新过程中，在行政主导模式与城市竞争的压力下，城市政府和资本精英往往形成增长联盟（growth coalition）[⑤]，在加速城市增值与资本增值的同时，对被改造业主进行利益剥夺，致使原有社会关系的断裂，并带来士绅化等一系列社会负效应，社会空间正义应该成为中国城市更新和空间生产的核心价值[⑥]。

① Lefebvre H. The Production of Space[M]. Oxford：Blackwell，1991.

② Castells M. City，Class and Power[M]. New York：St. Martin's Press，1978.

③ Harvey D. The Urbanization of Capital[M]. Oxford：Blackwell Ltd，1985.

④ 唐旭昌. 大卫·哈维城市空间思维研究[M]. 北京：人民出版社，2014.

⑤ Zhang T W. Urban development and a socialist pro-growth coalition in Shanghai[J]. Urban Affairs Review，2002（4）：475-499.

⑥ 张京祥，胡毅. 基于社会空间正义的转型期中国城市更新批判[J]. 规划师，2012（12）：5-9.

四、城市更新再造城市生态空间

城市生态空间为城市提供生态系统服务，是保障城市生态安全、提升居民生活质量不可或缺的城市空间。国内所述城市生态空间主要是指城市内以提供生态系统服务为主的用地类型所占有的空间，是与构筑物和路面铺砌物所覆盖的城市建筑空间相对的空间[①]。国外的生态空间研究文献一般使用"绿色空间"（green space）[②]。对绿色空间的定义有以下三种：一是认为绿色空间内涵包含了所有绿色植被覆盖的土地类型（含农地等）[③]；二是将绿色空间定义为有植被覆盖的具有自然、享乐功能的开敞空间，强调绿色空间的开放性；三是将自然环境分为"绿色空间"和"蓝色空间"[④]。尽管私人庭院是城市的重要生态基底，但国外实证研究一般聚焦于公众可获得（available）的绿色空间[⑤]。

任何生物维持自身生存与繁衍都需要一定的环境条件，一般把处于宏观稳定状态的某物种所需要或占据的环境总和称为生态空间。生态空间的作用以调节、维持和保障生态环境为主，并且能够为人类的居住提供良好的环境。傅丽华等以典型丘陵山区县湖南茶陵县生态空间网络识别和构建为基础，运用鲁棒性分析法表达生态系统受特定干扰后的变化特征，进行节点重要度评价和网络稳定性分析[⑥]。卢宗亮等基于生态位，量化低效建设用地上的物质与生态空间的竞合关系，用以均衡再开发时地块内部"社会经济功能用地"和"生态功能用地"的结构和格局，从规划用途管制的视角，重构低效建设用地的物质和生态空间[⑦]。赵金召等以高陡岩质边坡生态修复绿化效果为

---

① 詹运洲，李艳. 特大城市城乡生态空间规划方法及实施机制思考[J]. 城市规划学刊，2011（2）：49-57.

② Ngom R，Gosselin P，Blais C. Reduction of disparities in access to green spaces：their geographic insertion and recreational functions matter[J]. Applied Geography，2016，66：35-51.

③ Neuenschwander N，Hayek U W，Grêt Regamey A. Integrating an urban green space typology into procedural 3D visualization for collaborative planning[J]. Computers，Environment and Urban Systems，2014，48：99-110.

④ Nutsford D，Pearson A L，Kingham S，et al. Residential exposure to visible blue space（but not green space）associated with lower psychological distress in a capital city[J]. Health and Place，2016，39：70-78.

⑤ Dai D J. Racial/ethnic and socioeconomic disparities in urban green space accessibility：Where to intervene[J]. Landscape and Urban Planning，2011，102（4）：234-244.

⑥ 傅丽华，莫振淳，彭耀辉，等. 湖南茶陵县域生态空间网络稳定性识别与重构策略[J]. 地理学报，2019，74（7）：1409-1419.

⑦ 卢宗亮，王红梅，刘光盛，等. 生态—经济竞合下低效建设用地再开发空间重构——以湛江市中心城区为例[J]. 中国土地科学，2018，32（12）：34-41.

研究对象，以复绿植被生态的适应性、绿化效果、经济性与应用潜力为准则层，构建了具有直观指标的评价体系，为科学、客观地评价高陡岩质边坡生态修复绿化效果提供了新思路[①]。刘金花等提出空间生态修复是构建新时代美丽国土空间格局的重要手段，也是落实生态文明建设的重要举措，统筹全要素资源并诊断识别关键区域对落实生态修复工程具有重要意义[②]。

第三节　街区共生：首都城市更新的共享逻辑

城市公共空间可以通过共享性发展来增强人与人之间的互动，通过共享使空间更加开放，包容度更高。城市空间可以促进建筑与城市、人与人、人与环境、建筑与环境的对话，形成和谐的人际关系，共同建设和谐社会。规模重构律，即各级政府在城市开发与建设的过程中，政府投资为城市基础设施等公共设施建设带来了巨大的城市空间效应；同时，为适应人民群众日益丰富的物质文化生活和精神文明的需求，政府主导的城市道路整治、广场建设、公园绿化工程、城市照明系统更新以及城市重要景观地的改造。

一、中国城市内部空间结构的演变

在快速城市化背景下，城市不仅面临着空间的高速拓展，也面临着内部空间结构的调整。城市空间形态作为城市化的一个结果，其发展演变明确地反映了城市化进程[③]。城市空间就是城市占有的地域，可将城市空间划分为宏观空间和微观空间，宏观空间指城市占有的地域，微观空间指城市建筑物的围合空间和建筑物占领空间[④]。城市空间形态是城市空间的深层结构和发展规律的显相特征[⑤]。武进认为，城市形态构成要素是完成某种功能而无须进一步再分的单元，其中的物质要素可以分为道路网、街区、节点、城市用地和城

---

① 赵金召，张兆长，李艳晨，等. 基于层次分析法的矿山高陡岩质边坡生态修复绿化效果评价研究[J]. 中国矿业，2022，31（4）：80-85.

② 刘金花，杨朔，吕永强. 基于生态安全格局与生态脆弱性评价的生态修复关键区域识别与诊断——以汶上县为例[J]. 中国环境科学，2022，42（7）：3343-3352.

③ Knox P, Pinch S. Urban Social Geography: An Introduction[M]. 4th ed. Englewood Cliffs：Prentice Hall，2000.

④ 张勇强. 城市空间发展自组织研究——深圳为例[D]. 东南大学博士学位论文，2003.

⑤ 段进. 城市形态研究与空间战略规划[J]. 城市规划，2003，27（2）：45-48.

市发展轴，并且进一步阐述了各种要素之间的构成关系①。段进提出城市物质空间的构成要素包括用地、道路网、界面、节结地，而空间组织关系是产生不同空间形态的重要因素之一②。王富臣认为城市形态由三种基本物质元素确定，即建筑物、开放空间和街道③。随着对城市空间形态研究的不断深入，城市空间形态的构成元素集合不断扩大。

改革开放以来，伴随着全球化和市场化进程，中国大都市的空间结构发生了和正在发生着一些非常重要的根本性变化，这既体现在大都市整体空间结构的转型上，也体现在城市社会空间结构由传统社会向现代社会的转型上，其中一些变化可被视为历史的延续，而另外一些变化则正预示着城市空间结构演变的新方向和发展趋势。新中国成立后，党的工作重心由乡村转移到城市，并提出了要"变消费性城市为生产性城市"的城市建设方针。从1958年开始，我国进入第二个五年计划时期，城市建设工作出现盲目冒进的局面：城市用地规模急剧扩大，大批工业片（区）向周边地区不断蔓延；城市内部大量住房和绿地被占用，街道工业遍地"开花"；市政公用设施获得了空前规模的改造；部分大城市的卫星城镇得到了建设和发展；等等。从1965年开始，我国经济建设重点开始转向内地，实施大规模的"三线"建设，大批建设项目被安排在内地山区，并将沿海一些重点企业搬向内地，按"分散、靠山、隐蔽"原则布置。改革开放以后，随着经济体制的转变，城市社会经济迅速发展，城市人口规模和空间规模以空前的速度增长，城市功能日趋复杂，城市空间布局出现许多新的变化④。

进入21世纪，城市公共空间成为城市空间形态研究的战略重点，不仅是政府职能部门绩效考核及民间资本竞争的关键空间领域，也是体现市民社会内涵、行使市民权利的重要场所。城市公共空间是城市发展的主要物质载体之一，也是人与资源、环境关系的外在表现。城市公共空间的内在机制是影响城市合理发展的基本要素之一，具有与城市发展相关联且与社会、经济形态相呼应的一种形态上的意义。由于中国正处于快速城市化与积极融入全球经济体系的进程中，促成东部沿海地区到中部地区兴起的城市公共空间建设热潮的动力，既有显性的城市发展政策、民间资本的推动，也有隐性

---

① 武进. 中国城市形态：结构、特征及其演变[M]. 南京：江苏科学技术出版社，1990.
② 段进. 城市空间发展论[M]. 南京：江苏科学技术出版社，1999.
③ 王富臣. 城市形态的维度：空间和时间[J]. 同济大学学报（社会科学版），2002（2）：28-33.
④ 胡俊. 中国城市：模式与演进[M]. 北京：中国建筑工业出版社，1995.

的城市市民社会崛起、公共生活需求等的社会影响。目前，在中国的准市场经济背景下，这种类似于20世纪西方国家的城市美化运动（City Beautiful Movement），无论驱动的主体是政府或是民间资本，更多的还是着眼于"城市形象"的塑造与"开发商品牌"的宣传。这两大驱动主体对城市中相当重要的公共空间规划与建设存在着动因上的弱化，目标追求与源自市民群体城市公共生活的社会需求存在一定的距离与矛盾，城市公共空间的发展更趋复杂且多元化①。

二、城市内部空间普遍碎片化问题

城市公共空间承载着提供公共服务、促进城市发展等多项职能，主要表现为公共性（为公众和居民提供公共服务和交往联系的空间）和外部性（对城市发展和公众生活产生积极的或消极的影响）。此外，城市公共空间还有功能性、开放性、可达性、文化性等多种特质，能够满足居民生活、休憩、活动等需求，管理手段也较为开放，与历史文化、民族地域有密切关联。但在经济社会和城市发展过程中，城市公共空间开始出现产权纠纷、无序杂乱、治理效率低下等多项难题，同时，低效公共空间的高效利用也逐渐成为亟待解决的问题。低效公共空间是指以公共空间为载体，利用效率低下、产权复杂的空间，包括边角料空间、剩余空间等，表现出以下四个方面的具体特征。

第一，公共服务设施缺乏与老化。正常的公共空间应该配备相应的公共服务设施，如道路、座椅、绿化设施等，然而有些公共空间基本就是闲置空间，毫无建设痕迹，缺乏基本公共设施的配备。有些表现为基础设施在建成后，随着时间的推移，服务公共数量达到拥挤的临界值之后，造成设施的退化和破败，且没有得到及时的维护和修补，最终出现破损与废弃。综合来看，低效公共空间普遍表现为公共服务设施缺乏，以及不同程度的老化与破败。

第二，环境秩序较差。一是视觉景观较为单一，毫无特色和吸引力，已不具备吸引公众，以及满足公众活动的需要。二是垃圾遍布，空间荒芜，成为废弃空间。三是难以适应现代化生活方式的环境条件，主要表现在传统的广场、大院公共空间等场所，这些空间的环境条件仍然停留在建成时期的特

---

① 王鹏. 城市公共空间的系统化建设[M]. 南京：东南大学出版社，2002：188.

征，与现代化的城市生活节奏表现出较大的违和感。

第三，功能单一且效用低下。公共空间具备多项城市服务功能，但低效公共空间使用功能和类别均较为单一，没有展现出公共空间本应具备和发挥的多项功能。此外，没有正外部性的输出，不能对城市的高质量发展提供服务，也不能对公众生活产生积极效用。

第四，产权关系复杂，缺乏明确的管理服务模式。公共空间虽然有公共性的特征，理应属于相关机构和单位的运营维护范围，但有些空间表现为无明确的管理主体和维护主体，或者土地使用主体过多造成管理边界的模糊，产权纠纷严重，形成"四不管"地带。

三、通过共享实现空间重构

在共享经济下，社会中出现了多元化的共享模式，如共享出行、共享火锅、共享住房，甚至还出现了共享衣橱。共享模式可以有效调动公众的积极性和参与度，公众不再是作为独立的个体而存在，而是通过空间这一载体，增加了彼此之间的互动性。同时，资源共享的方式也可以反映或解决不同的社会问题。

（1）胡同空间。对于北京人来说，胡同既是通道也是"客厅"，是烙在心里的文化印记。随着时代的发展，由于建筑老化、缺乏维护，很多人渐渐搬离胡同这种狭小的空间，而有些人又回到了胡同，在胡同里塑造了不一样的空间生态。位于北二环的青龙胡同，是一条古老的街区，随着经济和艺术产业的发展，其面临着改造。青龙胡同一侧是老旧的社区，而另一侧则是现代化的创意办公楼，新老建筑形成了鲜明的对比。将装置艺术引入胡同的公共空间，更能在现今时代有效保护胡同这一建筑特色，使建筑可以与周围环境相融合，以最大限度地提升胡同的文化活力，使人与环境能够很好地互动。同时，办公区的人们在下班时间也可以参与到与本地人的互动中，打破新老建筑之间的边界，形成和谐的邻里关系。此外，在胡同这样的独特空间内，还产生了共享院落模式，如在胡同中尝试共享居住、共享办公、共享交通、共享教育、共享文化、共享遗产、共享商业和共享设施等。

（2）里弄空间。里弄空间与胡同空间相似，空间都较为狭窄。在上海，里弄就像毛细血管般存在于建筑之间，串联起整个城市。里弄在经过了百年的发展之后，由于基础设施以及建筑空间等问题，已不再适应现代人的生活方式。作为一种都市建筑形态，空间的局限性激发了人们的创造力，去发现有趣的空间应用和丰富的细节肌理。同济大学建筑与城市规划学院的设计团队发现，石库门里弄原有的社区结构关系已经发生变化，本地人老龄化严重，外来人口逐渐增多，弄堂文化正在逐渐消失。他们提出，希望对弄堂空间进行适当的改造，增加更多集体性、共享性的空间，提高居民对弄堂的归属感。通过对建筑外观的改造以及对空间结构的合理划分和利用，弄堂空间被激活，吸引了更多的青年力量在此汇集。

（3）社区空间。在拥挤的城市中，居住空间变得越来越昂贵，休闲空间变得越来越狭窄，工作空间也变得越来越沉闷。在更加开放的当下，空间的组成结构也可以变得更加开放，居住空间从私有化到半开放化也是未来城市发展的一种趋势。①例如，"城市蜂巢"项目通过几个像积木块的模型，让使用者可以自己随机组成不同的空间形态，如卧室、书房、厨房、餐厅，甚至工作室、健身房、咖啡馆，使其变成占据1～3立方米大小的空间，构成了个人居住和共享社交空间交叉的都市微型社区。学者通过这样的预设，提出"分享型居住"的概念，旨在打破人们的思维定式，促进人与人之间的互动，激发人们思考未来空间的居住模式。

（4）工业遗存空间。中国有很多依靠重工业兴起的城市，这些城市拥有大量的工业化厂房，有些厂房至今仍在运行，而有些厂房则随着时代的发展逐渐变为工业遗存。这部分厂房拥有大规模的可利用空间，为了有效利用这部分工业遗产，进一步激发城市活力，部分地区也在积极采取相应的措施。位于上海浦东黄浦江畔的民生码头八万吨筒仓，曾经是中国最大的粮仓。随着黄浦江岸线产业转型、工业外迁，八万吨筒仓也在历史的洪流中逐渐褪去它原有的仓储功能。上海市政府通过对八万吨筒仓旧厂房进行艺术改造，使原有的工业记忆与现今的市民进行对话，在加深居民对上海历史的了解的同时，进一步激发了居民对城市未来的思考，使旧建筑能更好地与当今城市对话。现在八万吨筒仓已成为上海重要的工业遗产之一。

（5）城市广场空间。从城市的发展来看，居民的活动需要有一定的场所，同时人们也有公共性的需求。广场可以满足人们进行公共生活所需的物质属性，广场空间作为人群聚集、交流的场所，不同的空间构成也影响着人们的生活方式。在西班牙萨拉曼卡的马约尔广场，到了夜晚，灯光将广场分

---

① 傅敏. 浅谈城市社区文化建设存在的问题及对策[J]. 现代交际，2016（21）：74.

割成不同的小区域，阳台、窗户、走廊形成了各不相同的视觉区，使得整个广场像是大剧场中的舞台，无数的男女老少在这里邂逅，青年人躺在路边，老年人悠闲地坐在长椅上，当地人的生活就在这个如剧场般的舞台慢慢演绎着。广场空间给人们提供了一个场所，不同阶层、不同年龄的人们在此相遇，这样不仅广场空间得到了充分利用，建筑也可以通过影响空间进而影响人们的公共生活。

四、城市更新推动空间的重构

实现有机更新改造，要提高空间利用效率，进行集约式发展。

（1）促进城市多元文化的融会贯通。城市公共空间所具有的开放性、可达性、公共性等特点，有利于社会网络的延续和扩散，促进居民的交往活动，增强空间联系。但在我国城市长期发展中形成的封闭式小区和单位大院模式在一定程度上阻碍了多元文化的碰撞，不利于城市文化在大院内的传播交流。街区的建设布局形式，一方面通过灵活的围墙，甚至没有围墙的形式使社区的灵活性和开放性进一步增强；另一方面交通道路也划为公共空间，公共空间的范围进一步扩大。街区制在扩大公共空间范围、增强居民联系的同时，也增强了社区、大院的开放通达度，便于社区大院居民更好地交往和联系，也便于社区文化与城市文化的融会贯通。

（2）促进公共空间资源的高效利用，提升公共服务。城市公共空间虽有一定的公共资源可以为一定人群提供公共服务，但公共资源的类型和模式往往较为单一，公共空间土地利用效率相对低下，难以满足所有居民的公共服务需求。在街区制下，开放式的设计可以使区内的公共资源为更多居民服务，增加公共资源对人群的可及度。整合利用街道所增加的公共空间以及各区小规模公共空间的资源，更便于小规模的、渐进式的改造，减少公共基础设施的建设成本，并促进各区公共空间资源的高效利用，更好地满足居民的公共服务需求。

（3）缓解交通压力，推进可持续发展。传统的公共空间，与公共交通呈现分离的特点，甚至成为交通的牺牲品。在街区制下，城市道路被赋予公共性的特征，划入城市公共空间的范围。通过网格式的布局，可以缓解城市交通主干道的压力，提高交通通达度。在道路两边建设住区，可以减少居民的出行成本，更便于居民出行。通过设置交通站点，可以进一步促进绿色出行，促进城市向节能、低碳、可持续性发展，有利于建设绿色城市。

第四节　产权重置：首都城市更新的制度逻辑

城市更新过程中的多权分离（即跳出传统产权处理逻辑，通过细分土地产权，将土地开发权进行一定程度的赋予与分离，重新整合不同利益主体之间的利益分配模式，借助市场化途径，将地方政府、开发商、集体和农民等不同利益主体放在同一平台上，通过利益博弈构建合理的利益分配机制），不仅保障了不同利益主体的利益诉求，而且将不能明确认定的土地权属关系捆绑市场和利益分享机制后，转换为清晰的土地产权关系，突破了权利难以认定和交换的法律空间困局。

一、城市资产的权利及其分配机制

人类社会的发展必然要经过城市化阶段，必然将由农业为主的传统农村社会转变为以工业和服务业为主的现代都市社会。城市化进程中涉及产业的调整、人口的转化，其改变基础均离不开土地，因此土地和地域空间将发生极大的改变。美国法学家罗斯科·庞德（Roscoe Pound）认为，法律就是"一种制度，它是依照一批在司法和行政过程中运用权威性命令来实施的、高度专门形式的社会控制"[①]。城市土地供应制度就是对城市土地满足社会经济发展需求的社会控制。通过城市土地供应立法，把蕴含在城市土地中的利益和权利重新分配，对围绕权益而产生的经济社会关系进行定位和调整，对可能出现的问题进行规范和处理。

土地生产资料权利可以分离是一个客观现象。马克思提出，在劳动地租、产品地租、货币地租（只是产品地租的转换形式）这一切地租形式上，支付地租的人都被假定是土地的实际耕作者和占有者，他们的无酬剩余劳动直接落入土地所有者手里[②]。收取地租的是土地的所有者，而交付地租的农民是土地的实际耕作者和占有者。列宁提出，在国有的情况下，谁耕作，也就

① 沈宗灵. 现代西方法理学[M]. 北京：北京大学出版社，1992.

② 马克思，恩格斯. 马克思恩格斯全集[M]. 第25卷. 中共中央马克思恩格斯列宁斯大林著作编译局译. 北京：人民出版社，2006.

归谁占有，国家是所有者，国营农场的佃租者耕种①。土地权利一般分为所有权和使用权两种，但也有少部分学者将其分为所有权、占有权、支配权和使用权四种。石成林认为土地权利的划分以"三分法"为宜，即所有权、占有权和使用权②。该种划分有三种优势：一是使各种权利的相对限界更加明确，避免由于权利不清和权利交错而引起的权利摩擦和虚化；二是能够有效地克服小农土地所有权的观念，防止土地生产经营上的分散化、零星化；三是有利于全面引进土地商品机制，逐步实现土地生产经营上的商品化。

二、土地产权（国有）与房屋产权（私有）收益分配

城市土地权利配置制度关系着国计民生，而土地作为城市的重要资本要素，如何参与到市场经济运作之中，使其高效合理地进行资源配置，需要从两方面进行突破。一方面在城市土地所有权制度方面，另一方面在城市土地使用权制度方面。为使城市土地权利配置达到良好效果，政府需要改革土地权利结构和土地权利运行机制，以适应城市化进程中的土地需求。

我国进入改革开放以后，在城市土地所有权制度方面延续经济体制改革前的城市土地所有权制度。1982年《中华人民共和国宪法》颁布实施，规定了城市的土地属于国家所有，农村和城市郊区的土地，除由法律规定属于国家所有以外，属于集体所有。这是对土地权利立法的基础规定，是城镇土地管理制度改革最终成果的确认，确定土地权利配置制度所依托的根本土地制度有利于土地供应制度的合理设计和改革；并且首次明确了城市的土地属于国家所有，我国城镇土地国有化正式以法律的形式予以确定。

城市土地所有权是土地所有人可以独占性地支配其所有土地的权利。土地所有人在法律规定范围内有权对其所有的土地进行占有、使用、收益、处分，并排除他人干涉。城市土地所有权制度是基于我国现实经济情况产生的法律制度，反映了城市土地所有人与城市土地使用权人的法律关系。我国进行市场经济体制改革初期，城市土地所有权的不可流动性催生了土地有偿使用制度，《中华人民共和国中外合资经营企业法》及此后一系列相关法律法规的出台，标志着我国土地有偿使用制度的初步建立。改革开放使得两权分离

① 列宁. 列宁全集[M]. 第55卷. 中共中央马克思恩格斯列宁斯大林著作编译局编译. 北京：人民出版社，1990.

② 石成林. 论农村土地的夺权分离[J]. 经济纵横，1989（9）：44-47.

理论得以实现，城市土地所有权通过权能的剥离，实际被虚化，而城市土地使用权的物权性体现更加明显。此外，城市土地所有权通过土地出让、土地划拨、土地使用权收回等方式实现。这个阶段的城市土地所有权制度的特点体现为城市土地所有权虚化和城市土地使用权实化。

我国城市土地使用权制度是建立在土地两权分离理论基础之上的。土地使用权是指国有企业或集体所有制单位以及公民个人在法律允许的范围内对依法交由其使用的国有土地的占有、使用、收益以及依法处分的权利[①]。土地使用权拥有部分的处分权。对于土地使用权的分类主要有两个标准，第一个是根据土地的经营性、公益性或保障性进行分类；第二个是根据土地的用途（包括住宅、工业、公益事业和农业等）进行分类。在实践当中，根据土地使用权的分类制定不同的权利取得方式，若是保障性或公益性用地，一般以行政划拨方式为主；若是经营性用地，则以协议出让、招拍挂等市场方式为主。不同用途的土地的使用权交换价值有着明显的不同，土地使用权的期限也长短不一，因此明确土地分类，在实践中有很重要的意义。

三、房屋产权（业主）与租赁权（商住房）/经营权（商铺）的收益分配

随着中国城市土地有偿使用制度的推行，土地市场逐渐发育成熟，土地资产价值逐渐显化。然而，实践中土地收益分配关系引起的矛盾也日益尖锐，如征地过程中农村集体和个人与政府之间矛盾的激化、地方政府过度依赖土地财政等，尤其在房价、地价大幅上涨的情况下，土地收益如何更加合理地分配已引起了社会各界的广泛关注。土地作为重要的生产要素之一，其经济关系和产权关系是决定土地收益科学合理分配的关键。中国土地收益分配关系的形成，是由其基本的制度背景所决定的。具体来说，中国的城乡二元土地制度割裂了城市和农村土地市场的联系，从而造成国有土地和集体土地的"不同价、不同权"，进而导致了不同土地权利主体在收益分配上的差距[②]。

城市化发展到一定程度，基于城市边界外拓的压力和资源约束以及城市

① 刘俊. 中国土地法理论研究[M]. 北京：法律出版社，2006.

② 林瑞瑞，朱道林，刘晶，等. 土地增值产生环节及收益分配关系研究[J]. 中国土地科学，2013，27（2）：3-8.

层次提升的需要，必须对既定土地利用空间格局进一步优化，通过城市再开发和再城市化，实现城市由量向质发展，满足经济社会转型和社区管理需要。为了达到上述目的，需要解决既定发展状态下产权整合重构及前期发展积累的土地增值收益的分配问题。为此，台湾地区通过建立都市更新权利转换制度[1]，将土地所有权与开发控制权分离，通过权利转换和剩余索取权分配实现产权重构和不同参与者利益保障问题。城市更新实际上是通过规划，再一次做大土地增值收益，并建立一套利益分享机制，对增值收益进行重新分配，重构原有土地产权关系，这实质上是一种财产权的分离、解构、再分配的过程。城市更新是深度城市化区域在社会经济转型和城市空间重构的大背景下实施的一个复杂的空间组织过程，利益分配与协调是城市更新运行机制的核心。城市更新过程表现为参与各方（居民、政府、开发商等）之间从各自目标出发进行空间权益博弈的过程，必须通过建立渐进式的利益平衡机制，以产权结构优化为基础，以更新过程的重构为核心，通过多元化合作组织的构架和交互式的管制方式、激励手段和补偿机制保证过程可控，实现利益共赢[2]。

四、产权、租赁权、经营权与运营/运管权的分离机制

在城市更新中，不同利益集团之间实际上是单独博弈的。陶然、王瑞民认为，可以通过理性博弈平台的建立和有效融资机制来提升基础设施与公共服务，最终实现被改造地段的利用价值提升和完整产权组合[3]。政府让原集体参与开发权收益，初衷是通过村民内部自治，让集体对抗与其有利益关系的第三方，将外部成本内部化，以降低交易费用，但企业为加快开发进度，一般采取快赔偿、快开发策略，根据拆建比实施补偿，结果导致政府主导的规则制定目标低于预期效果。

城市更新得以推行，说明城市更新利益共享机制的制度设计方向是正确的，但事实上是政府对集体和农民的又一次退让和让步，不仅默许了集体将农用地直接转变为建设用地的权益，甚至将集体土地权益向非集体和非原村民扩张，变相设立了一条违建用地的合法化途径，城市更新的利益放"度"

---

① 杨松龄，卓辉华. 从产权分离探讨都市更新之激励机制[J]. 台湾土地研究，2011，14（1）：1-28.

② 张翼，吕斌.《拆迁条例》修订与城市更新制度创新初探[J]. 城市规划，2010，34（10）：17-22，29.

③ 陶然，王瑞民. 城中村改造与中国土地制度改革：珠三角的突破与局限[J]. 国际经济评论，2014（3）：26-55，4-5.

和权益认可的边界值得反思。从一般意义来看，在产权清晰的条件下，市场能够更好地调节利益，达到利益平衡并提升社会公平。

第五节　价值倍增：首都城市更新的市场逻辑

在城市更新项目改造过程中，资本扮演着重要的角色，是城市更新得以不断推进的关键力量。城市更新的传统投资模式为资金方整体购入有增值空间的物业后，引入跨界资源对其再定位、改造，以增加资金回报率，进而提升物业估值；部分物业运用成熟后，通过资产证券化或出售方式退出，从而获取资产增值收益。

一、城市更新的融资逻辑

城市更新的盈利逻辑与资产管理核心涵盖项目重新定位、整体设计改造、升级业态招商、精细运营管理。通过升级老旧物业吸引优质商户入驻，提高租户出租率的同时优化商户组合，促进消费升级与租金的良性循环，让租金现金流稳步提高。一旦现金流稳步提高，就可通过资产的证券化来获得流动性，而证券化定价方式则是租金现金流折现的倒算，所以提升物业租金是城市更新的资本方本质需求与高收益率的赋能因子[1]。

根据投资标的特性、收益来源和杠杆比例，成熟的房地产私募基金投资策略大致可以分为核心投资策略基金、增值型投资策略基金和机会型投资策略基金等三类。其中，核心投资策略基金主要投资于稳定运营的成熟物业，租金收入为主要收益来源。增值型投资策略基金，即在适当时机买入有潜力的资产，改造、装修和运营以提升资产价值，择机出售套现，主要通过资产增值和租金收益来获得利润。机会型投资策略基金则往往投资于负现金流或城市更新新兴市场的困境项目，其物业资产租售会根据市场行情做出具体判断，市场向好的时候可以快速转手；市场上涨比较慢的时候，贷款融资到期后可以继续持有一段时间，主要靠资产升值获取收益[2]。

① 韩雨，张麦馨. 城市更新的金融逻辑与海外案例剖析[EB/OL]. https://www.sohu.com/a/279437406_100009100[2018-12-03].

② 徐建军. 房地产私募股权基金融资模式探讨[J]. 现代商业，2022（14）：151-153.

二、城市更新融资体系

城市更新是一项复杂的系统工程，在实施过程中不可避免地要面临一系列问题，包括拆迁补偿、地价评估、拆迁安置、开发建设成本等，以上问题归根结底就是资金的问题。面对此问题，各国在推进城市更新过程中进行了多方面的探索和尝试，积累了丰富的经验，在融资的方式和渠道上趋向多元化。另外，从融资主体来看，逐步由政府占主导地位的城市更新融资方式演变为私人资本广泛参与的多元化方式，由传统的依靠政府财政投资逐渐向以市场化融资方式转变。

在国家实行从紧货币政策的形势下，城市更新的融资仅仅依靠传统的政府财政支持和银行贷款的融资方式已经很难满足城市更新的资金需求，需要积极探索在城市更新模式下多元融资手段，创新城市更新的融资模式，通过组合方式搭建城市更新融资综合平台。根据资金来源的主体不同，可以把城市更新融资分为内部融资（企业自身）、财政支持（政府）和外部融资（市场）三种方式。其中，内部融资主要分为企业自由资金和新股东资金的加入两种形式；财政支持主要分为政府财政拨款和财政专项资金支持；外部融资方式相对来说更加自由，既有传统的银行贷款和股权、债券融资，又有政府引导基金、城市更新投资基金、房地产信托基金、不动产证券化融资等。

三、城市更新投融资模式

总体上，城市更新投融资模式大致包括地方政府利用财政资金直接投资、发行城市更新专项债、地方政府授权地方国有企业为主体进行投融资、社会资本投资模式和公共私营合作制模式等[①]。

1. 地方政府利用财政资金直接投资

以政府部门为主体，利用财政资金直接对外投资，通过市场化公开招标的方式，确定执行主体，完成如片区综合整治、老旧小区改造等公益性较强的民生项目。其建设资金的主要来源是政府财政直接出资。在计划经济时期，政府主导了财政拨款、组织实施、动迁、建设、协调和仲裁等更新项目的各个阶段和各个方面。在市场经济条件下，随着政府职能与机构改革的深

---

① 徐文珂. 我国城市更新投融资模式研究[J]. 贵州财经大学学报，2021（4）：55-64.

入，不断剥离出城投公司、市政工程公司、城市建设公司、住房保障平台等经济部门承担城市更新过程中的委托动迁和工程等工作。地方政府直接出资模式主要针对公益性项目的建设、维护，需要当地政府具备良好的财力基础，并将资金纳入政府投资预算体系，按照政府投资条例要求进行投资。

2. 发行城市更新专项债

以政府为主导，政府配套部分资金，其余缺口资金发行专项债。这种项目通常要求项目自身收益良好，能够覆盖债券本息，实现资金自平衡。

3. 地方政府授权地方国有企业为主体进行投融资

由地方政府授权给地方国有企业作为城市更新项目的投资建设运营服务主体。以地方国有企业为主体，通过银行融资或资本市场融资完成城市更新项目的投资建设。地方国有企业投资模式下，城市更新项目的收入可能来源于项目收益、使用者付费、专项资金补贴等方面。

4. 社会资本投资模式

城市更新的社会资本投资模式是在地方政府的授权下，由地方国有企业作为城市更新项目的业主方，通过对外公开招投标确定合作方，由地方国有企业与合作方按照约定股权比例成立项目公司，由地方国有企业与项目公司签订开发投资协议，以项目公司作为城市更新项目的投融资建设管理实施方。投资项目的资本金来源于股东出资，项目其他资金通过市场化融资获得。

5. 社会资本参与模式

社会资本参与是城市更新与棚改、旧改相比的最大亮点之一。城市更新可以通过一级项目招投标直接参与，或者经由城投/国有企业委托代建参与，或者通过设计-采购-施工总承包模式（engineering-procurement-construction，EPC）、公共私营合作制（public private partnership，PPP）模式参与。主要参与者仍然以房地产开发商为主，但其中具备商业地产开发经验的主体更具优势。

第六节　多元共治：首都城市更新的治理逻辑

多元共治，即城市更新机制强调政府、居民、市场等利益相关方对城市共同治理的过程，通过政府的转型、居民的自我培力、市场投资模式的转变，促进治理过程中不同利益方的博弈和相互制衡，从根本上解决各参与主体间的矛盾，最终实现整体利益的最大化[①]。

一、城市更新的逻辑演变

城市更新运动起源于西方二战后大规模的城市推倒重建式更新活动，这种机械的物质环境更新破坏了城市原有社会肌理和内部空间的完整性，因而受到人们的广泛质疑，并引起了反思。19 世纪初，西方国家开始工业革命，新兴产业的出现促使城市整体结构和功能布局发生改变，城市更新便从这一时期开始出现[②]。由于社会、经济与政治体制的差异，不同国家的城市更新运动有着很大的区别，不同领域的学者对城市更新的研究也呈现出"百家争鸣"的局面[③]。进入 20 世纪后，西方由于技术的优势，经济水平在世界上持续处于领先地位，城市快速发展，城市更新也在同步进行。恩斯特·梅（Emst May）和西奥多·费希尔（Theodor Fischer）提出了若干改革城市运作、城市工业结构和控制城市扩张的建议[④]。20 世纪 90 年代，美国克拉伦斯·佩里（Clarence Perry）提出了"邻里单元"的思想，这一思想迅速在北美流行并逐渐在城市建设实践过程中出现。"邻里单元"思想认为，城市向周边地区无限制蔓延的问题应该得到足够重视，独立的一体化有机"城市细胞"可以有效地疏解不断扩张的功能区，同时有机单元对解决阶级和民族矛盾有重大意义。20 世纪 90 年代以来，城市复兴、城市管治理论、新城市主义、历史文化保护、精明增长等思想深刻影响着城市更新的方方面面。它们强调对旧城区的更新来应对城市蔓延带来的问题，强调历史文化的保护和生态环境的修复，注重公众参与和社区营造，城市更新理论趋向多元化。

与西方国家不同，中国的城市更新发展探索出了一条属于自己的独特道路[⑤]。标志性的"有机更新"理论代表了中国新一轮城市更新的中心思想，是指导新时代城市更新行动的重要理论依据。20 世纪 80 年代，吴良镛院士在对北京旧城进行的更新整治中不断探索，将西方先进的更新理论与这个东方

---

① 陆非，陈锦富. 多元共治的城市更新规划探究——基于中西方对比视角[C]//中国城市规划学会. 城乡治理与规划改革: 2014 中国城市规划年会论文集. 北京：中国建筑工业出版社，2014.

② 王亚明. 城市更新视角下的资源型城市转型实证研究[D]. 兰州大学硕士学位论文，2011.

③ 张晓峰. 论我国城市更新的问题及优化[D]. 山东大学硕士学位论文，2012.

④ 谷亚兰. 从田园城市到理性建构——恩斯特·梅二战前的住区规划设计策略研究[D]. 东南大学硕士学位论文，2015.

⑤ 田健. 多方共赢目标下的旧城区可持续更新策略研究[D]. 天津大学硕士学位论文，2012.

古老都城的发展现状相结合，提出了"有机更新"理论，而且在菊儿胡同的更新中将其很好地应用①。直到现在，菊儿胡同仍是我国旧城区更新改造案例中的一面旗帜。"有机更新"思想对我国大量城市更新建设的顺利进行有着巨大的意义②。从20世纪80年代末开始，"环境设计"开始逐步成为国内城市更新运动的主流，人本主义思想的确立标志着我国城市更新运动进入了一个前所未有的新阶段③。1990年以后，中国居民对城市的需求已经向较为舒适的生活环境和文化环境的需求过渡④。周劲等认为，对于成熟度较高的城市，存量型规划将成为城市更新的主导类型⑤。陈沧杰等则从品质、活力、民生三个方面探索基于建成环境的存量型城市设计的理念与路径⑥。2015年，周挺立足于历史的观点，针对重庆遗存工业空间提出转型策略，对我国其他工业城市的城市更新具有较大的借鉴意义⑦。

二、城市更新参与主体的多元化

早期的城市更新是以政府主导、房地产开发为主的。当地居民参与环节和途径的有限性，造成其在城市更新中利益空间的损失⑧。近年来的城市更新开始侧重对社会动员、居民自建和社区参与式重建、邻里更新⑨的关注；强调利用社会资源的再合理分配以减小弱势群体的边缘化差距，提倡发挥多元民间力量，肯定社会网络在促进城市融合中的积极作用；利用多元城市主义理论，分析城市各利益阶层在自上而下及自下而上更新中的权力分配⑩。除对公众参与多元化的研究外，部分学者还进一步深化了对公众参与的研究，包括

① 周干峙. 吴良镛与人居环境科学[J]. 城市发展研究，2002（3）：5-7.

② 胡佳. 山地城市旧住宅区更新初探[D]. 重庆大学硕士学位论文，2007.

③ 范兴雷. 当代建筑传媒影响下四合院更新改造设计研究[D]. 重庆大学硕士学位论文，2018.

④ 王艳. 人本规划视角下城市更新制度设计的解析及优化[J]. 规划师，2016，32（10）：85-89.

⑤ 周劲，杨成韫，王承旭. 一本书·一张图·一份表：存量型规划动态更新机制探讨[J]. 规划师，2013，29（5）：17-22.

⑥ 陈沧杰，王承华，宋金萍. 存量型城市设计路径探索：宏大场景VS平民叙事——以南京市鼓楼区河西片区城市设计为例[J]. 规划师，2013，29（5）：29-35.

⑦ 周挺. 城市发展与遗存工业空间转型[D]. 重庆大学博士学位论文，2015.

⑧ Fernando D O. Madrid：urban regeneration projects and social mobilization[J]. Cities，2007，24（3）：183-193.

⑨ Durose C，Lowndes V. Neighborhood governance：contested rationales within a multi-level setting：a study of Manchester[J]. Local Government Studies，2010，36（3）：341-359.

⑩ Rossi U. The multiplex city：the process of urban change in the historic center of Naples[J]. European Urban and Regional Studies，2004，11（2）：156-169.

对代表性参与主体的角色分析，如地方社团领袖的领导力在社会资本、权力关系以及协同网络等方面的重要性，非政府组织在更新过程中的沟通作用[1]。

在更新参与主体的决策能力和权力关系方面，主要涉及中央政府和地方政府之间，以及公私合作的各角色之间的职权能力和权益分配。不同层级政府主导的城市更新将产生不同的更新效果，地方政府积极的更新成果会吸引更多来自中央政府的政策和资金倾斜，而强化中央权力的城市更新将弱化和边缘化地方政府的决策权[2]。公共政策和城市管理领域的相关研究发现，尽管英美国家城市更新的决策组织关系近年来出现较大的改革和变动，但更新案例中的管制及合作关系仍然受到联邦政府的强力干涉，是一种制度等级化高于市场网络化规则的政府管治[3]。随着更新政策从鼓励市场化的企业参与到政府授权特许经营的转向[4]，以及受到执政党更替的影响和理论界对邻里更新的推动，地方政府和当地企业之间新的合作制度还在不断的磨合与探索过程中[5]。

三、城市更新多元共治的治理框架

针对低效公共空间所存在的产权复杂等相关问题，在对多个土地使用主体或者相关问题进行管理和维护的时候，所要凭借的可能是多项治理资源，不同的低效公共空间可能面临不同的情况，在进行整合时，需要不同的治理资源的相互作用，据此分成以下四种更新改造模式。

第一，政府主导的更新改造模式。主要表现为政府根据城市发展定位和目标，自上而下地对公共空间进行更新改造，对严重影响城市发展规划和低效用的公共空间进行有效更新改造。此类低效公共空间主要表现为与城市高质量发展关系较为密切、历史文化传承性高，是城市重要的历史街区或者地

① Hemphill L，Berry J，McGreal S. An indicator-based approach to measuring sustainable urban regeneration performance（Part 1）：conceptual foundations and methodological framework[J]. Urban Studies，2004，41（4）：725-755.

② Henderson S，Bowlby S，Raco M. Refashioning local government and inner-city regeneration：the Salford experience[J]. Urban Studies，2007，44（8）：1441-1463.

③ Mark W. "In the shadow of hierarchy"：meta-governance，policy reform and urban regeneration in the West Midlands[J]. Area，2003，35（1）：6-14.

④ Marilyn L，Paul W. From enterprise to empowerment：the evolution of an Anglo-American approach to strategic urban economic regeneration[J]. Strategic Change，2004，13（4）：219-229.

⑤ Davies J S. Conjuncture or disjuncture? An institutionalize analysis of local regeneration partnerships in the UK[J]. International Journal of Urban and Regional Research，2004，28（3）：570-588.

标空间；或者表现为问题极端突出、矛盾尖锐，严重影响城市功能运转和城市形象的公共空间。在城市更新过程中，政府就空间问题组织专业的科学诊断，进行多轮的会议研讨，讨论咨询内容往往涉及城市宏观发展规划走向、公共空间与周边城市空间的秩序感、城市历史文脉的传承性以及更新改造后公共空间新的定位和管理的长效性等问题。通过多轮的会议研讨，形成城市更新的制度条例或者规划文件，并由多级政府共同参与整改与发布。这种模式的优点在于政府可以统筹规划更新改造项目，但也存在粗放和效率低下，决策议程太过宽泛，或者在没有形成具体条例的情况下，导致项目难以落实，成果不达标等问题。同时，决策议程在多级政府间传递，也会造成信息传递不准确、效率过低等问题。

第二，市场主导的更新改造模式。以市场为主导的自下而上式的对公共空间的更新改造，需要更长的时间周期，主要借助市场机制的作用和公共空间自身发展导向，依据原有的公共服务脉络和人口流动痕迹，通过社会网络的自发交流机制、地域文化特色，以及公共服务模式，在公共空间内形成定向和多样化的服务需求，再由市场自发匹配，入驻服务单位和机构，形成多样化的营业业态。此种模式的优点在于市场的自发匹配可以适应公共空间多样化服务需求，但是存在相关营业业态脱离公共服务的情形，营业单位和机构过度追求盈利化的模式，不以人民群众的公共服务需求为导向，公共空间内的营业单位和机构可能形成不良竞争模式，形成自然垄断，容易滋生矛盾。

第三，政府和市场共同参与的二元更新改造模式。自上而下式的整合容易缺乏社会网络的参与，单一主体在对低效公共空间进行整合时，往往需要投入较多的人力、物力和财力，单一管理和实施主体的情形也容易造成主体财政负担沉重，以及管理的疏忽和滞后。自下而上式的整合在不加以规范和约束的前提下，也容易造成混乱的营业业态。自上而下式和自下而上式的整合都不可避免地存在着缺陷，通过发挥政府职能和市场机制的作用可以有效避免这种情形，形成自上而下和自下而上相结合的整合模式。此种模式所面临的低效公共空间主要涉及大型广场和公园等公共性和开放性比较强的公共空间，服务人群数量众多，人口来源和结构复杂，在所提供的基本公共设施和服务的基础上，考虑不同层次人口的需求，由政府通过项目招标等方式，引入服务单位和机构为群众提供公共服务，通过相应的激励机制和约束机制等手段促进长效运营。一方面，公众需要为部分的服务买单，促进市场化的长效运营；另一方面，群众也可在公共空间内获取便捷的公共服务。在政府和市场共同参与更新改造的二元模式下，在项目的招投标方面，需要政府增加激励手段，吸引市场主体来提供公共服务，对服务业态加以规范引导，有效平衡公益性和营利性的关系，保证市场主体可以长效运营的同时，提供便捷的公共服务。此外，公众参与程度依旧低下，没有整合群众意见，缺乏明确有效的公众参与机制。

第四，居民参与下的多元共治更新改造模式。新时代的城市更新更加强调多元共治，党的十九大报告明确提出打造共建、共治、共享的社会治理格局，切实增强居民的幸福感和获得感，让居民参与到城市更新和社区治理的进程中，加强居民自治力量。在这种多元共同参与低效公共空间的更新改造模式中，所主要面临的情形是老旧小区低效公共空间，或者在低效公共空间周边有较大的人流量，存在周围居民享受公共服务的困境，此时迫切需要对低效公共空间进行更新改造，实现新的整合，创造高效的活动空间和交往空间，以满足不同居民的多层次需求。

3 | 第三章
目标：首都特色城市更新总体框架

进入 21 世纪以来，全球经济活动的组织形式及其空间结构已经进入了深化转型期，城市化进程被纳入世界政治、经济发展背景之中加以考虑，城市的竞争力深刻影响着国际劳动分工。面对复杂的国际形势与国内形势的推动，立足首都发展的要求，首都城市更新有着区别于国内其他城市的特殊需求及价值。作为全国的政治、文化、科技、国际交往中心，首都城市更新必须要基于其特殊的内容体系及实施体系，形成富有首都特色的城市更新总体框架，指导首都城市更新持续稳步发展。

第一节　新时代首都城市更新的挑战与要求

在新冠肺炎疫情不断反复以及俄乌冲突等黑天鹅事件下，国际格局和国际体系不断调整，全球治理体系正在深刻变革，城市作为经济单元的重要性迅速上升。面对变革的机遇与挑战，城市更新正成为应对百年未有之大变局的重要抓手，我国能否抢占先机，将首都北京率先建设成为世界城市，进一步吸引全球资源要素，对于实现民族复兴和国家崛起具有重要意义。此外在经济发展新常态下，我国的城市发展模式已经由增量进入存量时代，在国际形势的挑战与国内形势的推动下，理清首都城市更新的特殊要求，推动首都核心功能的发展，实现 2035 年远景目标，是首都城市更新的重要课题。

一、国际形势的挑战

随着全球化进程的加速，国际城市间的竞争愈发激烈。自 21 世纪以来，国家作为独立经济单元的重要性日渐下降，城市在全球活动和地方事务中的作用变得愈发重要，国际竞争越来越被具体化为以城市为核心的区域间的竞争[①]。作为国家竞争的重要体现，世界城市竞争变得更为直接且激烈。曼纽尔·卡斯特尔（Manuel Castells）提出，一个相对占主导地位的全球城市网络正在形成，该网络通过中心节点城市，实现人、商品和知识等要素的流动与交换[②]。城市作为经济单元的重要性迅速上升，其个体在世界城市网络中的层级和地位由其与其他城市间的信息流量所决定，直接影响着城市能否成为全球经济体系的中心。由于全球中心城市对所在国家发挥在全球经济中的核心作用有关键意义，所以通过城市更新等途径提高城市竞争力，塑造世界城市也成为许多国家重要的竞争战略。

中国要从世界经济大国快速成为经济强国无疑也需要更高级别的世界城市作为发动机来带动，根据全球化与世界城市研究网络（GaWC）发布的《2020 世界城市名册》，北京的排名已经上升至第 6 位，但仍处于 Alpha+ 的第二梯队（表 3-1）。在全球城市竞争日益激烈，生产要素流动更加便利的现代经济背景下，中国必须抢占先机，将首都北京率先建设成为世界城市，进一步吸引全球资源要素，在全球的经济竞争中处于主动地位，实现民族复兴和国家崛起。

---

① 马学广，李贵才. 全球流动空间中的当代世界城市网络理论研究[J]. 经济地理，2011，31（10）：1630-1637.

② Castells M. The Rise of Network Society[M]. Oxford：Blackwell，1996.

表 3-1 GaWC 2020 年世界城市排名

Alpha++：一线特等城市		
伦敦	纽约	

Alpha+：一线强城市		
香港（中国）	新加坡	上海（中国）
北京（中国）	迪拜	巴黎
东京		

Alpha：一线中城市		
悉尼	洛杉矶	多伦多
孟买	阿姆斯特丹	米兰
法兰克福	墨西哥城	圣保罗
芝加哥	吉隆坡	马德里
莫斯科	雅加达	布鲁塞尔

Alpha－：一线弱城市		
华沙	首尔	约翰内斯堡
苏黎世	墨尔本	伊斯坦布尔
曼谷	斯德哥尔摩	维也纳
广州（中国）	都柏林	台北（中国）
布宜诺斯艾利斯	旧金山	卢森堡
蒙特利尔	慕尼黑	德里
圣迭戈	波士顿	马尼拉
深圳（中国）	利雅得	里斯本
布拉格	班加罗尔	

资料来源：GaWC《2020 世界城市名册》

城市更新正成为应对百年未有之大变局的重要抓手。不确定的全球经济形势以及中美贸易摩擦等因素也让我国对出口这"三驾马车"之一不容乐观。为了推动形成以国内大循环为主体、国内国际双循环相互促进的新发展格局，我国需要抓住扩大内需这个战略基点。城市是增投资促消费、建设强大国内市场的重要战场，城市建设也是现代化建设的重要引擎，是构建新发展格局的重要支点。但是，如何在扩大内需的同时避免重复建设，满足人民、社会的需求成为问题的关键，城市更新正是解决问题的最佳答案，成为扩大内需的重要战略基点。结合国际经验以及我国城市发展水平，未来，我国城市更新投资的年均增速将超过10%，至2030年城市更新投资规模将达到

9 万亿元①，如图 3-1 所示，在构建国内国际双循环相互促进的新发展格局背景下，通过城市更新来进一步扩大内需、释放新的发展空间，成为新常态下我国城市发展的重要战略。

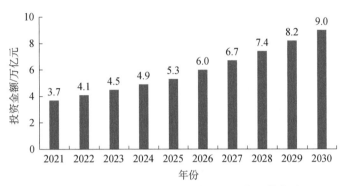

图 3-1　2021～2030 年我国城市更新投资规模估计

推进首都城市更新是提升城市空间品质，助推国际交往中心建设的重要途径。面对国际不断加速的全球城市竞争，目前北京仍处于全球城市网络的第二梯队，在城市竞争力等各要素方面有着很大的提升空间。根据《北京城市总体规划（2016 年—2035 年）》，强化首都国际交往中心、政治中心、文化中心的核心功能，体现以人民为中心的发展思想，展现大国首都形象，成为重点任务；同时，成为具有广泛和重要国际影响力的全球中心城市也成为北京未来城市发展的远景目标。在经济发展新常态下，通过城市更新统筹利用好北京市搬迁腾退空间，优化城市空间布局，提升城市竞争力，助力首都北京步入世界舞台中心，成为重要课题。

二、国内形势的推动

伴随着改革开放以来我国经济社会的高速发展，我国的城镇化率已经进入了"下半场"的发展阶段（图 3-2）。2021 年，我国常住人口的城镇化率已经由 1978 年的 17.9%提高至 64.72%，城镇常住人口达到了 8.48 亿人次。我国城镇化率超过全国平均水平的省份已多达十余个，特别是北上广深等一线城市的城镇化率在 70%以上，进入了城镇化的成熟发展阶段。城市更新已经成为迫切又持久的城市命题。

---

① 任荣荣，徐文舸. 城市更新是扩内需和促转型的有效抓手[J]. 改革热线：中国经贸导刊，2011（6）：28-29.

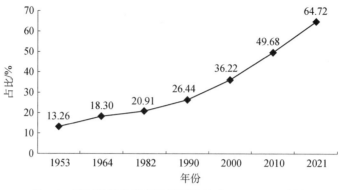

图 3-2　我国城镇化进程的发展趋势（1953～2021 年）

城市发展模式由增量进入存量时代。在高质量发展以及土地供应收缩的大背景下，我国城市建设的主旋律也逐渐从大规模增量建设阶段转变为对于存量资产的更新治理阶段，原有的城市空间增长主义正走向终结[1]，这种从"量"到"质"的转变也意味着我国的城市化发展程度迈向提质增效的新高度[2]。同时，由于前期的大规模增量建设，目前我国建成区内的待更新建筑众多，城市更新需求量巨大，仅从综合治理类来说，老旧小区重点改造项目就有 21.9 万个，市场规模可达到万亿元级别。依据减量提质的规划要求，土地供应将更加依赖城市更新，城市更新也将成为新阶段下我国城市建设实现可持续发展的重要方式。作为治理存量资产、推动城市品质提升和空间结构优化的重要手段，城市更新已然上升到国家战略的高度，随着"城市更新"写入国务院政府工作报告，实施城市更新行动已经成为我国"十四五"时期加快推进新型城镇化的重要战略基点[3]。

城市更新是支撑我国"六稳""六保"工作的重要路径。物理空间上的变化也带动着我国经济发展模式的不断转变，快速的城镇化进程也带来了人口大量聚集、生产生活方式的改变以及不断扩大的生产性、生活性服务需求等问题，要求城市产业结构的升级转型以及城市要素的优化配置。从全国整体来看，"退二进三"的产业结构变迁趋势尤为明显[4]，城市更新通过对中心城区的老旧工业用地、闲置用地等存量资产的改造和修整，优化城市内部空间

① 张京祥，赵丹，陈浩. 增长主义的终结与中国城市规划的转型[J]. 城市规划，2013（1）：45-50，55.
② 丁凡，伍江. 城市更新相关概念的演进及在当今的现实意义[J]. 城市规划学刊，2017（6）：87-95.
③ 吴平. 治理视角下城市更新主体博弈与协同路径研究[J]. 绿色建筑，2022（1）：14.
④ 徐文舸. 我国城市更新投融资模式研究[J]. 贵州财经大学学报，2021（4）：55-64.

结构，提高城市空间利用效率，促进了城市产业结构的优化升级。同时，随着我国进入经济发展新常态，人民群众对美好生活的追求与落后的居住环境之间的矛盾愈发突出，本着以人民为中心的发展思想，城市更新成为改善人民居住环境、支撑我国"六稳""六保"工作的重要路径，是解决人居矛盾、落实"人民城市人民建，人民城市人民管"的重要抓手，在改善人居环境的同时全方位推动着城市产业、功能升级。

三、首都发展的要求

纵观北京建城三千定都八百的历史，既有"里九外七皇城四"的格局，又有"三山五园"的秀美，更有"五坛八庙"的庄严；既是历史厚重的古都，又是全国政治、文化、国际交往、科技创新中心。自成为蓟、燕等诸侯国的都城以来，作为中国北方重镇，北京先后成为辽、金、元等六朝古都，城市规模不断扩大，设计思想日趋成熟，并于明清达到都城建设的巅峰，为北京旧城规模和格局奠定了基础。自中华人民共和国成立以来，北京市经济迅速发展，人口快速增长，产业结构不断丰富，北京作为现代国际城市的吸引力和集聚力不断得到强化，优质资源不断向首都尤其是向核心区域集聚，使北京的人口出现井喷式增长。根据空间增长阻力理论，城市的发展存在限制性因素，这些限制性因素意味着城市规模增长的阶段性极限和城市发展的门槛。在城市规模增长的阶段性极限来临之后，土地资源稀缺、用地结构混乱、生态环境恶化等限制问题，构成了城市规模进一步增长的瓶颈，阻碍着首都核心功能的实现。

在 2014 年习近平总书记提出"努力把北京建设成为国际一流的和谐宜居之都""疏解非首都核心功能"[1]的发展战略之后，北京市以《京津冀协同发展规划纲要》为指引，成为我国第一个实施减量发展的超大城市，疏解非首都功能成为重中之重[2]。作为我国首都和京津冀协同发展的核心，北京的城市总体规划不仅关系到北京的城市发展，更关系到党和国家工作大局。必须把有序疏解非首都功能、优化提升首都核心功能、解决"大城市病"问题作为京

---

[1] 习近平：北京要建成国际一流宜居之都 [EB/OL]. https://www.chinanews.com.cn/gn/2014/02-27/5887469.shtml[2014-02-27].

[2] 赵继敏. 习近平总书记的首都城市战略定位思想及其指导意义[J]. 前线，2018（5）：27-30.

津冀协同发展的首要任务，在推动非首都功能向外疏解的同时，大力推进内部功能重组，带动首都核心区、北京城市副中心与河北雄安新区的"一核两翼"建设。其中，疏解包括两个层次的含义，即人口数量的减少和人口结构的优化，这就需要通过城市更新行动带动城市产业、布局、公共资源等多方面的调整转移，科学疏解人口功能。同时，要深刻把握"都"与"城"、保护与利用的关系，在减量与提质的基础上靠增量求发展的模式已经成为历史，挖掘存量资产，实现城市功能织补①，为城市创造出更大的经济效益和社会效益成为首都发展的必然要求。

"先布棋盘后落子"，如何优化提升首都内部空间布局，强化北京首都核心功能的发展，实现 2035 年远景目标，是首都发展的重要课题。在"疏非"这个"牛鼻子"的牵引下，针对腾出来的空间，首都功能得以在 92.5 平方千米中进行优化重组。在不断加强"四个中心"功能建设，提高"四个服务"水平，切实改善人居环境和安全条件，加快建设国际一流的和谐宜居之都的要求下，城市更新作为提升城市品质、满足人民群众美好生活需要、推动城市高质量发展的重要路径被愈发重视。2021 年 6 月，北京市发布了《关于实施城市更新行动的指导意见》，该意见从总体要求、强化规划引领、主要更新方式、组织实施、配套政策、保障措施六大方面进行了引导。同年 8 月，《北京市城市更新行动计划（2021—2025 年）》正式发布，为北京市城市更新探明了实施路径。该计划明确提出，在增量发展模式难以为继的时代背景下，对首都城市更新提出了更高的要求。未来，首都的城市更新需以《北京城市总体规划（2016 年—2035 年）》为统领，立足新发展阶段、贯彻新发展理念、构建新发展格局，坚持以人民为中心和"人民城市人民建，人民城市人民管"的发展思想，进一步完善城市空间结构和功能布局，促进产业转型升级，建设国际科技创新中心；通过更新改造推动建设纲维有序、运行高效的国家政治中心，形成政务活动运行高效、配套优质完善的中央政务环境；以盘活存量空间资源支持建设全球数字经济标杆城市；通过更新改造推动古都风貌保护，扩大文化有效供给；将城市更新行动与疏解整治促提升专项行动紧密配合。坚持规划引领、首善标准、市场主体、多方参与，切实改善人居环境和安全条件，助推首都核心功能的提升与 2035 年远景目标的实现。

---

① 易成栋，韩丹，杨春志. 北京城市更新 70 年：历史与模式[J]. 中国房地产，2020（12）：38-45.

第二节 首都城市的首都功能特色需求

基于独特的城市战略定位，2014 年习近平总书记提出首都北京的核心功能为全国政治中心、文化中心、国际交往中心、科技创新中心[①]。落实首都功能，疏解非首都功能，促进产业新旧动能转换和城市空间布局结构调整成为首都城市更新的重要课题。特殊的城市功能吸引着各种资源、生产要素向北京流动，造就了首都空间特殊的市场价值，不断收缩的首都土地供应量与不断增长的用地需求之间的矛盾进一步推动了空间价值的增长，以绿色低碳、高效集约为发展路径的城市更新活动成为未来的发展方向。同时，"北京"与"首都"二者之间存在着"央地"之分，首都城市更新需要在"央地"关系的大背景中进行思考，这也使得北京面临着比其他城市更为苛刻的规划管控与更新条件要求，需要构建一套首都特色的治理体系，实现提高我国现代化城市治理能力的特殊历史任务。

一、城市性质与首都功能的特殊性

城市功能指在一定区域内城市所承担的分工以及对经济、社会发展的影响[②]。其不仅包括为城市中进行的各种生产生活活动提供的服务，还包括对城市自身之外的区域在政治、经济、文化等方面发挥的作用。根据城市地理学中的城市职能理论，城市职能可以按照城市基本职能和非基本职能两类来进行划分[③]。这两种职能都包含着一定的逻辑层次，且受城市内外环境、国家相关政策的影响而不断变化。

城市的基本职能也被称为城市的基本活动，区别于其他城市，对于首都北京来说，城市的基本职能集中在政治、文化、科技、国际交流等领域，而受政策影响以及出于市场的自发行为，非高端制造业、部分生产性服务业以及一些非区域敏感的行政服务部门逐渐从城市的职能层级中下降[④]。从世界及

---

① 习近平：北京要建成国际一流宜居之都[EB/OL]. https://www.chinanews.com.cn/gn/2014/02-27/5887469. shtml[2014-02-27].

② 许锋，周一星. 我国城市职能结构变化的动态特征及趋势[J]. 城市发展研究，2008（6）：49-55.

③ 温锋华，冯羽. 首都型特大城市的首都职能区域重构路径研究[J]. 北京规划建设，2019（4）：76-80.

④ 张可云，蔡之兵. 北京非首都功能的内涵、影响机理及其疏解思路[J]. 河北学刊，2015（3）：116-123.

历史角度来说，首都城市的城市功能呈现出非常明显的圈层特征，如图 3-3 所示。按照功能的重要程度，这种空间圈层可以被由内而外地分为首都核心功能、首都非核心功能以及非首都功能三个层次，每个圈层所承载的功能随着不同的城市发展阶段以及时空条件而不断变换。

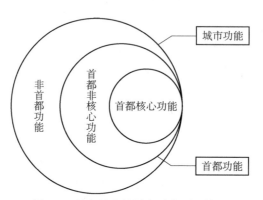

图 3-3　首都城市的城市功能圈层特征

其中，首都核心功能就是作为首都所承担的不可或缺的功能，这些特殊的城市功能造就了首都特殊的城市性质。这些功能包括政治主张、经济决策以及文化传承等。首都是国家权力的象征，代表着国家行使决策权力；也是国家的一张名片，具有国家政治、经济、文化等典型特征，是一个国家重要的国际交往中心。经历了漫长的首都功能时空演变过程，目前，北京已经形成了以全国政治中心、文化中心、国际交往中心、科技创新中心为内核的首都核心功能体系。

政治中心是首都北京的首要功能，作为国家政治权力与管理中心和民族国家的象征，核心的政治功能也是北京区别于国内其他城市的重要特征[①]。政治主要表现为以国家权力为依托的支配与反支配行为，是权力主体维护自身利益的主要方式。在《首都功能核心区控制性详细规划（街区层面）（2018—2035 年）》中明确提出了首都的建设与发展既要推动党与国家机构的职能优化与协同高效，又要立足于"两个一百年"奋斗目标，不断向之迈进，为政务活动打造运转高效、配套完善、安全和谐的中央政务环境，建设纲维有序的国家中枢。

① 文爱平，石晓冬. 首都功能核心区——老北京，新起点[J]. 北京规划建设，2020（6）：190-194.

　　随着我国日益走近世界舞台的中央、国际交往愈发密切，北京的国际交往功能愈发突出，成为首都核心功能之一。在当今的全球化时代，国家间权力与利益的合理分配往往需要依靠政治手段与政治背景来进行解决，作为政治中心的北京，有着独一无二的机会与优势，是中国特色大国外交核心承载地。同时，完善强大的硬件支撑与重大国事活动服务的软实力使首都北京在国际交往领域扮演着无可替代的中心角色。

　　同时，首都北京以悠久的地域文化为根本，兼收并蓄了中华民族各族各地的精华，为世界呈现着中国与时俱进的城市文明①。同时，作为全国文化中心的首都承担着以精神文化引领、示范、带动各地发展的重要功能。通过首都功能的发挥，将厚重的经典文化与高质量的创新文化相融合，运用文化的力量将政治文明、人文思想、科学力量辐射传播至全国各地，成为展示国家形象的重要窗口。

　　首都非核心功能与首都核心功能密切相关，是由核心功能扩展所引发的附加功能，即经济、教育功能等。如作为经济决策的重要支撑，金融服务功能在首都城市的产业体系中起到了关键的作用②；教育功能与首都城市乃至国家的区域创新、国际竞争力等紧密相关，高校、人才的集聚有利于北京科技创新中心的建设与发展，带动着区域的进步。这些非核心功能服务于首都的核心功能，是首都核心功能顺利运行的有力保障。

二、首都城市空间的特殊市场价值

　　首都特殊的城市功能为城市空间造就了特殊的市场价值。作为国家的政治中心，首都北京的发展不仅是京津冀协同发展的核心，首都功能的实现也事关国家的发展全局，中央政府的有力支撑以及全国各省市特别是周边省市在能源、资源上的有力保障为北京的产业发展提供了特殊的优势条件。产业的蓬勃发展也使得各种生产要素向北京流动，形成了强大的吸引力③。为了更好地实现全国科技创新中心的核心功能，大量全国一流的高校、科研、教育、文化、艺术、医疗等机构集中设立在北京，为实现科技创新功能提供了大量的资源与人才，催生了更多的产能与市场价值；同时，大量跨国公司、

① 沈望舒. 北京的发展要义——强化首都文化核心功能[J]. 北京联合大学学报，2016，14（4）：23-32.

② 汪江龙. 首都城市功能定位与产业发展互动关系研究[J]. 首都经济论坛，2011，12（4）：23-27.

③ 张可云，沈洁. 北京核心功能内涵、本质及其疏解可行性分析[J]. 城市规划，2017（6）：42-49.

中央企业集中布局在北京，为首都经济提供了重要的支撑。

产业发展的不断膨胀使得北京承载的各种功能不断增加，其中衍生出的部分非首都功能在一定程度上挤占了首都核心功能的发展空间及资源，需要将其进行疏解，这对首都城市空间的集约化高效利用提出了新的要求。根据《北京城市总体规划（2016年—2035年）》，2020年，城乡建设用地规模需缩减至2860平方千米左右，并持续缩减，在2035年达到2760平方千米左右，进一步促进城乡建设用地减量高效利用①。在首都核心功能的进一步落实以及非首都功能疏解的要求下，北京的城市发展已经从增量建设时代全面进入了减量提质时代，根据大卫·李嘉图（David Ricardo）的供给需求理论（图3-4），市场供求是决定市场价格的直接因素，市场价格与需求正相关，与供给负相关。不断收缩的土地供应量与不断增长的用地需求为首都城市空间赋予了特殊的市场价值，如图3-5所示，以绿色低碳、高效集约为发展路径，具有城市特色以及针对性地补齐城市短板、提升城市功能、增强城市活力的城市更新活动成为未来的发展方向。

城市更新通过对老旧项目进行更新改造，为城市实现空间上的"腾笼换鸟"，老旧项目在空间用途和使用性质上的更新不但可以更好地落实政府对首都城市的功能定位、满足首都核心功能的提升，还在资源、环境上满足空间使用者更深层级的多元需求。自2015年以来，中央大力疏解北京非首都功能，明确首都属性、落实首都功能等政策活动也为北京的城市更新创造了较大

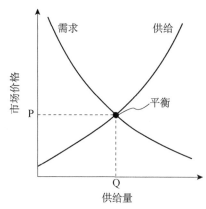

图3-4 供给需求理论曲线图

---

① 北京城市总体规划（2016年—2035年）[EB/OL]. http://www.beijing.gov.cn/gongkai/guihua/wngh/cqgh/201907/t20190701_100008.html[2017-09-29].

图 3-5 2010～2020 年北京土地成交总价和平均楼面地价发展曲线图①

的发展空间，原有在城区中零散的零售批发业、制造业在疏解后留下了大面积的待更新土地。对于投资者、地产企业等社会资本而言，以低于市场价格的收购价格进行城市更新项目投资，通过更新改造不仅可以收获大量租金提升收益，还可以提升自持物业价值，获取物业增值收益。更新改造不但可以实现资产升级和升值，还可以为城市创造更高的经济效益，具备极高的市场价值，而这种特殊的市场价值也成为吸引社会资本参与城市更新的重要因素。

三、首都城市治理体系的特殊性

作为我国的首都与政治中心，在新时代中国特色社会主义的背景下，北京承担着提高我国现代化城市治理能力的特殊历史任务。特殊的历史任务赋予了北京治理体系的特殊性，保障首都北京集约化、高质量、科学化运行需要通过新技术、新理念、新平台的运用尽快构建和完善现代化城市治理体系，不断引导首都城市管理向以共治、法治、精治为基本特征的城市治理转型，良好的治理生态也是加快北京首都功能的落实以及成为国际强国首都的基础②。

然而，首都与北京存在着概念上的差距，从地理空间角度来看，北京与其他城市相同，是一个市域概念，而首都更多地展现了一种功能概念，二者

---

① 徐勃，毕星，刘佳. 基于土地价格预测的北京房地产价格分析[J]. 河南科学，2021，39（2）：327-334.

② 沈体雁，张庭瑞. 构建首都城市治理生态体系[J]. 前线，2018（9）：59-61.

之间存在着"央地"之分。城市治理的体制机制保障是实现首都"功能"与北京"市域"相互转换又加以区分的基础。《首都功能核心区控制性详细规划（街区层面）（2018年—2035年）》指出，要将政务功能保障、老城整体保护、民生改善三者紧密结合在一起，着重关注首都核心区与首都副中心两个重点。在核心区治理方面，关键目标是推动核心区非首都功能疏解，其中，疏解对象不仅包括相关产业，也包括功能与人口，涉及产业转型与提升、城市布局的优化、人口转移、人才吸引等多个方面[①]。在首都副中心方面，处理好"央地"关系，是首都副中心健全法律法规与体制机制的首要任务。需要明晰"央地"两级政府的空间管理范围与事权，加强对于治理边界与治理内容的法律保障。通过设立跨行政区的专门机构来加强治理工作，统筹协调规划建设任务，减少"多规"造成的效率低下等问题。

北京城市更新制度建设的特殊背景需要在"央地"关系的大背景中思考，其不仅受到首都功能、首都定位、"疏整促"等减量发展政策的约束，还受到国家发展和治理模式改革的影响。在首都减量提质、集约发展总体背景下，北京面临着比其他城市更为苛刻的规划管控与更新条件要求，同时由于北京承载着全国政治中心、文化中心等功能，更新环境尤为特殊，所以并不能大刀阔斧地进行制度改革[②]。但过于依赖传统制度路径以及规避改革风险，也会抑制北京在城市更新制度建设上的突破，理顺"央地"关系、加强法治建设，是推动北京市更新步伐，加快构建首都现代化城市治理体系的关键。

第三节　新时代首都城市更新的内容体系

城市更新行动已经成为推动首都高质量发展和构建新发展格局的重要载体。针对首都北京建成区的存量空间资源以及在大力推进疏解非首都功能的工作下腾退出来的存量空间的优化重组，构建出一套具有首都特色的新时代城市更新内容体系是指引首都城市更新工作科学实施的关键。新时代首都城市更新的内容体系需要在《北京城市总体规划（2016年—2035年）》的指引下，聚焦城市提质增效，除城镇棚户区改造外不搞大拆大建，在原则上不涵

① 祝贺，唐燕，张璐. 北京城市更新中的城市设计治理工具创新[J]. 规划师，2021（8）：32-37.
② 唐燕，张璐. 北京街区更新的制度探索与政策优化[J]. 时代建筑，2021（4）：28-35.

盖房屋征收、土地征收、土地储备、房地产一级开发等项目，同时，通过将疏解腾退的空间资源纳入内容体系，让城市更新行动与疏解整治促提升专项行动进行有效衔接，以实现首都功能布局和城市空间结构的不断优化，在改善人居环境，提升人民安全感、幸福感、获得感的基础上，推动产业消费升级①。

一、首都城市更新总体内容框架

根据《北京市城市更新行动计划（2021—2025 年）》，紧扣"七有"要求、"五性"需求，新时代首都城市更新的内容体系主要聚焦于平房（院落）修缮与更新、城镇老旧小区改造、危旧楼房腾退与改造、老旧楼宇与传统商圈改造更新、产业园区与老旧厂房更新、城镇棚户区改造六大方面，全方位完善城市公共服务与基础设施，改善人民居住环境，完善城市功能，保障和改善民生。

二、塑风貌：平房（院落）修缮与更新

北京市中心城区有大量的普通平房和院落，包括一些四合院和小平房等，由于历史悠久、产权复杂，私宅民房、央产公房、军产房、校产房犬牙交错，错综复杂。在《北京市城市更新行动计划（2021—2025 年）》的统一部署下，通过首都核心区城市功能织补，推进这些平房（院落）的修缮与更新。首先，在"保障对保障"原则下，推动老城平房（院落）修缮与更新，促进其传统四合院格局恢复，如图 3-6 所示。其次，严格遵循《北京历史文化名城保护条例》中的历史街区风貌保护要求以及在符合相关技术、标准的前提下，拆除违法违规建设，持续推进平房（院落）申请式退租、换租及保护性修缮和恢复性修建。在保障腾退空间优先用于保障中央政务功能、服务中央单位、完善地区公共服务设施的前提下，鼓励腾退空间用于传统文化展示、体验及特色服务，建设众创空间或发展租赁住房。②同时，不断探索多元化的人居环境改善途径，通过打造共生院等模式引导街区有机更新，并在风貌保护的基础上塑造良好的邻里关系，提升居民归属感。最后，积极鼓励社

---

① 李政清. 北京城市更新的实践与思考[J]. 城市开发，2022（1）：38-40.

② 北京市人民政府关于实施城市更新行动的指导意见[EB/OL]. http://www.gov.cn/xinwen/2021-06/10/content_5616717.htm[2021-06-10].

会资本参与城市更新，推进直管公房经营权授权，在恢复性修建完成后，通过购买服务等途径引入专业物业公司进行管理，建立平房区物业管理机制，消除安全隐患。

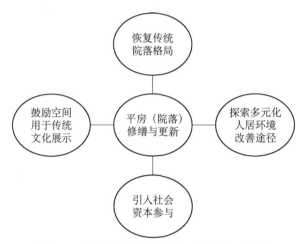

图 3-6　平房（院落）修缮与更新的主要内容

三、保民生：城镇老旧小区改造

北京中心城区存在大量建设年代久远、公共设施匮乏、社区居住环境恶劣的老旧小区亟待更新，作为解决人民群众对美好生活的追求与落后的居住环境之间矛盾的核心抓手，老旧小区改造是支撑我国"六稳""六保"工作的重要路径，也是新时代首都城市更新内容体系中的重要组成部分。实施老旧小区综合整治改造，按照自上而下下达任务和自下而上申报项目相结合的方式，坚持尽力而为、量力而行的原则。制订合理的改造计划，构建持续完善的项目储备库，将符合改造条件的老旧小区不断纳入储备库中，按照基础类、完善类和提升类滚动实施改造工作[1]。同时，按照"双纳入"的工作机制，统筹做好中央和国家机关本级老旧小区改造，以及其所属事业单位和中央企业在京老旧小区改造工作[2]。

在改造过程中，要始终坚持居民自愿原则，聆听群众声音，发挥业主委

① 赵小龙，张佳雯，高辉. 21 世纪初以来国内老旧小区改造文献综述研究——基于 Citespace 软件运用[J]. 建筑与文化，2022（1）：34-36.

② 刘佳燕，张英杰，冉奥博. 北京老旧小区更新改造研究：基于特征-困境-政策分析框架[J]. 社会治理，2020（2）：64-73.

员会作用，鼓励居民参与到老旧小区改造的工作中来，构建多元治理体系。通过调动居民参与社区工作的积极性，健全老旧小区长效管理机制，推动居民自治①。同时，不断完善市场化实施机制，探索引入多元主体的老旧小区改造及资金筹措模式，通过对老旧小区的统一规划，根据居民意愿将社区闲置空间改造为便民商业、养老服务等公共服务设施，鼓励老旧住宅楼加装电梯；利用空地、拆违腾退用地等增加停车位，实现社区内建设用地的充分和循环利用，在便捷居民生活的同时增加社区收入②，如图 3-7 所示。

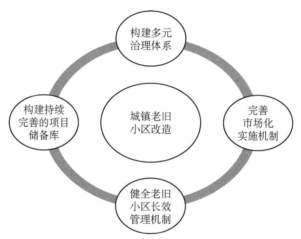

图 3-7 城镇老旧小区改造的主要内容

四、保安全：危旧楼房腾退与改造

危旧楼房指经房屋管理部门认定，基础设施严重损坏和缺失、建筑结构不合理、存在重大安全隐患，以不成套公有住房为主的简易住宅楼以及经过专业房屋安全检测单位鉴定的没有加固价值或加固方式严重影响居住安全及生活品质的老旧楼房③。

对于符合条件的危旧楼房，允许通过改建或适当扩建等方式进行改造，并在条件许可下适当增加建筑规模，实施成套化改造或增加便民服务设施等。在改建过程中，项目在确定实施主体、居民意愿摸底调查、方案设计拟

---

① 葛红刚. 基于老旧小区整治与改造的实践探究[J]. 住宅与房地产，2018（27）：26.

② 徐知秋，胡惠琴. 老旧住宅改造成社区养老设施的方法探索[J]. 建筑学报，2017（3）：95-101.

③ 北京市住房和城乡建设委员会. 北京市住房和城乡建设委员会 北京市规划和自然资源委员会 北京市发展和改革委员会 北京市财政局关于开展危旧楼房改建试点工作的意见[EB/OL]. http://zjw.beijing.gov.cn/bjjs/zfbz/zcfg/325775565/index.shtml[2020-07-01].

定及改建协议内容等工作中都要充分征求居民意见。在居民意向摸底、改建设计以及实施方案征询通过了总户数 2/3 的居民同意、改建协议内容高于 90% 的居民同意后，项目方可推进。对不符合规划要求、位于重点地区和历史文化街区内的简易楼，鼓励居民腾退外迁，改善居住条件。

同时，要充分鼓励社会资本参与改造，创新资金筹集途径，由政府、产权单位、居民、社会机构等多主体共同筹集。在改造完成后，引入规范化、市场化物业管理机制，居民异地安置或货币安置后腾退的房屋，可作为租赁房等保障房使用。

五、促发展：老旧楼宇与传统商圈改造更新

在减量提质发展的大背景下，北京市中心城区推出的商办规划建筑面积逐年下降，全市商办土地供应更为稀缺。挖掘存量资产，推动老旧楼宇与传统商圈改造更新，为城市创造更大的经济效益和社会效益成为新时代首都城市更新内容体系的重要组成部分。

老旧楼宇的升级改造需满足科技创新、金融管理、商务服务等现代服务业发展需求。在提升建筑设计水平和建筑性能的基础上，打造安全、智能、绿色的智慧楼宇。同时，要不断挖掘存量闲置老旧楼宇，在符合条件的情况下将其改造为城市运行服务保障人员宿舍和公寓，推进职住平衡①。

围绕调整产业结构、优化商业业态、塑造区域品牌、创新营销模式等目标，鼓励传统商圈进行全方位改造升级，以提升空间品质与管理服务水平。利用传统商圈拓展城市新场景应用，挖掘新消费潜力，有效增加服务消费供给，为城市注入新鲜血液，提升城市活力。鼓励多元社会资本参与，提高业主和改造机构创新转型主动性，推动更新项目建立自给自足的"造血"机制。

六、提品质：产业园区与老旧厂房更新

产业园区与老旧厂房更新是推动城市更新与疏整提升专项行动有效衔接的关键内容。继《京津冀协同发展规划纲要》出台后，北京持续疏解非首都功能相关产业。戴德梁行发布的《疏解与重塑：2020 北京城市更新白皮书》

---

① 北京市发展和改革委员会. 关于印发加强腾退空间和低效楼宇改造利用促进高精尖产业发展工作方案（试行）的通知[EB/OL]. http://fgw.beijing.gov.cn/fgwzwgk/zcgk/bwgfxwj/202106/t20210618_2415849.htm [2021-05-28].

指出，在 2017～2021 年 5 年中北京共疏解一般制造业企业 2648 家、物流中心 106 个，其中就包含许多产业园区与老旧厂房。合理利用疏解腾退空间，支持产业园区与老旧厂房更新，是推动北京产业转型升级、疏解非首都功能的重要抓手。

产业园区更新改造要紧密围绕着推动空间"腾笼换鸟"，构建高精尖产业结构的目标。对于工业遗存的历史文化和时代价值进行充分挖掘，明确老旧厂房改造利用业态准入标准，在符合规划的前提下，优先发展服务于首都功能的智能制造、科技创新、文化等产业。利用老旧厂房发展新型基础设施、现代服务业等产业业态，补充区域教育、医疗、文体等公共服务设施，建设旅游、文娱、康养等新型服务消费载体①。

七、惠百姓：城镇棚户区改造

城镇棚户区改造是提升居民居住品质，进一步推动城市基础设施建设的重要途径。在"十三五"期间，北京市棚户区改造工作由重数量向重质量转变。截至 2020 年底，北京市共完成棚户区改造约 15 万户，惠及居民约 62 万人，累计实现投资超过 2000 亿元。通过棚户区改造，北京市城市环境品质得到同步提升，相应地区的基础设施和公共服务设施建设水平也大幅度提高。

新时代首都城镇棚户区改造要以改善居民居住条件为出发点和落脚点，加快推进城镇棚户区改造；严控改造范围、标准和成本，新启动一批居民改造意愿强烈的城镇棚户区改造项目；充分利用棚改专项债，研究资金统筹平衡机制，推进项目分期供地，实现滚动开发；转变思路，强化项目全过程管理，细化阶段目标，做好项目征收拆迁、安置房建设、土地供应等全过程管理，推动项目顺利收尾、居民早日回迁。

第四节　面向未来的首都城市更新实施体系

紧扣首都城市更新的总体框架与内容体系，立足首都发展，面向未来的首都城市更新实施体系应聚焦目标、动力、功能、空间、投融资、科技、治理、保障体系进行全方位搭建，进一步完善城市功能、激发城市活力、改善

---

① 北京市人民政府办公厅. 北京市人民政府办公厅印发《关于保护利用老旧厂房拓展文化空间的指导意见》的通知[EB/OL]. http://www.beijing.gov.cn/zhengce/zhengcefagui/201905/t20190522_60818.html[2017-12-31].

人居环境、传承历史文化，促进经济社会可持续发展，努力建设国际一流的和谐宜居之都。

一、目标体系

面向未来的首都城市更新目标体系需要以《北京城市总体规划（2016年—2035年）》为统领，紧扣"十四五"规划，建设与国家治理现代化相适应的首都城市更新目标体系，促进首都经济社会的可持续发展与国际一流的和谐宜居之都的建设，打造"宜人、绿色、活力、智慧、文化"且富有首都特色的现代化城市。随着首都城市更新工作不断向纵深化发展，围绕着新时代首都城市更新的内容体系，首都城市更新目标体系也延伸出了以下细分内容。

首先，在提升城市功能方面，通过实施城市更新行动，进一步完善首都城市空间布局，优化城市功能结构，助推产业升级转型，促进"四个中心"的建设；其次，在改善人居环境方面，通过城镇老旧小区改造、危旧楼房腾退与改造、城镇棚户区改造等工作，加快完善公共服务设施，提升消防安全基础条件，提升人居环境，满足人民"七有"要求、"五性"需求；再次，在促进首都可持续发展方面，通过存量空间资源的盘活推动首都全球数字经济标杆城市的建设，通过更新改造拉动内需，优化投资供给结构，带动消费升级；最后，在传承历史文化方面，通过平房（院落）修缮与更新、历史文化街区保护更新等工作重塑街区肌理，还原古都风貌，扩大文化有效供给。

二、动力体系

伴随着首都城镇化率的飞速增长，与之前增量建设相对应的是巨量亟待更新的存量老旧资产，但城市更新作为一项具有长期性、渐进性等特点的系统工程，存在着产权复杂、收益不明朗、资金投入巨大等问题，使得政府投入巨大但收效甚微[1]。城市更新行动涉及政府部门、社会资本、权利主体、社会群体等多元的利益相关者，责任与权利难以分割，多元主体相互博弈。为了突破新时代城市更新的困局，要构建以政府部门、社会资本等为引擎的多元首都城市更新动力体系。在首都政府的引导下，充分发挥市场动力的优势，采取市场运作的模式，调动产权主体、市场主体和社会公众等各方积

① 徐文舸. 我国城市更新投融资模式研究[J]. 贵州财经大学学报，2021（4）：55-64.

极性，多种方式引入社会资本，鼓励居民在城市更新中发挥主体主责作用，多动力主体共同为首都城市更新赋能，打造具有首都特色的城市更新模式。

三、功能体系

北京作为我国首都，代表我国的形象，面向未来的首都城市更新功能体系必须坚持从国家的角度构建，服从并服务于国家利益，围绕发挥和完善首都功能进行展开。根据《北京城市总体规划（2016年—2035年）》，北京的核心功能是全国的政治中心、文化中心、国际交往中心、科技创新中心[①]。立足"四个中心"功能定位，首都城市更新功能体系需与"疏整促"专项行动紧密配合，以疏解北京非首都功能为牵引点，优化城市功能结构与空间布局，升级老旧业态，完善首都核心功能，释放文化活力。通过实施城市更新行动，促进产业升级转型，提升城市产业功能；提升城市环境品质，将老城保护与提升中央政务服务功能相结合，为国家政治中心与国际交往中心等功能建设提供高质量活动空间；进一步开展老旧小区改造、城镇棚户区改造等工作，改善人居环境与安全条件，落实首都居住功能；合理利用腾退空间，将其改造为公共空间或补充公共服务设施，加大文化历史街区、建筑腾退力度，积极拓展高品质文化空间，为人民提供丰富的文化休闲场所，推动首都文化中心建设，提升城市休闲功能。

四、空间体系

实施首都城市更新行动是国家战略意图的空间落位，通过首都空间格局的重塑再造，实现"十四五"规划目标。面向未来的首都城市更新空间体系要紧扣首都城市更新目标、功能体系，逐步以首都核心功能代替非首都、非核心功能，升级空间品质，塑造高品质生活区。首都城市更新空间体系要以街区为单元统筹城市更新，围绕空间重塑、人居环境改善、城市功能提升等方面合理划分更新单元，明确街区功能、环境优化目标；要以交通引领，通过轨道交通站城融合方式推进城市更新，带动沿线周边存量空间资源提质增效；要以重点项目建设带动城市更新，推动周边地区公共空间与公共设施品

[①] 北京市人民政府. 北京城市总体规划（2016年—2035年）[EB/OL]. http://zhengwu.beijing.gov.cn/gh/dt/t1494703.htm[2017-09-29].

质提升，完善老城地区功能配套；要以点式更新，有序推进单项项目改造，因地制宜地整合各类主题需求，探索城市更新的试点式推进模式，通过科学的空间规划体系，推进城市更新行动高效、有序地开展。

五、投融资体系

随着首都城市发展模式从增量扩张阶段进入存量更新阶段，自改革开放以来推动城市快速发展的土地财政逐渐失灵[1]。在愈发严格的首都城市规划控制与实现首都功能的核心目标的要求下，仅靠政府投资难以负担城市更新所需的庞大基础设施及高昂的交易成本，首都城市更新必须变革现有模式，加速构建政府引导、市场主导、居民参与的首都城市更新投融资体系。

面向未来的首都城市更新投融资体系要破除社会资本的参与壁垒，畅通社会资本的参与路径，创造平等、透明的城市更新投融资环境[2]；建立科学、可持续的成本责任分担与利益平衡机制，研究支持多元主体参与城市更新投融资的配套政策，降低项目风险，提高项目合法化；鼓励政府部门、国有企业搭建城市更新合作平台，强化与社会资本进行合作，通过设立城市更新基金、委托经营、参股投资等路径创新城市更新投融资方式；创新投资盈利模式，调动资信实力强的民营企业全过程参与更新项目的积极性，推广"劲松模式""首开经验"等成功模式，完善市场化实施机制，聚集更多有实力的社会资本，形成城市更新的更大合力。

六、科技体系

作为推进新型城镇化，推动城市可持续发展的有力保障，城市更新也是落实绿色低碳要求、助力实现国家碳达峰目标的重点任务[3]。城市更新的全过程贯穿了耗材制造、建筑施工、人工运维等多条传统产业链，这就要求构建完善的首都城市更新科技体系，通过城市更新行动满足居民高品质生活的需求、提升城市竞争力、实现"双碳"目标。面向未来的首都城市更新科技体系，需融入更多高新科技产业、智能制造产业等，以推动全产业链的优化升

① Lin Y，De Meulder B. A conceptual framework for the strategic urban project approach for the sustainable redevelopment of "villages in the city" in Guangzhou[J]. Habitat Int.，2012，36（3）：380-387.

② 任荣荣，高洪玮. 美英日城市更新的投融资模式特点与经验启示[J]. 宏观经济研究，2021（8）：168-175.

③ 李锦生，石晓冬，阳建强，等. 城市更新策略与实施工具[J]. 城市规划，2022，46（3）：22-28.

级，坚持绿色理念，大力研发绿色基建、技术材料，降低对高耗能产业的依赖程度；提升对大数据智能化运用的要求，大力推进城市更新项目数字化、信息化、智能化升级改造，通过物理空间层面的智慧化更新升级，推动城市资源的集约利用与合作共享，培育新兴消费模式[①]；要进一步提升存量空间的智能化管理及服务水平，智慧化赋能改造建设与运营管理，提高建筑效能，打造智慧社区、智慧楼宇、智慧商圈等智慧城市应用场景，实现一网同管、智慧物联，在提升人居环境的同时为基层工作者减负，助力政府基层治理创新。

七、治理体系

在城市增量建设时期，政府有着较大的主导权与决定权，土地产权相对单一，城市建设涉及的利益主体相对较少，主体间权责清晰。随着城市发展模式由增量建设转向存量更新，涉及的利益主体逐渐增加，土地产权由单一转向复杂，政府部门、权利主体、社会资本、公众群体等主体间权、责、利难以明确分割，存在着利益博弈。这就要求协调各方主体，汇集各方力量，形成协同治理、良性互动的城市更新治理体系。

面向未来的首都城市更新治理体系要围绕着建设首都城市更新的长效机制和源头治理机制的总目标，打造与首都治理现代化相适应的首都城市更新治理体系；要持续优化治理结构，完善共治、共建、共享工作机制，统筹各方利益，充分利用"接诉即办""责任规划师""吹哨报到"等制度路径调动社会公众与居民业主参与城市更新的积极性，打造多元主体广泛参与的治理格局；要统筹推进"央地"协同管理机制，破解城市更新中的碎片化问题，围绕治理权利展开科学合理的机制设计，形成以街区为基本单元的统筹联动，突破条块分割、"九龙治水"带来的"公地困局"[②]。

八、保障体系

基于首都定位、减量发展、古都风貌保护、"疏整促"等首都特殊发展要求，首都的城市更新面临着比其他城市更为严苛的规划条件与管控要求。为

---

① 余梦娜. "双碳"目标下如何走好城市更新之路[J]. 上海房地，2022（3）：57-59.
② 李利文. 中国城市更新的三重逻辑：价值维度、内在张力及策略选择[J]. 深圳大学学报，2020，37（6）：42-53.

了尽可能地规避改革风险，坚持稳中求进的工作基调，北京在城市更新的制度建设上依旧较为坚持传统路径，立法等突破性步伐迈出较慢。但随着城市更新利益相关者不断涌入以及城市更新运作模式的市场化程度不断提高，需要一套科学、完善的城市更新的保障体系维系公正、透明的市场环境，监管、保护各利益主体，形成制度规范，做到有法可依、有章可循①。面向未来的首都城市更新保障体系要在借鉴国内外先进城市更新立法经验的同时，结合首都特殊性，逐步形成一套完善的首都城市更新制度体系，为实施下一步工作筑牢法治基础；研究制定能够促进城市业态升级、消费模式创新等城市更新行动保障、激励等配套政策，加快推进改造提升工程，关注利益相关者在城市更新进程中的需求变化，提供动态、持续、长效的更新保障体系。

---

① 古小东，夏斌. 城市更新的政策演进、目标选择及优化路径[J]. 学术研究，2017（6）：49-55.

第二部分 经 验 篇

4 | 第四章
合道：首都城市更新的伟大成就

因天之序，合道而行。建设和管理好首都，是国家治理体系和治理能力现代化的重要工作任务。党的十八大以来，以习近平同志为核心的党中央高度重视首都发展，从治国理政的新高度，以全新的战略定位为首都发展谋篇布局。北京通过不断强化城市总体规划引领作用，深刻把握"都"与"城"的关系，"腾笼换鸟"减重减量，城市更新工作不断取得新突破，为构建高精尖经济结构打开了更大空间，科技、商务、文化、信息等高精尖产业的新设市场主体持续增加，形成了首都城市更新的独特经验。

第一节　问道：首都城市更新简史

首都作为六朝古都，历经了 3000 多年的不断更新发展。1949 年新中国成立之后，中央政府研究提出在北京旧城基础上建设新城。首都城市建设、更新的序幕被正式拉开，历经 70 余年的不断探索实践，形成了首都独特的城市更新模式。

一、首都城市更新的发展历程

回顾首都城市更新 70 余年的探索历程，在空间布局优化、城市功能提升、产业结构重组、人居环境提升等方面都取得了建设性的成就。总结首都城市更新历程，以史为鉴，对于走好首都特色的城市更新之路具有重要的借鉴意义。边兰春基于时代背景以及城市发展方向将新中国成立以来的首都城市更新划分为起步时期（1949～1978 年）、发展时期（1978～2008 年）、转型时期（2008～2018 年）三个主要阶段①。唐燕、张璐结合北京城市更新的发展现状，对北京城市更新的历程进一步研究，将其梳理为政治生活导向的更新阶段（1949～1978 年）、经济发展导向的更新阶段（1978～2008 年）、文化事件导向的更新阶段（2008～2017 年）、精细治理导向的更新阶段（2017 年至今）四个阶段②。易成栋等总结了北京城市更新的主要举措，将首都城市更新历程划分为保护性改造和拆除性重建阶段（1949～1980 年）、危旧房改造阶段（1980～2000 年）、探索旧城改造新模式阶段（2000 年至今）③。综合以上学者观点，本书将首都城市更新的发展历程划分为以下几个阶段。

1. 第一阶段：首都空间格局探索阶段

第一阶段为新中国成立至改革开放前（1949～1978 年）。在新中国建设的起步时期，作为国家首都，北京需要调整城市格局，建设重要公共空间及公共设施，勾勒首都空间格局，塑造窗口典范，在此期间，北京城市建设总体规划要点详见图 4-1。为了加快推进首都建设，在 1953 年，党中央实施了第一个五年计划，同时，出台了《改建与扩建北京市规划草案的要点》，确定了"为生产服务，为劳动人民服务，为中央服务"的首都建设总方针④。因此，在勾勒首都空间格局的起步阶段，北京的城市建设改造工作以拆除性重建和保护性改造为主。但由于条件限制，对于首都中心老旧城区仅采取拆除或翻建大修等简单临时性举措也使得老旧城区破旧危房数量剧增，人居环境愈发恶劣。

---

① 边兰春. 统一与多元——北京城市更新中的公共空间演进[J]. 世界建筑，2016（4）：14-17.
② 唐燕，张璐. 北京街区更新的制度探索与政策优化[J]. 时代建筑，2021（4）：28-35.
③ 易成栋，韩丹，杨春志. 北京城市更新 70 年：历史与模式[J]. 中国房地产，2020（12）：38-45.
④ 徐向东. 建国后北京城市建设方针的演变[J]. 北京党史研究，1996（2）：28-31.

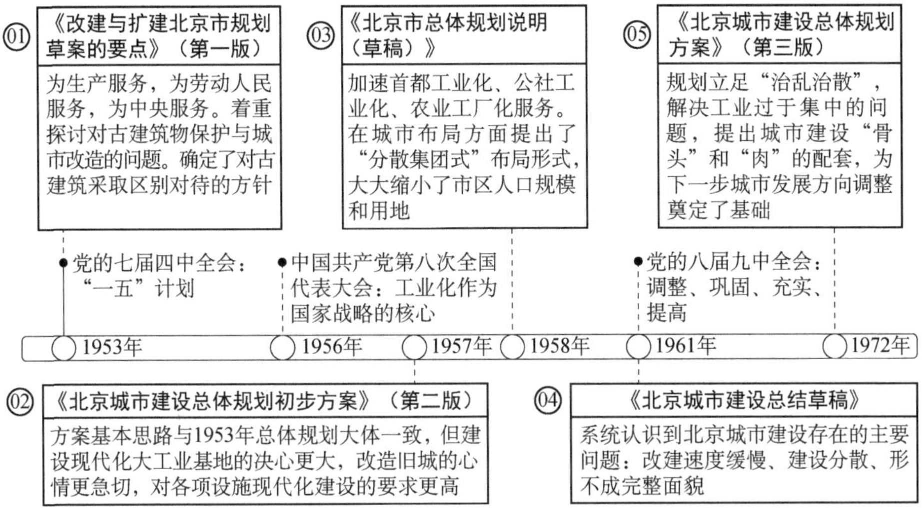

图 4-1 1949~1978 年北京城市建设总体规划要点

2. 第二阶段：发展导向下的重建阶段

第二阶段为改革开放至党的十六大召开（1978~2002 年）。自 1978 年实行改革开放的重大决策后，北京城市建设进入迅速发展时期，在完善基本配套功能的基础上，建设国际城市成为此阶段的城市建设目标。1982 年颁布的《北京城市建设总体规划方案》提出了解决工业集中带来的绿地及公共基础设施用地侵占等城市问题[①]，并提出了控制重工业发展速度，统筹协调人民生活与经济发展，推动产业"退二进三"，形成生产生活并重等应对措施。伴随着经济的快速复苏，以及人口的急剧增长，住房紧张问题及破旧危房问题不断累积，人居环境亟待整治。在此背景下，危房改造工作被大规模推进，并形成了商业开发带动危房改造、历史文化区保护带动危房改造、开发带危改、房改带危改等改造模式。危旧房改造在一定程度上加快了首都城市现代化进程，改善了人居环境，但极大地破坏了古都风貌，受到了部分居民的强烈抵制，以菊儿胡同为代表的试点式"微循环有机更新"模式被首次提出[②]。

[①] 刘欣葵. 北京城市更新的思想发展与实践特征[J]. 城市发展研究，2012（10）：129-132，136.

[②] 吴良镛. 旧城整治的"有机更新"[J]. 北京规划建设，1995（3）：16-19.

3. 第三阶段：重大节事引领城市更新（2002～2012年）

第三阶段为党的十六大至党的十八大召开（2002～2012年）。2001年，北京申奥成功，由此开启了大规模的城市基础设施改造及城市更新工作。2002年，党的十六大提出了科学发展观，强调以人为本及全面、协调、可持续的发展观，在此基础上，《北京城市总体规划（2004年—2020年）》对建设现代化城市提出了更高的要求，并提出了老城区整体保护更新的工作思路①。同时，在经历了开发带危改、房改带危改等一系列大规模拆建后，文化导向下小尺度空间更新方式被愈发重视，为迎接奥运会，首钢集团有限公司（简称首钢）、北京焦化厂等城区工业开始疏解腾退，798艺术区等工业遗产被注入艺术元素，发展成为文化产业重地。在文化事件的引导下，人民对于文化精神空间的需求不断增加，此阶段的北京城市更新不再将重点放在改造居住空间功能上，而是更加注重公共空间与居民生活品质的提升，小规模、渐进式的有机更新模式也被更多地运用于城市更新的实践之中。

4. 第四阶段：精细化治理阶段

第四阶段为党的十八大召开至今（2012年以来）。2012年党的十八大提出了以人民为中心的城市发展总体战略思路，并明确了推进棚户区改造、城镇老旧小区改造成为首都城市更新的重点任务。2017年党的十九大之后，《北京城市总体规划（2016年—2035年）》《首都功能核心区控制性详细规划（街区层面）（2018年—2035年）》等政策文件陆续颁布，系统构建了北京市规划建设的"四梁八柱"，"减量提质""疏解非首都功能""推进京津冀协同发展"成为首都城市更新的重点方向，如图4-2所示。2020年，党的十九届五中全会首次提出"实施城市更新行动"，围绕《北京城市总体规划（2016年—2035年）》，北京坚决落实"老城不能再拆"的工作要求，开启了保护性修缮、申请式退租等方式，持续探索老城保护有机更新。围绕减量发展及疏解非首都功能，通过调整城市空间布局促进产业新旧动能转换，首都城市更新工作愈发聚焦基层，成为推行城市精细化治理的重要工具②。

① 董光器. 五十七年光辉历程——建国以来北京城市规划的发展[J]. 北京规划建设，2006（5）：13-16.
② 唐燕. 城市更新制度建设[M]. 北京：清华大学出版社，2019.

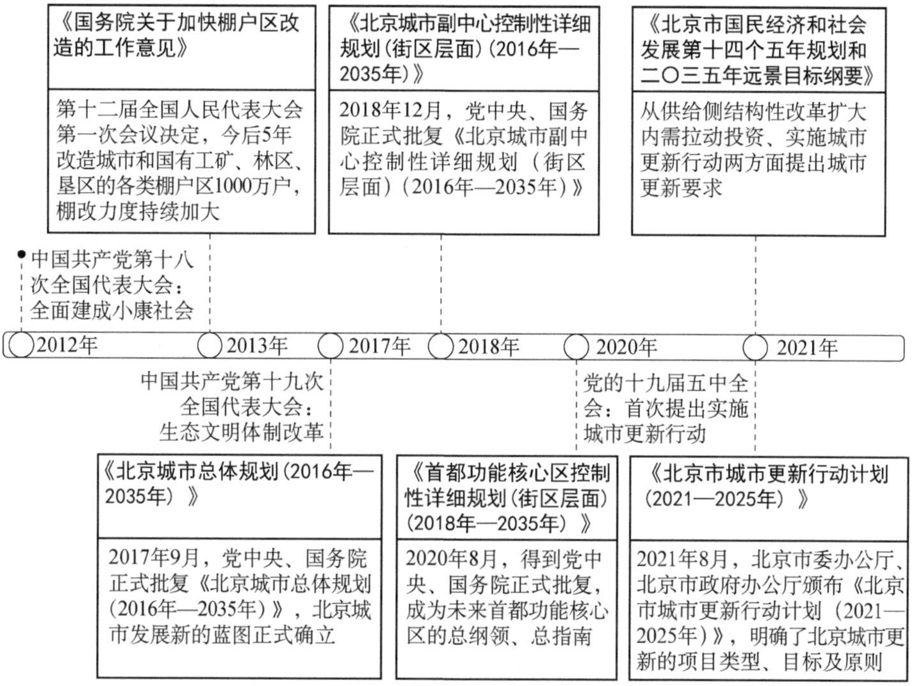

图 4-2 2012～2021 年北京城市更新历程回顾

二、首都城市更新政策的逻辑变化

城市更新是一个长期过程，不同时期城市更新的历史背景、问题诉求、更新动力、更新目标、更新的内容与方式、政策措施均呈现出不同的特征。根据中国城镇化发展的水平与特征、城市更新的政策导向与基本逻辑的差异，可以将新中国成立以来首都城市更新的历程分为如下四个阶段：改革开放前稳中求进型的政策探索阶段（1949～1978 年）、改革开放后的开放型政策学习阶段（1978～2002 年）、经营城市逻辑下的激进型政策革新阶段（2002～2012 年），以及以人民为中心的治理型政策创新阶段（2012 年以来）（表 4-1）。

表 4-1 中国城市更新的历史阶段与政策逻辑脉络

发展阶段	第一阶段	第二阶段	第三阶段	第四阶段
时间跨度	1949～1978 年	1978～2002 年	2002～2012 年	2012 年以来
城市更新政策阶段	改革开放前稳中求进型的政策探索阶段	改革开放后的开放型政策学习阶段	经营城市逻辑下的激进型政策革新阶段	以人民为中心的治理型政策创新阶段

续表

发展阶段	第一阶段	第二阶段	第三阶段	第四阶段
城市更新政策逻辑	变消费城市为生产城市	完善城市功能，改善居住、出行条件	"经营城市""土地财政""用地置换"	以人民为中心，实现治理体系与治理能力现代化
重大政策	第一、二次全国城市工作会议（1962年、1963年）等	第三次全国城市工作会议（1978年）、《城市规划条例》（1984年）、《中华人民共和国城市规划法》（1989年）等	住房制度改革、《中华人民共和国物权法》（2007年）、《中华人民共和国城乡规划法》（2008年）等	中央城市工作会议（2015年）、《北京市城市更新行动计划（2021—2025年）》（2021年）、《北京市城市更新专项规划（北京市"十四五"时期城市更新规划）》（2022年）等
典型案例	北京龙须沟棚改	北京菊儿胡同有机更新改造	北京798艺术区更新	崇雍大街综合改造、朝阳小微城市公共空间改造提升

资料来源：根据相关公开资料整理

1. 改革开放前稳中求进型的政策探索阶段

新中国成立初期，面对全面落后的城市工业基础和紧缺的财政、人力资源，国家城市建设的重心是新工业区的开发建设。旧城更新改造工作处于早期摸索阶段和从属地位，虽然有如"梁陈方案"式的有机更新思想的提出，但是鉴于当时的国情，当时的政策逻辑以稳中求进的社会主义探索为主基调。按照"充分利用、逐步改造"的方针对在半殖民地半封建社会建立的百年老城进行"见缝插针"的社会主义填空补实。直至改革开放前，北京旧城区的更新改造，仅仅是对原有房屋、市政设施进行基本的维修养护和局部改扩建，更新重点是解决首都职工的基本住房需求。

2. 改革开放后的开放型政策学习阶段

党的十一届三中全会以来，全面学习西方的理论与经验是我国各个领域的主旋律。首都北京的城市更新政策逻辑也进入了一个全新的开放型学习发展阶段。国家政策层面，恢复了城市规划的法定地位，并在学习西方经验的基础上，稳妥地提出了城市更新工作应当遵循的原则，制定了逐步改善居住和交通条件，加强基础设施和公共设施建设，提高城市综合功能的政策方针。在北京市的实践层面，全国各地在改革开放思潮的冲击下，为了满足城市居民改善居住、出行的需求，北京也相继开展了大规模的棚户区、旧城胡同以及城中村的改造工作。

3. 经营城市逻辑下的激进型政策革新阶段

进入21世纪，在学习了新加坡等土地政策逻辑的基础上，我国开始逐步实施国有土地有偿使用制度和住房商品化改革政策。这为首都城市更新提供了强大的驱动力，极大地释放了首都土地市场的巨大潜能，首都城市更新政策逻辑进入了激进型的政策革新阶段。以"经营城市""土地财政""用地置换"为政策逻辑的城市更新大面积铺开，借助国有土地有偿使用的政策逻辑和市场化运作的方式，原来位居中心城市的传统工业被逐步置换出市区，通过引入房地产、金融机构与城市更新的结合，推倒重建了大量位于旧城区的工厂与老旧住宅、棚户区，推动了首都旧城功能更新和旧区"再城市化"和"绅士化"过程。在此政策逻辑下，下岗工人再就业、旧城居民的权益保障以及房价成为这一激进的城市更新政策革新阶段的三大政策衍生问题。

4. 以人民为中心的治理型政策创新阶段

党的十八大以来，中国城市发展过度追求增量开发的"增长主义"历史宣告走向终结达成了社会广泛的共识。中共中央在时隔 37 年之后，于 2015 年召开中央城市工作会议，明确了以人民为中心的城市工作出发点和落脚点，首都城市工作正式转向基于国家治理体系与治理能力现代化视角的存量空间整体性和精细化治理阶段。首都城市更新政策的逻辑也开始进入基于治理逻辑的治理型政策创新阶段。首都城市更新政策的核心更加关注围绕人民对美好生活的需求，探索城市"存量空间"内涵发展、城市品质提升、产业转型升级、存量开发土地的集约利用以及社会资本参与城市更新等整体性治理的政策实践。

三、首都城市更新的模式探索

在首都城市发展不同时期，基于不同的经济发展需要以及城市发展目标，自新中国成立以来，北京的城市更新也探索出了多种模式。陈占祥[①]等从不同角度对政府主导的旧城改造模式进行了研究，基于旧城居住区的改造和修复，提出了城市的"新陈代谢"观点。吴良镛[②]在菊儿胡同试点改造的基础上提出了小规模、渐进式的有机更新模式。随着首都城市更新的需求不断增加，政府引导、市场运作的城市更新机制被多次强调，研究市场主体、社会公众等各方力量参与城市更新的途径、模式等成为目前研究的主流。基于

① 陈占祥. 城市设计[J]. 城市规划研究, 1983（1）: 4-19.
② 吴良镛. 北京旧城居住区的整治途径——城市细胞的有机更新和新四合院的探索[J]. 建筑学报, 1989（7）: 11-18.

此，本书将首都城市更新划分为以下模式。

1. 拆除重建模式

拆除重建模式指将片区内原有建筑全部拆除，重新进行规划建设的改造模式。新中国成立初期，受到"先生产，后生活"理念的影响，首都旧城改造以满足中央办公需求为重点，新建了大批住宅、中央机关办公楼、使馆区，并围绕重大政治活动对首都重点公共设施及公共空间进行了拆除重建①。随着首都人口的迅速增长，人民的居住需求以及对于公共基础设施的需求愈发增加，为了加速城市化进程，以拆除重建为主要模式的建设改造方式被广泛运用。首先，拆除建筑质量低下、配套设施不足的大片平房（院落），将其重建为高密度的居住区或商业功能区；其次，对于存在严重安全隐患、亟待修整的老破危房，采取以院落为单位的小规模拆除重建，将院落内原有建筑拆除重建为多层建筑，缓解住房紧张、配套设施不足等问题。同时，拆除重建模式还被运用于北京市棚户区的改造，通过拆除重建，北京人居环境及落后面貌被迅速改善，有效地缓解了部分居住问题。

但是，拆除重建模式也有着显著的缺点。首先，北京作为千年古都，其中心区留存着大量历史文化遗产以及古都街巷肌理，而大规模拆除、批量重建使得古都原有的建筑、风格丧失，同时，在新建过程中大量采用现代化建筑材料与建设方式，使得新增建筑难以与街道整体风貌融合，破坏了旧城整体格局。其次，拆除重建式改造的前期准备工作繁多，需要动员改造范围内所有住户，在住户同意后方可进行改造，实施难度较大，且易发生拆迁群体性事件，大规模的拆除重建也抹除了原有建筑所承载的历史信息，破坏了原有社区的邻里关系。

2. 危房改造系列模式

19世纪80年代，北京旧城居住问题已十分严重，旧城平房四合院内出现大量违章建筑②。为了解决城市建设的"骨肉不配套"等问题，缓解住房紧张，危房改造成为首都城市更新的重点工作。1990年，北京市开始全面推进危房改造，并形成了开发带危改、市政带危改、房改带危改、绿隔政策带危

① 王崇烈，陈思伽. 北京城市更新实践历程回顾[J]. 北京规划建设，2021（6）：26-32.
② 张杰. 北京城市保护与改造的现状与问题[J]. 城市规划，2002（3）：73-75.

改等危房改造系列模式①（表4-2）。

表4-2　危房改造系列模式

模式	起始时间	改造主体	资金来源	改造过程
开发带危改	1990年	政府+开发商	开发商自有资金或银行贷款	政府将改造地块出让给房地产开发商，利用土地出让金完成地块一级开发工作，或由开发商统一进行一级开发，再投资建设房地产项目
市政带危改	1997年	政府	地方财政	在确立67项"迎国庆"重点工程后，开启了以市政道路及重点工程建设拆迁带动危改工作，政府完全承担征地、拆迁、安置、补偿和后期市政建设的所有工作，以及改造所需的全部资金
房改带危改	2000年	政府+开发商	地方财政+开发商自有资金	政府负责提供必要的政策支持和部分资金投入，并承担市政基础设施改造的工作；开发商免除土地出让金、大市政配套费及契税、土地变更用途和超面积补交的地价等相关税费；居民享受多样化安置方案
绿隔政策带危改	2003年	政府+集体经济组织	地方财政+集体经济组织引资+农民合作	选择试点单位，政府征地后，划拨给乡村集体经济进行房地产开发，所得资金用于市区绿化隔离地区内的各项建设

　　危房改造系列模式显著提升了商品房供应量，有效地缓解了住房紧张问题，改善了居民的生活环境；同时推动了城市经济建设、社会建设、文化建设与生态建设的一体化，调整了首都的产业结构，推动了城市迅速转向现代化。但是，危房改造系列模式也引发了许多社会问题。首先，巨大的征地拆迁成本增加了政府及开发商的资金压力，危房改造系列模式仅适用于开发收益较高、拆迁成本较小的区域，在拆迁成本不断攀升的情况下，开发商通过不断提升房价来保证利润，因此加剧了居民的购房压力。其次，开发商"挑肥拣瘦"的逐利行为也会加剧地区发展的不平衡，使真正需要改造但市场价值较小的地块被频频忽视；同时，在开发商与居民的博弈中，居民始终处于弱势地位，其正当权益难以被保障。最后，此类模式对古都风貌保护的考虑较少，"大规模"改造和"推平头"拆除的方式存在着与老城区风貌不协调、难融合等问题，破坏了古都风貌并间接造成未改造区危房比例增加；同时，也破坏了原有的城市肌理与社会关系网络。

---

① 张念萍. 以房改带动危改将成为全市危改的一个重要模式：危改试点龙潭西里建成入住[J]. 北京房地产，2001（2）：25-26.

3. 小规模、渐进式的有机更新模式

随着社会中历史文化保护观念的不断增强，人们逐渐认识到这种"推倒重建"型的改造模式对北京这座历史文化名城来说是行不通的，因此以小规模、渐进式的有机更新模式为代表的城市有机更新理念应运而生。这种模式在最大限度地保留原有历史街区建筑风貌和城市肌理的前提下，鼓励居民成为改造主体，以院落为单元，根据自身特定需求采取"留""拆""改"等多种改造方式，从而有效避免了大拆大建模式下的利益协调不均、社会矛盾频发、历史风貌破坏严重的问题。

作为北京首批旧城改造试点之一，菊儿胡同首次采用小规模、渐进式的有机更新模式。在改造过程中，居民通过成立"菊儿胡同住房合作社"争取到更多的话语权，帮助其更好地表达利益诉求。同时，改造过程中还对片区建筑进行区分，根据建筑物现有状况分批、分阶段进行改造，既保留了大量极具历史价值的四合院，也拆除了部分破旧危房，同时嵌套市政基础设施的建设工作。这种模式一方面最大限度地保留了胡同氛围和四合院风貌，体现了街区改造的整体性；另一方面居民在其中发挥了改造自主性，有效地改善了生活环境。此外，改造在一定程度上帮助政府实现中心城区人口疏解，让老城区重新焕发生机活力，同时也缓解了政府财政紧张的问题，提高了政府补贴资金的利用效率。

4. 城市更新运营商模式

在不断强调"政府引导，市场运作"理念，鼓励社会资本参与城市更新的当下，城市更新运营商模式应运而生。城市更新运营商是一种全新的社会企业，其具有足够的投资、专业的经营能力和社会责任感，在参与城市更新的过程中，受政府和社区居民委托，负责社区更新的调查、规划、动员、实施、运行和价值共享等一系列全流程服务。在政府完成一系列基础性改造后，通过公开招投标引入更新地社区、居民表决认可的改造运营主体，即城市更新运营商。城市更新运营商通过提供付费服务、改造闲置空间提升租赁收益等方式实现成本回收，形成微利可持续的市场化机制[1]。例如，愿景明德（北京）控股集团有限公司（简称愿景集团）以劲松北社区为更新试点，将社

---

[1] Shen T Y, Yao X Y, Wen F H. The urban regeneration engine model: an analytical framework and case study of the renewal of old communities[J]. Land Use Policy, 2021, 108（6）, https://doi.org/10.1016/j.landusepol.2021.105571.

区闲置空间改造为便民商业或进行空间租赁，实现资本回收与可持续的资金收益。又如，北京宜房大德置业投资有限公司不断探索老城保护与民生改善的城市更新模式，利用已腾退共生院落打造片区红色会客厅党建中心，通过烂缦胡同甲130、91号共生院设计，构建了一个互惠互利可持续的共生系统，形成了街区智慧运管体系。再如，学院路街道结合地区实际，将共生院的概念延伸至共生大院，并引入第三方社会组织（即北京和合社会工作发展中心）进行社区管理。

城市更新运营商模式一方面能够提高更新改造的效率，缓解政府财政压力，通过对城市社区资源的整合突破规模门槛，实现产品服务的聚集和规模经营，降低城市更新的平均固定成本，打造品牌价值和效应；另一方面有助于提高更新服务满意度，城市更新运营商在政府引导下能更好地利用社区空间、人口等资源，以科技创新驱动服务管理平台建设，提高产品服务供给效率，在保证社区服务供给质量的基础上，塑造独特的社区品牌和文化，提高居民的满意度。但是，该模式较适用于有一定商业空间的综合整治类项目及有机更新项目，此外，由于政策、资金等因素的影响，该模式也存在着一定的运营风险。

四、以史为鉴，问道城市更新

综上，基于首都城市更新的历史阶段划分与模式总结，在新时代发展背景下，立足首都面临的新任务与要求，我们要打破传统增量发展思维惯性，利用好存量空间来落实首都战略定位和"四个中心"建设要求，实现城市功能完善和品质提升。在充分尊重历史文化与城市肌理的基础上，优化首都空间格局，提升城市功能品质；积极探索适应新技术的城市管理与现代化治理体系，加强城市精细化管理，创新政策体系机制；搭建多元共治平台，完善市场参与机制，激发市场活力，寻找微利可持续的首都特色城市更新道路。

第二节　论道：新时代首都城市更新的总体成就

党的十八大以来，党和国家高度重视首都建设，明确了疏解首都非核心功能，京津冀协同发展的战略和建设国际一流的和谐宜居之都的发展目标。围绕"疏解整治促提升"的总体思路，深入开展以城市功能织补、背街小巷等街巷整治为标志的城市更新行为，全面提升城市品质和发展活力，首都城市更新取得了卓越的成就。

一、服务首都发展，推动"功能性更新"

2014年，习近平总书记视察北京时提出要坚持和强化首都全国政治中心、文化中心、国际交往中心、科技创新中心的核心功能，深入实施人文北京、科技北京、绿色北京战略，努力把北京建设成为国际一流的和谐宜居之都①。自党的十八大以来，随着京津冀一体化战略的明晰与实施，抓住疏解非首都功能这个"牛鼻子"，通过对非高端制造业企业、区域性物流基地、区域性专业市场、生产性服务业等进行疏解，促进新旧动能转换、城市空间布局结构调整，服务首都发展，推动"功能性更新"成为首都城市更新的重点任务，也取得了一定的成效。

例如，将工业遗产更新转型为文化园区的首钢工业区。自2003年以来，为了推动首都功能发展转型和环境保护，助力2008年北京奥运会的举办，首钢做出了搬迁主厂区的决定，并于2010年主厂区全面停产，落实中心城区"减量提质"发展要求。面对工业遗存保护、老工业区更新改造及利用、员工就业安置、发展方向转型等种种挑战，首钢开始探索老工业区全面升级转型的更新路径。2017年，北京市颁布了《关于保护利用老旧厂房拓展文化空间的指导意见》，借着政策的东风，通过盘活老工业用地，改造建筑物、构筑物，植入奥运体育元素和创意文化功能，在实现产业升级和功能重组的同时，创造了新型的城市活力空间。转型后的首钢老工业区，不仅疏解了大量相关产业及人口，也推动了城市转型、首都功能更新，并且利用老工业区特有的历史积淀、工业遗存塑造了城市文化魅力，改善了生态环境，获得了英国皇家规划学会"2017国际卓越规划奖"、国际绿色建筑大会"2017年绿色建筑先锋大奖"，以及住房和城乡建设部"2017年中国人居环境奖"、"2017年度全国优秀城乡规划设计奖（城市规划）一等奖"和"国际城市与区域规划2018年度规划卓越奖"等多项国内外奖项，成为具有国际影响力的城市更新项目②。

---

① 习近平：把北京打造成国际活动聚集、和谐宜居之都[EB/OL]. http://www.chinanews.com/gn/2010/08-23/2485586.shtml[2010-08-23].

② 马红杰，张敏. 新首钢地区：公共管理视角下工业遗产更新的规划治理探索[J]. 北京规划建设，2021（4）：39-42.

又如，前身是北京胶印厂的北京 77 文创园，位于文化资源丰富的东城区美术馆后街。在北京产业结构调整的大背景下，北京胶印厂也面临着厂房搬迁和产业转型升级，面对得天独厚的文化艺术资源，北京胶印厂厂区被改造为 77 文创园，形成了以影视和戏剧为核心内容的主题性文化产业园区。改造后，厂区里的老烟囱、烫金模切机等工业遗迹被很好地保留了下来。红砖墙面的小楼、迂回旋转的钢梯延展至园区楼顶，吸引了众多年轻人前来参观，并凭借成功的改造与出色的运营管理在 2020 年入选"北京市首批市级文创园区"。

将疏解后遗留的工业用地更新改造，盘活为文化创意园区的案例在北京不在少数，海淀区 768 创意园区、751D·PARK 北京时尚设计广场、丰台区二七厂 1897 科创城等都是以工业遗产保护为特色，延续地区风貌与底蕴，通过工业用地更新发展文化创意产业、建设公共文化设施及文化空间，推动产业升级转型与空间优化调整，强化首都文化中心、科技创新中心的核心功能，促进首都"功能性更新"。

二、立足老城复兴，推动"保护性更新"

作为历史文化名城与我国的文化中心，北京的名胜古迹星罗棋布，人文景观数不胜数，尤其是中心城区仍留存着大量建筑形态完好、街巷肌理清晰的历史民居建筑。在老城减量发展与历史文化保护观念不断增强的大背景下，大拆大建式的更新模式对北京来说并不可行。《北京城市总体规划（2016 年—2035 年）》也提出，"老城不能再拆"，要做好历史文化名城保护和城市特色风貌塑造，加强老城和"三山五园"整体保护，通过腾退、恢复性修建，做到应保尽保。同时，老城作为首都"四个中心"功能的核心承载区，以及承担"国际一流的和谐宜居之都"这一重要职能，在新的历史条件之下，其更新保护需要探索更加契合时代要求的新模式与新路径。立足老城复兴，推动街区"保护性更新"是首都城市更新的重点内容。

自党的十八大以来，北京在老城保护更新上也探索出了打造共生院的有效路径，即通过对腾退空间重新设计，与老胡同形成建筑共生，并推出创新保护性修缮、恢复性修建、申请式退租和改善等政策，保护性更新历史文化街区和老城平房区。作为北京历史文化街区，2015 年起，东城区将南锣鼓巷地区雨儿胡同作为试点，探索共生院等老城保护复兴新路径。雨儿胡同位于南锣鼓巷西南部，缺乏公共基础设施且平房院落多，房屋破损比例高，居民生活环境较差①。东城区与居民深入沟通协商腾退及改善方式，采取不同的腾退和改善方式，满足居民的改善需求，并通过搭建雨儿胡同设计平台，坚持"一院一策、一户一设计"的工作模式，开展了雨儿胡同修缮整治提升工作，并全程跟踪整治实施，保证设计成果的落地质量，用"绣花"功夫织补出了新旧共生的"老胡同的现代生活"。

2019年，西城区为了推动老城保护及落实减量发展，启动了菜市口西片区平房（院落）申请式退租及改造工作，菜市口西片区保留着大量明清时期胡同院落肌理，是《北京城市总体规划（2016年—2035年）》确定的13片文化精华区之一，属于"宣西—法源寺文化精华区"，但居住人口密集，基础设施落后，人居环境较差。②规划方案中保留菜市口西片区整体的街巷胡同肌理，基本维持现有建筑的风貌特色、高度，拆除加建违建，恢复院落原有格局样貌。并且通过对片区内烂缦胡同甲130、91号的共生院设计，探索多样的共生单元，提升共生院的环境品质。共生院的设计有效地提高了原有居民的生活服务设施水平，并鼓励青年人、青年家庭以更加融合的方式深入历史文化街区中的传统社会，构建了一个可持续的共生系统。经过修缮，原本逼仄陈旧的老胡同，呈现出了环境优美、设施完善、新老居民和谐共生的新面貌。

目前，以北京市东城区雨儿胡同和西城区菜市口西片区为代表的共生院模式，已经纳入了党中央、国务院批复的《首都功能核心区控制性详细规划（街区层面）（2018年—2035年），作为推动多元化改善平房区人居环境的实施样板。北京市也发布了《北京历史文化街区风貌保护与更新设计导则》等一系列政策文件加强对老城的整体保护与复兴，推动街区保护性更新。

三、以人民为中心，推动"保障性更新"

2012年，党的十八大提出了全面建成小康社会的阶段性目标，为了实现全面建成小康社会的美好愿景，促进人民生活水平全面提高，北京立足民生福祉，以人民为中心，加大了棚户区改造与老旧小区综合整治的工作力度，重点推进对保障房制度的探索，老旧小区改造也逐渐由专项、单一性改造升

① 吴晨. 老城历史街区保护更新与复兴视角下的共生院理念探讨——北京东城南锣鼓巷雨儿胡同修缮整治规划与设计[J]. 北京规划建设，2021（6）：179-186.

② 陈庆红，王伟，庄秋溦，等. 从北京老城大杂院到共生院的探索——以法源寺历史文化街区为例[J]. 城市建筑，2021，18（6）：55-58.

级为多方面的综合改造。2017 年，党的十九大明确城乡建设要把绿色发展、品质提升、人居环境改善放在重要位置。面对首都城市发展深度转型的新要求、市民群众对美好生活的新需求，聚焦老百姓的生活诉求，以人民为中心的"保障性更新"成为首都城市更新的重要课题。

在老旧小区改造方面，北京市紧紧围绕"七有""五性"，针对老旧小区绿化、停车、垃圾分类、服务配套、防灾避难等各项欠账、短板问题，以"城市体检评估机制"和"责任规划师制度"为两大规划抓手，诊断小区问题，给出更新建议，见缝插针补齐民生设施短板，提升生活品质。同时，聚焦影响居民生活的各类问题，开展"小空间大生活"活动，通过居民、各区政府、责任规划师、社会群体等各方力量共同参与更新改造，将社区闲置空间打造成为环境品质佳、无障碍设施完善、使用功能合理的公共空间。例如，百子湾"井点"小微城市公共空间的改造。在改造前，"井点"是一片300 多平方米的空地，地表硬质铺装，放置着少量健身器材，缺乏公共休闲设施，不便于老年人使用。因此，朝阳区双井街道责任规划师团队组织了 6 场议事会，在选点、设计、居民公约制定等各个环节，邀请居民共同参与。如今，"井点"已经成为双井街道重要的公共空间，不同年龄段的居民都可以在此找到属于自己的乐趣，完成了小微城市公共空间的完美蜕变。

为了保障人民群众对美好生活环境的需求，在惠民工程方面，北京市坚持留白增绿，通过大尺度绿化，注重连通原有林地，打造城市公园环；通过在小尺度空间中见缝插"绿"，建设口袋公园和小微绿地，提升人居环境品质。近年来，北京市打造了横跨朝阳、顺义、昌平三区的温榆河公园、广阳谷城市森林公园、崇雍大街改造提升等大设施、大绿地、大线条的更新项目；同时也针对居民改造意愿强烈的"三角地""边角地"等小空间打造了西城区椿树街道的一公里慢行系统、中关村众享荟口袋花园等小微绿地。立足于人民，推动"保障性"城市更新，使城市更新不再是冰冷的建筑工程改造，而是充满人情味的美好家园再造。

第三节　行道：涌现了一批城市更新的优秀案例

近年来，随着首都城市更新的蓬勃发展，北京市也涌现出了一批以市场为主体、多元参与、科技赋能的城市更新优秀案例。为了总结首都成功经验，形成可复制、可推广的首都城市更新模式，在北京城市更新专项小组的指导下，以北京城市规划学会和北京大学首都发展研究院为首的各机构单位纷纷组织开展北京城市更新案例评选等活动，计划评选出一批符合《北京城市总体规划（2016年—2035年）》、完善城市功能、塑造活力空间、改善民生福祉、具有示范效应的项目。

一、北京城市规划学会评选案例

党的十八大以来，北京市大力推进城市更新工作，北京城市规划学会组织开展"北京城市更新最佳实践"评选活动，最终评选出最佳实践案例16项（表4-3）、最佳实践优秀案例18项（表4-4）。

表4-3　"北京城市更新最佳实践"最佳实践案例

序号	项目名称
1	石景山区首钢老工业区（北区）更新项目
2	朝阳区劲松（一二区）老旧小区有机更新项目
3	西城区西单文化广场升级改造（西单更新场）项目
4	西城区菜市口西片老城保护和城市更新项目
5	海淀区一刻钟便民生活圈在学院路地区的更新实践项目
6	"小空间大生活"——百姓身边微空间改造项目
7	东城区南锣鼓巷四条胡同（雨儿、福祥、蓑衣、帽儿）修缮整治项目
8	通州区张家湾设计小镇城市更新实践项目
9	石景山区模式口历史文化街区保护更新项目
10	东城区光明楼17号简易楼改建试点项目
11	朝阳区丽都国际街区城市更新项目
12	朝阳区望京小街改造提升项目
13	东城区隆福文化街区修缮更新项目（一期）
14	海淀区中关村科学城·金隅智造工厂项目
15	通州区中仓街道北小园小区综合整治工程项目
16	丰台区首汇健康科技园项目

资料来源：北京城市规划学会微信公众号

表4-4　"北京城市更新最佳实践"最佳实践优秀案例

序号	项目名称
1	东城区崇雍大街城市设计与更新实施示范项目
2	通州区北人厂（南区）老旧厂房改造提升项目
3	怀柔区长城海纳硬科技加速器项目和凯利特人才公寓项目
4	丰台区福成大厦（丰台政务中心新址）装修改造项目

序号	项目名称
5	朝阳区 751 园区项目
6	石景山区古城南路东、西小区老旧小区改造项目
7	西城区杨梅竹斜街环境更新及公共空间营造项目
8	西城区首创新大都园区项目
9	经开区星网北汽蓝谷项目
10	西城区新动力金融科技中心改造提升项目
11	东城区中粮广场项目
12	东城区王府井城市更新整体升级改造项目（一期）
13	朝阳区美克洞学馆改造提升项目
14	大兴区兴华东里社区老旧小区综合整治项目
15	西城区月坛街道真武庙五里 3 号楼项目
16	石景山区冬奥社区城市更新项目
17	朝阳区三里屯太古里西区（雅秀大厦）升级改造项目
18	石景山区八角新乐园——八角街道腾退空间再利用项目

资料来源：北京城市规划学会微信公众号

二、北京大学首都发展研究院评选案例

作为学术界代表，北京大学首都发展研究院从学术群体的视角，组织了"2022 年首都城市更新优秀案例"征集活动，征集案例涉及首都功能核心区保护性修缮、恢复性修建、租赁置换，老旧小区更新改造，老旧楼宇、闲置建筑改造升级，城镇棚户区和城中村改造等实践类型。经过专家初评，评选出十大入围案例名单（表 4-5）。

表 4-5　"2022 年首都城市更新优秀案例"入围案例

序号	案例名称
1	法源寺历史文化街区更新项目
2	北京小微城市公共空间改造提升的探索与实践
3	北京大兴清源街道兴丰街道项目
4	学院路街道石油共生大院项目
5	海淀区清河街道社区更新
6	朝阳区东风乡六里屯村更新
7	西城区钟鼓楼俯瞰街区综合治理提升项目

续表

序号	案例名称
8	东城区崇雍大街街区更新与综合整治提升项目
9	海淀区苏州街小学门前参与式设计花园
10	西城区真武庙租赁置换项目

资料来源：北京大学首都发展研究院

第四节　证道：微利可持续的首都城市更新样本

以老旧小区改造为主的城市更新项目普遍存在前期投入大、融资难、利润空间有限、使用者付费意识差等问题。在此类更新项目的后续运营过程中，仅靠收取物业费、依靠政府补贴等扶持措施难以长期维持运转。由此可见，单纯依靠"输血"并非长久之计，自我"造血"才能持续发展。近年来，结合城市更新运营商的引入，北京也探索出了以"劲松模式""首开经验"为代表的微利可持续运营模式，为其他城市更新项目提供了一条可复制的道路。

一、"劲松模式"

（一）基础研判：劲松北社区的改造基础

劲松北社区位于北京东三环劲松桥西侧，隶属朝阳区劲松街道管辖，始建于20世纪70年代，是改革开放后北京市第一批成建制楼房住宅区，截至2020年，楼龄已达40余年。作为北京市改革开放初期建设的最大社区，劲松北社区见证了改革开放的伟大成绩，如今也成为典型的老旧小区，广大社区居民无法感受市场化的社区物业服务带来的便利和舒适。此前数年，劲松北社区虽已开展过抗震加固、外墙保温等改造工程，但未能从根本上改善居住条件，仍存在设施普遍老旧，缺乏绿地、文体和停车设施，没有物业公司管理等问题。

2018年，在全市老旧小区改造工作稳步推进的背景下，北京市劲松街道以劲松北社区为试点，引入社会力量——愿景集团推进老旧小区综合改造和有机更新，探索出独特的"劲松模式"，使劲松北社区从众多老旧小区改造中脱颖而出。从以市场化推动城市更新、持续有效地推进改造到精准匹配居民需求，"劲松模式"的成功之道就在于让"错配"变"适配"。①

劲松北社区存在着三类"错配"（图4-3）。首先是居住人群"错配"：社区居民老龄化已高达39.6%，社区的居住环境不能满足老年人日常生活的基本安全性、服务性需要，社区设施、服务均不"适老"；在产业结构的整体调整下，新兴服务产业（诸如金融、互联网等）扎堆城市核心区，社区地处东三环核心地段，大量的金融、互联网等新兴服务产业布局于其周边商务区，其从业人员以及主力消费人群有职住平衡的需求，却只能居住在偏远的城市周边，导致城市交通压力骤增。其次是基础设施"错配"：社区内消防设施不足，存在火灾等严重的安全隐患；电梯、无障碍设施等适老设施的缺失大大降低了老年居民的生活质量；排水等管线设施老化无法应对特殊天气，无法满足基本的生活需求，居民饱受维修困扰。最后是配套服务"错配"：由于缺乏商业物业，社区内的安全管理、人员管理及老年关怀存在着空白。老旧小区从设计风格的美学标准，到户型结构、功能布局，再到配套设施、社区生活以及公区规划等，都不再适应当前的变化和发展需求，在这种情况下社区提出了居住人群置换、设施和服务提升两种适配策略，让"错配"变"适配"，并寻找其中的商业价值增长点。

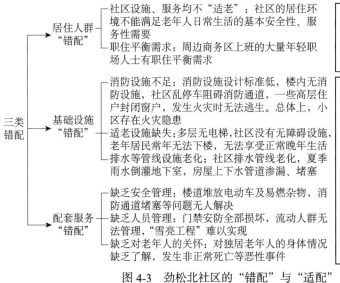

图4-3 劲松北社区的"错配"与"适配"

① 李政清. 社会资本参与老旧小区改造的模式探析——以北京市朝阳区劲松小区为例[J]. 城市开发，2020（22）：68-69.

（二）成功经验：五个关键

"劲松模式"的内涵为"党建引领、民生导向、多元共治、有机更新"，其取得的突破有：在党建引领下的老旧小区改造长效机制和共治平台上探索突破；在民生导向下的老旧小区改造市场化模式上探索突破；在善治目标下的老旧小区改造"软硬兼顾""共同缔造"上探索创新；在运营视角下的老旧小区专业化综合服务上探索突破①。基于这些突破所总结的成功经验也为全国的老旧小区改造提供了创新思路。

1. 微利可持续的运营模式

劲松北社区在全国率先引入社会资本，共同推进老旧小区的改造更新工作，以市场化方式推动更新与持续运营。在劲松北社区的试点改造中，愿景集团投入3000万元资金，用于劲松一、二小区的综合治理，同时也获得了社区低效闲置空间20年的经营权作为投资回报。愿景集团通过对社区低效公共空间进行改造提升，将其变为养老中心、社区食堂等可长期运营的便民商业，或将改造后的空间进行租赁从而获得持续利润。除了对低效公共空间的改造经营外，愿景集团还通过收取停车管理费、物业管理费以及未来可能落地的养老、托幼、健康等用者付费、商业收费等渠道，实现一定期限内的投资回报平衡，形成老旧小区改造的微利可持续的市场化机制。

2. "五方联动"的推进模式

"劲松模式"长效机制的关键在于，把小区当成一个生命体来看，和居民深入地交流，以人为本地进行"友好"改造，从而达到天然的人居和谐。针对老旧小区复杂的产权关系和审批制度，"劲松模式"创新深化合作机制，探索出了一条"区级统筹，街乡主导，社区协调，居民议事，企业运作"的"五方联动"机制（图4-4），由区级部门领导、区委办局、街道办事处、居委会、社会单位和企业代表"五方联动"，共同推进社区综合整治。②

3. 沉浸式设计的系统思考

在改造过程中，"劲松模式"实现了从基于"物"到基于"人"的思路转

① 杨守涛. "劲松模式"的基本经验[J]. 前线，2021（8）：79-82.

② 邢华，张绪娥，唐正霞. 党建引领社区公共服务合作生产机制探析——以劲松模式为例[J]. 城市学刊，2022，43（1）：21-27.

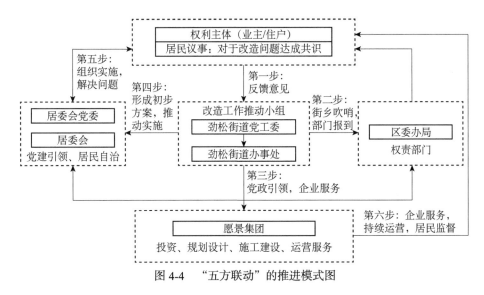

图 4-4 "五方联动"的推进模式图

变，为了保证以居民的需求为直接导向，愿景集团从前期规划到中期改造再到长期维护的全过程都强调业主或居民的参与，做居民满意的规划设计。项目规划设计师全程参与、驻场工作以便征求居民意见，确定整治运营重点。愿景集团在施工过程中，紧密配合施工团队，根据现场情况随时调整施工方案，确保项目快速实施，最大限度地降低对居民生活的影响；在后期运营中，收集居民使用信息，根据居民需求进行持续更新。

4. "先尝后买"的推进原则

劲松北社区以"居民户数过半、建筑面积过半"的"双过半"形式引入愿景集团的和家物业提供绿化养护、停车管理、垃圾分类等专业物业服务，并通过"先尝后买"的方式，先进行小范围、小规模的试点，建立社区更新运营示范区，让居民先接受服务，在感受到生活品质提升的基础上逐渐接受物业服务付费理念，满意了再通过推广收取相关服务费用，实现"准运营"向专业社区更新运营的平稳过渡。同时，在基础物业服务基础上做好社区综合服务，持续推进"物业+养老"项目服务机制建立及落地运行，将物业全天候响应、维修、保洁、商户管理和社区居家养老服务有机结合起来，形成集约高效的社区养老服务机制。

5. 党建引领的有力保障

党建引领贯穿劲松北社区改造的全过程，通过发挥党组织的桥梁纽带作用，政府与社区更新运营商的合作不仅局限于街道层面，而且形成从基层政府到市级政府的合力提供支持。依托"党建共同体"的优势，实现政府、企业和居民的自发联结，为老旧小区改造的"人民性"提供了有力保障，利用基层党支部和先进党员的榜样力量辅助愿景集团进行精准化民意调研，把握社区定位、空间格局、要素配置、治理需要等核心内容，形成规划总图，将真正规划贯彻落实到基层治理和街道项目，在联结的过程中也拓宽了民意反映渠道，努力维护不同群体的话语权公平，加强基层与领导层的沟通交流。

（三）模式反思："劲松模式"的瓶颈与未来

"劲松模式"更新改造的经验为全国老旧小区改造提供了示范性的实践。在现阶段，城市社区特别是老旧小区普遍存在基础设施欠账多、房屋产权复杂、有效的社会动员和社区治理体系尚未建立等问题。"劲松模式"可视为实现老旧小区更新改造和城市社区长效运营的有效模式，但其未来也面临着重重挑战，主要的瓶颈集中在以下几点。

第一，更新运营企业需要具有长期融资能力，这是保障这一模式长效运行的基础。对于老旧小区来说，物业管理费的提高需要建立在居民已经具有了付费意识且认可了高品质的物业服务，从而提升收缴率这一基础上。这一过程的实现需要经历较长时间的努力，这意味着改造主体需要在前期投入大量资金、人力等要素，且无法实现资金的快速回款。虽然物业管理行业的利润率较低，但可持续性很强，这就对企业的长期融资能力提出了较高的要求。

第二，企业深耕社区可否最终实现正现金流和盈利也是"劲松模式"面临的主要挑战之一[①]。这种深耕的成功与否，不但取决于小区的物业管理费能否持续提升、物业管理相关的增值服务业务能否产生大量利润，还取决于经过改造的便民服务经营场所能否贡献持续增长的租金收入、规模化经营和科技应用能否降低日常运营和物业管理的成本。

第三，由于不同城市和社区发展水平不尽相同，"劲松模式"并不易于复制，模式的推广需要考虑其适用条件。除非三、四线城市政府补贴加码，否则"劲松模式"更适合商业经营场地不足的一、二线城市，以及适合长租、存量交易等增值服务发达的一、二线城市。另外，由于"劲松模式"涉

---

① 徐峰. 社会资本参与上海老旧小区综合改造研究[J]. 建筑经济，2018，39（4）：90-95.

及前期改造、居民需求调研、规划调整、补贴落地等，其工作远比接管一个社区的物业管理复杂得多，仅靠市场主体的商业半径是有限的。"劲松模式"的顺利推进也离不开劲松北社区的"熟人社会"为建立社区自治打下的良好基础，这种自治氛围的培育基于社区发展水平的不同也存在着较大的差异。

第四，"劲松模式"是一种长效机制，其构建和运行的周期长，关注的是社区长期可持续的利益，因此仍存在一定的潜在风险。"先尝后买"的推进原则虽然适用于大部分社区居民，但并不排除部分居民不愿意为优质物业管理服务付费，存在物业管理费用收缴率不高的风险；微利可持续的模式虽能带来持续的资金回报，但并不排除社区可改造空间有限、便民商业租金有限的风险；"劲松模式"意味着品牌下沉，管理低物业管理费区域并在老旧小区开展增值服务并无大量先例，对于更新主体的运营能力而言是一个挑战，存在着商业模型模糊的风险。因此，"劲松模式"的复制需要不断降低既有的风险水平，为其实现各方面的效益提供长期稳定的内外环境。

二、"首开经验"

2019 年 7 月，北京首都开发控股（集团）有限公司（简称首开集团）与北京市石景山区人民政府签署了《老旧小区有机更新和物业服务管理战略合作协议》，双方通过政企合作的方式，推进首开集团在石景山区近 500 万平方米的老旧小区实现长效管理。首开集团以石景山区老山东里北社区为试点，肩负起"探索老旧小区改造全新模式，为老旧小区改造提供可复制、可推广经验"的重任，秉持国有企业的责任与担当，坚持党建引领，积极践行"城市复兴官"发展理念，着力提高老旧小区综合服务管理水平。[①]

在探索创新基层治理体制，参与城市精细化管理的过程中，首开集团也形成了一套老旧小区有机更新改造领域的"首开经验"，促进老旧小区整体水平提档升级，为居民打造充满幸福感的美好家园。倡导"先尝后买"并且"持续更新"，以"一区一议""一楼一策""一院一景"为原则，充分将"硬设施"与"软服务"有机结合。[②]

---

① 周丽. 城市复兴 首开在行动[N]. 中国建设报，2020-12-14（3）.
② 文林峰，李岩. 首开城市更新的"战略密码"——标杆引领的"领唱者"与统筹发展的"合唱者"[J]. 建筑，2022（6）：28-37.

1. 按需定制的"点单式"选择

首开集团在石景山区老山东里北社区的试点过程中，创新了一套主要以"基本清单"为基础、"提升清单"为补充的工作方法，对社区进行有机更新。在改造初期，首开集团联合社区专门成立了由物业公司代表、政府部门代表、设计规划师代表、居民代表、社区居委会代表共五方组成的专班工作组，所有涉及改造的议题，如公共设施、公共区域的改造都得先拿到专班会议上讨论，以保证更新方向符合居民需求。在完成了基础类改造后，让居民按照"点单式"选择定制完善类与提升类改造任务。这样的"按需定制"也是《国务院办公厅关于全面推进城镇老旧小区改造工作的指导意见》中，对老旧小区改造的一个指导方向。

2. "先尝后买"与"持续更新"

"首开经验"的特点之一便是居民可以"先尝后买"并且"持续更新"，如果居民对老旧小区改造的效果不满意或改造后居民又提出新的合理化建议，还可以继续进行微改造。模式以改善人居环境，提升城市整体形象，增强社区居民的获得感、幸福感和安全感为出发点，通过不断提升改造精细度及物业服务质量，进行社区持续更新，力求在最大程度使居民满意，补齐城市治理的短板。

3. 政企合作的有力保障

首开集团结合各老旧小区的实际情况及特点，从综合整治、有机更新与长效管理三个方面深入推进政企合作。对于1998年前建成的纳入综合整治范围的小区，由首开集团作为实施主体，统筹推进以"六治七补三规范"为主要内容的老旧小区综合整治；1999年之后建成的小区由政企双方投资，围绕小区建筑物本体、公共区域等18个更新点进行更新提升，实现首开集团产权小区良性运行。同时，首开集团发挥国有企业优势，通过与北京市主要城区（石景山区、西城区、东城区等）签署战略合作协议，把党建工作深度嵌入基层社区，将党建工作、服务群众工作覆盖到老旧小区改造工作中。

近年来，首开集团立足于城市复兴战略，积极、不断地积累城市有机更新实践，针对春秀路小区、石景山区老山东里北社区、苏州街桥西社区等老旧小区改造项目，首开集团将老旧小区改造从简单的物质环境修补，转变为以综合改造、精细化治理与服务提升为重点的有机更新，通过开放透明的决策机制、协调合作的实施机制、共建共享的分配机制，引导居民、街道、企业等多方形成"共治、共建、共管、共享"的基层治理局面，并逐渐建立起一套行之有效的"首开经验"，做到政府与市场力量的均衡、经济与文化力量的均衡，推动我国老旧小区改造工作走向科学化、系统化和常态化。

第五节　悟道：彰显时代特色的首都城市更新理论体系

基于多年的首都城市更新实践，一套富有时代特色的首都城市更新理论体系已经初步形成，并日趋丰满。针对首都城市更新的特殊性以及现实条件，北京创新形成了责任规划师制度理论、城市更新运营商理论等具有首都特色的城市更新理论，为首都城市精细化治理、推动首都功能性与社会性更新奠定了理论基础。

一、首都城市更新的理论学派

自 20 世纪 80 年代开始，国内大量学者开启了我国城市更新的研究，如陈占祥基于旧城居住区的改造和修复，最先提出了城市的"新陈代谢"观点。[1]紧扣不同时代背景下首都城市发展方向以及城市功能的变化需求，经过多年实践研究，首都城市更新研究领域也形成了以人居环境理性为代表的工程技术学派、以公共管理为代表的更新治理学派、以文脉保护为重点的保护性更新学派以及以要素理论为代表的市场化更新学派等几大城市更新学派。

1. 以人居环境理性为代表的工程技术学派

规划是引导城市更新有序发展的重要手段，近年来，以清华大学为代表的规划更新学派为提高城市更新成效做出了巨大贡献。20 世纪 80 年代初，吴良镛等清华大学的师生提出了"整体保护—类四合院有机更新—近郊新城—多中心格局"的首都旧城更新设计策略[2]，在保护城市骨骼、道路系统、精华地区等基础上突出老城原有整体秩序，从整体上进行系统更新规划。80

① 陈占祥. 城市设计[J]. 城市规划研究，1983（1）：4-19.

② 吴良镛. 北京市的旧城改造及有关问题[J]. 建筑学报，1982（2）：8-18，2.

年代末和90年代初，吴良镛提出了有机更新理论，其主旨是旧城更新，尤其是旧城居住区的更新要从居民、城市功能、空间形态、建筑形式等多角度进行思考，将其与传统形态融为一体，从而实现老城在功能、结构、形态等方面整体走向良性更新，打造"有机秩序"。①

在道萨迪亚斯（C. A. Doxiadis）的人类聚居学（ekistics）理论的启发以及20世纪80年代后国际学界广泛兴起的"环境浪潮"的影响下，1995年11月，清华大学人居环境研究中心正式成立。结合首都城市发展情况和建筑业现状，以吴良镛、周干峙等为首的清华大学多位学者创立了"人居环境"学科。该学科强调把人类聚居作为一个整体，从社会、经济、政治、文化、科技等多方面，全面、系统、综合地进行研究，从而更好地建设符合人类需求的理想聚居环境。②在城市有机更新理论和人居环境理论的引导下，菊儿胡同试点改造的小规模、渐进式探索经验推动了北京的城市建设更新逐渐叫停"大拆大建"，而是向"有机更新"的方式转变，同时实现了由"个体保护"向"整体保护"的转变。

2. 以公共管理为代表的更新治理学派

城市更新是推动基层治理变革，实现城市治理体系转型升级的重要工具，以北京大学、中国人民大学、中央财经大学等院校为代表的更新治理学派在探索如何更好地发挥城市更新的治理功能、突破治理困境等方面起到了重要的作用。21世纪初，在埃莉诺·奥斯特罗姆（Elinor Ostrom）与文森特·奥斯特罗姆（Vincent Ostrom）夫妇的多中心治理理论影响下，我国学者开启了对城市治理多元主体的思考。例如，郭湘闽等借助公共管理学前沿理论，对政府主导下传统的单一秩序观进行了反思，呼吁借鉴多中心治理理论，以社区为基点构建多中心的更新规划机制③。吴爱芝、李国平通过对国家中心城市的空间结构特征及演进规律的研究，提出了首都多中心、网络化的城市空间发展新模式④。沈体雁等在深入研究"劲松模式"基础上，提出了城

① 吴良镛. 旧城整治的"有机更新"[J]. 北京规划建设，1995（3）：16-19.

② 吴良镛. 人居环境科学导论[M]. 北京：中国建筑工业出版社，2001.

③ 郭湘闽，刘漪，魏立华. 从公共管理学前沿看城市更新的规划机制变革[J]. 城市规划，2007（5）：32-39.

④ 吴爱芝，李国平. 北京：打造国家中心城市多中心、网络化空间结构[J]. 北京规划建设，2017（1）：11-15.

市更新治理的"双引擎"模式①。

随着治理主体的不断增加，首都城市更新面临的治理困局也不断显现。楚建群等以城市更新为切入点，聚焦城市非正规空间更新过程中面临的挑战，提出了构建首都城市非正规空间更新的治理新机制的相关建议。②田莉等基于城市更新的空间治理理论逻辑，剖析了现有城市更新模式带来的问题，并基于空间治理的思维，提出了"政府统筹+村集体自主更新"的城市更新模式转型的框架、流程和政策设计③。在城市更新治理工具的创新实践方面，祝贺等根据城市设计治理理论，结合北京近年来的城市更新实践，搭建了城市设计治理工具化应对城市更新不同目标层级的理论框架，探索以治理主体创新与半正式治理工具来助力城市更新的策略④。姜玲等在构建社会资本参与改造的交易成本分析框架基础上，总结了各地城市更新过程中形成的治理赋权"参与"型、合作增效"委托"型和组建平台"造血"型等典型模式，分析了各模式下如何有效降低社会资本参与城市更新面临的五种交易成本，包括协商成本、代理成本、信任成本、风险成本和时间成本⑤。邢华等以北京市"劲松模式"为例，探索了党建引领社区公共服务合作生产机制，对提升公众参与能力、自治能力及建设社区治理共同体具有重要实践意义⑥。温锋华、姜玲从整体性治理的视角出发，提出以人民为中心的城市更新行动系统治理框架，探讨了城市更新行动的协同参与机制、监督管理机制、评估与反馈机制以及城市更新各类政策工具协同创新的路径⑦。

3. 以文脉保护为重点的保护性更新学派

自 21 世纪以来，对于城市历史文脉的继承、文物建筑的保护及尊重、城

① Shen T Y，Yao X Y，Wen F H. The urban regeneration engine model：an analytical framework and case study of the renewal of old communities[J]. Land Use Policy，2021，108（6），https://doi.org/10.1016/j.landusepol. 2021.105571.

② 楚建群，赵辉，林坚. 应对城市非正规性：城市更新中的城市治理创新[J]. 规划师，2018，34（12）：122-126.

③ 田莉，陶然，梁印龙. 城市更新困局下的实施模式转型：基于空间治理的视角[J]. 城市规划学刊，2020（3）：41-47.

④ 祝贺，唐燕，张璐. 北京城市更新中的城市设计治理工具创新[J]. 规划师，2021（8）：32-37.

⑤ 姜玲，王雨琪，戴晓冕. 交易成本视角下推动社会资本参与老旧小区改造的模式与经验[J]. 城市发展研究，2021，28（10）：111-118.

⑥ 邢华，张绪娥，唐正霞. 党建引领社区公共服务合作生产机制探析——以劲松模式为例[J]. 城市学刊，2022，43（1）：21-27.

⑦ 温锋华，姜玲. 我国城市更新政策逻辑演变与整体性治理框架研究[J]. 城市发展研究，2022，29（11）：90-97.

市整体景观与文化环境的再创造已经成为各国历史地区城市更新主要的价值取向。边兰春基于城市历史文化保护的整体趋势，结合北京旧城的保护与更新，提出了在"发展中保护"、在"创造中继承"和"空间形态保护与社会文化重建"并重的旧城更新思路，以及旧城保护的技术方法与公共政策保障并举的四项基本原则。①在 2000 年后，张杰延续了文脉主义，引入了"织补城市"理论，其理论意在解决"拼贴城市"带来的城市碎片化的空间问题，强调更新规划从整体考虑，将城市历史文化、居住区域、生活方式等碎片有机串联起来，从交通、环境、功能等多方面加以完善，使其成为人居生活的有效组成部分，助力存量资源更新。②杨一帆从城市宏观与微观的角度梳理了城市空间秩序，将首都城市空间织补进一步划分为形态织补、功能织补、价值织补三个层次，强调继承与发展老城空间肌理，织补空间原本的场所精神和社会网络，在更新完善城市基础设施的同时保证城市空间与原本秩序相协调。③

随着首都"一核两翼"城市空间布局的不断完善，大量学者的研究视角也从中心城区的历史文化保护转向整个首都范围的保护。王铭、匡清清梳理了北京城市副中心文化遗产的独特性与整体性，提出了突出城市副中心漕运文化遗产价值、打造保护北京城市副中心文化遗产的三位一体"通州模式"、塑造北京城市副中心"运河为魂、联结四方、生态宜居、智慧生活"的文化形象的保护性建设对策。④王林生、金元浦基于线性文化理念，以北京"三条文化带"为对象，探索了城市文化遗产保护利用的实践走向与结构变革，揭示了首都"三条文化带"包含的"城市—空间—行为"关系对推动城市文化保护与发展的意义。⑤

4. 以要素理论为代表的市场化更新学派

随着人们对首都城市更新的需求不断增加，如何吸引市场主体等各方力量参与城市更新，盘活存量资产，探索首都城市更新的市场化路径成为近年来学界研究的重点之一。贺静等通过对新旧街区的经济、文化互动行为的研

① 边兰春. 历史城市保护的发展趋势与北京旧城整体保护思考[J]. 北京规划建设，2012（6）：9-13.
② 张杰. 存量时代的城市更新与织补[J]. 建筑学报，2019（7）：1-5.
③ 杨一帆. 建构与织补——跨越宏观与微观的城市空间秩序梳理[J]. 城市环境设计，2016（2）：26-31.
④ 王铭，匡清清. 北京城市副中心文化遗产的整体特质与保护对策[J]. 新视野，2020（2）：115-121.
⑤ 王林生，金元浦. 线性文化理念：城市文化遗产保护利用的实践走向与结构变革——以北京"三条文化带"为对象[J]. 北京联合大学学报（人文社会科学版），2021，19（4）：16-24，48.

究将旧街区与新街区"捆绑"在一起，提出了整个街区共同发展的互动式整体开发模式。①随着大拆大建模式逐渐被叫停，2008 年以后，学者开始聚焦城市文化资源的保护和利用，以及城市文化空间的开发，研究与文化创意产业相关的城市更新模式。

为了解决市场化大背景下城市发展与更新的矛盾，杨槿、徐辰基于交易成本的视角，从横纵两方面剖析了城市更新的产权交易的问题，即"双边垄断"及"碎化产权"导致的交易成本过高而引起的"市场失灵"，并提出了完善制度供给、采取多元化政府干预手段、培育社区参与意识、创新社区治理模式等解决路径。②秦虹深入分析了城市有机更新下"投资—建设—运营"的融资链条，并基于首都城市有机更新的特征，创新性地提出了"投资基金化、建设信贷化、运营证券化"的城市有机更新投融资基本规律③。

二、责任规划师制度理论及创新实践

在精细化治理导向下的存量更新时代，作为新时代强化首都街区更新、完善基层治理的创新实践，责任规划师制度于 2019 年 5 月在首都正式全面推行。各区政府通过为各街道、乡镇聘任专业规划师或规划团队，以落实"共建共治共享"的城市更新目标，协助基层规划建设。目前，首都责任规划师已经成为连接政府、市场、居民、社会群体和专业团队的重要桥梁，成为推动社会参与和基层共治的重要行动者。诞生于公民意识觉醒的责任规划师制度，作为首都街区更新和基层精细化治理的重要抓手，其兴起与广泛推行意味着城市更新不再是政府自上而下塑造城市空间的政策工具，而是社会共同治理所产生的行动④。

基层规划师是指长期深入街道或社区等城乡基层，为一定区域持续提供跟踪性规划服务的专业技术人员或团体⑤，建立在基层规划师制度理论的基础上，北京市责任规划师制度理论不断丰富，内涵不断延展。首都责任规划师

---

① 贺静，唐燕，陈欣欣. 新旧街区互动式整体开发——我国大城市传统街区保护与更新的一种模式. 城市规划，2003（4）：57-60.

② 杨槿，徐辰. 城市更新市场化的突破与局限——基于交易成本的视角[J]. 城市规划，2016，40（9）：32-38，48.

③ 秦虹. 城市有机更新的金融支持政策[J]. 中国金融，2021（18）：16-18.

④ 唐燕，张璐. 从精英规划走向多元共治：北京责任规划师的制度建设与实践进展[J]. 国际城市规划，2021：1-16.

⑤ 陈有川. 规划师角色分化及其影响[J]. 城市规划，2001（8）：77-80.

制度也经历了试点实验、实践推广和正式确立三个发展阶段。在试点实验阶段（2015年以前），为解决城市建设、更新过程中面临的规划落地实施难等问题，增加百姓表达诉求的途径。2004年，北京市首次形成了有关责任规划师的构想，并以东城区菊儿胡同、朝阳门街道史家胡同等地区作为试点，摸索责任规划师带动下的多方合作共治模式。2017年北京市颁布的《北京城市总体规划（2016年—2035年）》，明确了在推进城市更新时强化公众参与的发展方向，基层规划师制度的实践推广阶段也随之开启。2017年8月，东城区率先启动了共计17个街道试点街区的责任规划师团队机制；2018年海淀区开展了6个街道的责任规划师试点；西城区全区于2018年12月推行责任规划师制度。东城、西城、海淀等地的探索实践，为全市建立责任规划师制度提供了宝贵经验。2019年《北京市责任规划师制度实施办法（试行）》的发布，标志着责任规划师制度的正式确立，截至2020年底，北京市共签约了301个责任规划师团队，覆盖了318个街道、乡镇和片区①。

责任规划师制度打破了政府主导、精英规划的传统城市更新模式，实现了不同社会力量参与更新决策的共治共享，并从规划宣传、设计参与、方案决策、机制建构等方面落实街区更新创新。首都责任规划师制度的创新实践集中在以下方面：首先，通过"问题查找"和"对接居民"建立工作台账，通过田野调查、大数据分析、城市体检、地区画像等方法对属地情况进行摸底，深入了解居民诉求，充分了解责任地区；其次，借助"设计审查"和"平台搭建"推进更新治理，通过规划设计流程介入、项目审查等方式来推动和监督负责地区更新实施的落地；最后，加强街道、社区、居民间的信息传导，组织公众参与有关更新规划的展览、讲座、论坛等活动，创新沟通协商路径，通过"公众参与"及"社会动员"优化基层治理。

三、城市更新运营商理论及创新实践

在不断强调"政府引导，市场运作"理念，鼓励社会资本参与城市更新的当下，结合首都城市更新实践，沈体雁等提出了城市更新运营商模式及城市更新双引擎模型（UREM），为社会资本参与城市更新的市场化路径奠定了理论基础。UREM的核心在于引入城市更新运营商，与地方政府共同构成城

---

① 北京规划自然资源. 持续推进！北京责任规划师制度渐成体系，覆盖318个街道乡镇[EB/OL]. https://baijiahao.baidu.com/s?id=1686041698253392470[2020-12-14].

市更新的双重引擎，而城市更新运营商指在参与城市更新过程中，那些具备资金能力、专业技术及社会责任感且不依赖于政府直接出资，以市场化的改造、运营方式运作城市更新项目的企业。①UREM 将城市更新的逻辑从土地资本驱动的空间生产转变为社会资本驱动的社区建设，使参与式、综合性、可持续的城市更新成为可能。

UREM 巧妙地拉动了社会资本及政府两个方面，运行机制如图 4-5 所示。首先，通过市场化运作方式引入城市更新运营商，紧密了政企合作关系，建立了城市更新的社会合作网络。其次，双引擎之间的相互作用可以形成一个可持续的向心力，从而吸引居民、金融机构及其他主体通过加强不同利益相关者之间的关系网络来增加首都城市更新运营和治理的社会资本。同时，UREM 具有可持续性：第一，基于居民的支持和信任，城市更新运营商可以提供更多样化、以居民为导向和高质量的社区服务，以威力可持续的模式获得投资回报；第二，通过专业化的服务外包、社会化的治理结构、模块化的服务划分、精细化的治理手段等可以提高社区治理效率，降低社区治理成本。

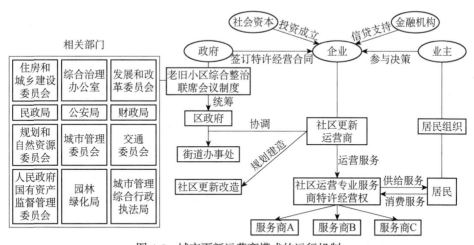

图 4-5　城市更新运营商模式的运行机制

目前，首都大量的城市更新创新实践在 UREM 路径下不断开展，并通过其框架引入、培育了多个城市更新运营商。例如，典型的城市更新运营商代

---

① Shen T Y, Yao X Y, Wen F H. The urban regeneration engine model: an analytical framework and case study of the renewal of old communities[J]. Land Use Policy, 2021, 108（6），https://doi.org/10.1016/j.landusepol.2021.105571.

表——愿景集团、首开集团，打造了"劲松模式""首开经验"等首都城市更新典范。北京和合社会工作发展中心以专业化的城市更新运营商身份与学院路街道进行合作，将共生院的概念延伸至共生大院，联合打造了石油共生大院。

第六节　寻道：首都城市更新存在的问题

经过多年的探索，首都城市更新的成绩是显著的，但遇到的问题也是现实的。面对复杂的历史和产权问题，首都城市更新在体制机制创新、文化保护、功能优化、活力提升、技术突破、资本导入等方面还存在不少的问题需要进一步攻关。

一、政策法规与管理体制不顺，缺乏清晰的政策路径

北京现行政策法规缺少针对城市更新的可操作实施细则和具体规定。近年来，关于城市更新，北京市相继出台了一系列法规文件，明确了首都城市更新的目标、任务以及老城历史文化保护、危旧房改造、人口疏解、恢复性修建、共生院建设等总体要求，但对于实施细则没有具体规定，如文化保护到什么程度，出现与风貌不协调的情况如何统筹协调，腾退房如何具体开展商业运营，房屋的性质转换、土地出让金补缴等均尚无具体政策规定，缺乏可借鉴、可操作的现实路径。历史文化保护区（简称文保区）内有关土地、市政、交通、环保、绿化等综合配套政策、规划审批以及改造方法也缺乏统一的规范和流程，致使人口疏解和共生院建设在很多方面陷入困境，社会单位和企业参与积极性不高。

另外，关于城市更新过程中的历史建筑保护，当前的政策法规并没有涉及居民的保护义务。历史建筑的保护不仅是政府的事情，而且是全社会共同的责任。现行政策法规不完善，不能形成疏堵结合的政策环境，导致疏解腾退工作困难重重。

自20世纪90年代初，北京市开始加速城市危旧房改造，各区住房和城乡建设委员会、规划和自然资源委员会分局、土地管理中心和街道办事处等区政府相关部门共同负责旧城危旧房改造中风貌保护的协调工作。由于城市更新的职能不清晰和分工的交叉，城市更新的实际效果与力度欠佳。

二、城市更新资金缺口大，社会资本参与渠道不清晰

北京核心区不仅是北京市历史建筑的精华区，也是世界建筑史上一颗璀璨的明珠。其面积达 62.5 平方公里，是城市规划、城市设计、建筑设计、园林设计高度结合的产物，具有高度的整体性和协调性。过去，随着经济的快速发展，人们忽视了对老城历史建筑的维护和修缮，又因为房屋建筑产权混杂，大量平房直管公房和单位自管公房的存在，导致住户缺乏对房屋进行修缮和维护的积极性，大片历史建筑破损严重，危房不断涌现。若要进行历史建筑的修缮和保养，需要政府投入大量资金。

城市更新工作与老城修缮维护和人口疏解是相辅相成的，就城市更新中的申请式退租一项内容而言，财政资金就显现出巨大的缺口。申请式退租的补偿款主要来源于区级财政资金。根据《北京市城市更新行动计划（2021—2025 年）》，到 2025 年需完成首都功能核心区平房（院落）10 000 户申请式退租任务。由此可见，政府的财政压力巨大，所需资金在短期内仅仅依靠区级财政难以支撑。此外，核心区疏解腾退项目的公益性质较强，放大了城市更新资金投入高、回收时间长、商业性质弱的特点，难以吸引银行、城市更新运营商等社会资本参与。因此，腾退资金目前只能由政府一方买单。同时，腾退后直管公房的经营管理受到多种限制。由于受到高度、容积率、民宅性质、土地出让金、搬迁安置、核心区禁限目录和风貌保护等政策限制，缺乏可操作的融资、筹资、投资和商业开发模式。加之文保区改造缺乏一个长期连续的明朗政策，导致社会资本不愿投入到文化保护和危旧房改造项目中去。若没有社会资本参与，腾退的巨额补偿费用无疑会给市财政造成巨大压力，而目前政策对社会资本参与的进入与退出渠道尚不清晰。

三、多中心功能承载，老城保护受到冲击

经过几十年的快速发展，北京已经成为中国的政治中心、文化中心、经济中心、国家交往中心、科技创新中心，但这些功能高度集中在以东西城为核心的中心城区范围内，使老北京城的历史文化风貌不断丧失，老城保护受到极大冲击。截至 2020 年，占北京城市总面积仅 5% 的旧城土地，集中了城市总量 50% 以上的交通量和 50% 以上的商业活动。核心区老城是以宫殿、园林、胡同和四合院街区为主体的街区，它的建筑形式和容积量无法适应现代

北京市商业、商务、交通和旅游等中心的职能，新旧两种不同的职能叠压在同一空间中，互相排斥。这最终导致城市热岛效应加剧，核心区交通拥堵与日俱增，规划绿地不断被侵占，人居环境日趋恶化，城市整体运行效率降低，影响了包括首都功能在内的城市各项功能的发挥。

四、产权关系复杂，制约首都城市更新工作

北京作为千年古都，老旧建筑数量庞大，老城区在历史上由于产权制度、住房政策的不断变化，存在大量的平房直管公房和单位自管公房，房屋产权分属于部队、中央单位、高校、科研机构等不同机关单位（俗称军产房、央产房、校产房），常住人口大都是临时租户，多数租户认为房屋维护修缮是政府房管部门或者产权单位的事情，因此不会自己出资维修老旧房屋。由于这些公房、军产房、央产房、校产房房租较低，产权单位的房租收入远不能保障房屋的基本维护，更谈不上历史建筑风貌的保护，这导致核心区平房存在着大量的危旧房屋，为老城的更新保护增添了难度。产权问题已经成为首都城市更新行动的一大制约因素，面对首都老旧平房复杂的产权关系，必须通过政策机制的创新，提出新的思路和方法，实现政府、市场和居民等方面的共赢。

五、政策和现实的局限，难以开展共生院建设

根据2019年1月北京市住房和城乡建设委员会、东城区政府、西城区政府联合印发的《关于做好核心区历史文化街区平房直管公房申请式退租、恢复性修建和经营管理有关工作的通知》（京建发〔2019〕18号），针对退租后的平房直管公房，实施主体可以用来进行共生院建设。但对于仍有部分原有居民的腾退院落，在进行经营活动时，如何征得居民同意，与其"共生"便成为一大难题。腾退院落如何具体开展商业运营、房屋的性质转换、土地出让金补缴等均尚无具体政策规定，缺乏可借鉴、可操作的现实路径和实施细则。另外，房屋在修缮过程中受到老城整体风貌的限制，共生院经营过程中也受到老城功能定位的限制，使得实施主体难以开展工作。例如，海淀区石油共生大院的知名度越来越高，但从2020年10月开始运营至2022年，项目总运营方北京和合社会工作发展中心仍然处于亏损状态，需要依赖政府补贴，如何将匹配的商业模式引流至共生院建设中来，实现共生院的可持续发展，依旧是一道需要持续探索的治理难题。

5 第五章
引擎：搭建首都城市更新动力体系

　　城市更新的动力应以市场为主，吸引社会各方力量的积极参与，需充分激发市场活力。建立微利可持续回报的利益平衡机制，形成整体打包、项目统筹、综合平衡的市场模式。发挥社会资本市场化运作和专业运营的优势，优化营商环境，调动市场主体和社会力量、不动产权人等各方积极性。对于产业类项目，探索出台激励政策能让市场主体和运营方看到效益，才能有效推动更新；对于居住类项目，探索老百姓等原产权人作为权益人出资参与改善居住条件等多种模式。例如，北京市在《关于开展危旧楼房改建试点工作的意见》中提出了"改建资金由政府、产权单位、居民、社会机构等多主体筹集，可通过政府专项资金补助、产权单位出资、居民出资、公有住房出售归集资金、经营性配套设施出租出售等多种方式解决"的成本共担规则①。

---

① 石晓冬、王崇烈、吴俊妲：城市更新的全生命周期行动[EB/OL]. http://www.planning.org.cn/news/view?id=11257[2021-01-31].

第一节　首都城市更新主体构成

城市更新作为一项集体行动，处理的是参与主体，即不同利益相关者之间复杂的内在关系。在强化更新组织体系、加强多元共治的整体背景下，首都城市更新的核心在于各治理主体的利益再分配，更新主体的博弈过程既是空间资源实现"最佳用途"的再次配置，也是围绕空间的各种权利的再次配置。

一、政府：首都城市更新的引导者

政府是首都城市更新的引导者。在首都城市更新的过程中，政府不是全能者，其主要承担两种责任。第一，由于合法性是一个关键的利益相关者特征，城市更新的参与者之间的利益冲突往往是规则冲突，因此政府有责任改进相关政策。鉴于城市中存在着复杂的产权和审批制度，政府必须完善政策，明确界定产权，以加强利益相关者之间的合作。第二，公共权力使政府进行舆论研究和鼓励反馈更加有效，加强了不同参与者之间的沟通，维护了利益相关者话语权的公平性。

二、企业：首都城市更新的运营商

企业在首都城市更新的过程中扮演着城市更新运营商的角色。城市更新运营商是指那些投融资充足、具备专业资质和能力、具有社会责任感的社会企业。它受到政府和社区居民的信任，在政府和公众的有效监督和约束下，负责社区更新的调查、规划、动员、实施、运行和价值分享。城市更新运营商的主要任务是以市场为导向，提供优质的城市服务，帮助政府实施服务型治理模式。实现城市服务商的统一管理，在政府和各类专业供应商之间建立缓冲区，降低政府和供应商的管理成本。通过完善信息渠道，及时发现和解决问题，在政府和公众之间建立缓冲区，与公众沟通，避免冲突。

三、业主：首都城市更新的主导者

城市更新的目的是改善居民的居住及生活条件，因此城市更新在我国被视为一项公共工程，改造带来的财产增值将归原业主所有。业主不仅仅是城市管理的参与者，更是城市更新的主导者。在开展更新工作的过程中，业主积极参与社区事务管理、进行社区自治，同时只有得到大多数业主的同意，才能引入城市更新运营商。业主主动与城市更新运营商沟通，表达自己的真实需求，在业主的支持和同意下，城市更新运营商可以更好地改善社区环境、设施服务等质量，大大提高业主的满意度，增加支付社区服务和物业管理费用的意愿，成为后续社区更新和运营的巨大资源。

四、社会组织：首都城市更新的参与者

在社会治理层面，一方面，政府有意识地寻求更加长效而低成本的治理方式，社会组织被赋予更多参与社区规划和城市更新的期望；另一方面，随着社会公众的参与诉求提高，社会组织在市场经济高速持续稳定发展、社会逐渐转型的契机之下迅速寻求发展机会，是首都城市更新的重要参与者。社区更新规划类社会组织（如责任规划师）的作用主要为研究理论和提供政策建议。2019 年 5 月，《北京市责任规划师制度实施办法（试行）》发布，该办法从制度上明确了责任规划师的定位和工作目标、主要职责、权利和义务、保障机制等内容。责任规划师是由区政府选聘的独立第三方人员，为责任范围内的规划、建设、管理提供专业指导和技术服务。在指导规划实施方面，责任规划师的主要职责包括参与项目立项、规划、设计、实施的方案审查，独立出具书面意见；参与责任范围内重点地段、重点项目规划设计的专家评审，出具的评审意见应作为专家评审意见的附件；按年度评估责任范围内的规划设计执行情况，收集问题和意见建议，及时向区政府与规划和自然资源主管部门反馈。城市规划类社会组织包括中国城市规划协会、中国勘察设计协会、中国建筑业协会等。此类社会组织在首都城市更新工作中的作用和工作概况主要集中于促进行业发展、学术交流、政策落实响应等方面。

五、社会公众：首都城市更新的监督者

社会公众作为首都城市更新直接的利益相关者，有着巨大的潜力。从西方国家城市更新的发展历程与现实经验看，公众已经成为参与城市更新不容忽视的力量。在国内当前城市更新运行机制中，由于社区公众个体利益和诉求的分散化，其在城市更新中扮演的往往是"虚位主体"的角色，也是重要

的监督者。由于社区公众对城市更新的方案设计、利益结构的冲击甚至是城市更新的进程都会有不同程度的影响，因此作为城市更新整体利益结构的一环，其潜力是巨大的。

第二节　首都城市更新驱动力的演变

在绿色低碳、高效集约发展路径的城市更新整体背景下，以增量扩张为基础的土地财政已经不能适应当前发展形势的需要。随着城市发展模式由增量进入存量时代，首都城市更新的驱动力也从单纯依赖土地财政向财政与社会资本共担的阶段转变。市场主体作为城市经济的基本细胞，是首都城市更新的重要参与者。

一、土地财政：增量扩张时代城市更新的核心驱动力

在以增量扩张为基础的快速城市化进程中，房地产开发长期被视为中国城市更新的重点，土地资本被视为城市更新的动力。以土地资本为基础的资金来源主要包括：①提高容积率，通过出售增加的建筑面积获得资金；②改变产权，特别是从农村集体土地到国有土地，提高资产的市场流动性；③改变土地使用类型以获得溢价，即将市场价格较低的土地（如工业或商业用地）改为市场价格较高的土地（如住宅用地）；④在不改变土地利用方式的前提下提高土地利用价值，从绅士化过程中获得资本收益。尽管这些方法在过去的城市更新项目中发挥了突出的作用，但它们并不适用于首都的更新。首先，作为增量扩张时期我国城市更新的主要融资方式——提高容积率集中于土地一级开发的土地财政，更新的资本来自在房地产市场上出售增加的建筑面积，然而这种筹资渠道对于首都老城区来说是不可持续的。一方面，容积率的提高往往需要大规模的拆迁、改造、搬迁，这对于年代久远、布局稠密、产权复杂的首都老旧小区来说实施极其困难；另一方面，老旧小区的更新是一个连续的过程，不仅包括前期的更新改造，还包括后期的运营维护。即使提高容积率可以在任何给定的时间点上实现早期改造开发阶段的财务平衡，但在后期的维护和运营阶段也存在着潜在的财务风险。容积率的增加往往导致社区人口密度的增加，新增人口不仅对税收的贡献有限，也会大幅度地增加后续的经营成本，带来较大的财政压力。例如，社区周围小学的教育

服务最初与社区居民的教育需求是平衡的，但如果有更多的居民，这种平衡就会被打破。因此，如同交通、公安、消防、给排水等其他公共服务一样，如果没有新的收入来源来弥补公共服务支出增加带来的缺口，就会导致老旧小区更新后的运行、维护财政失衡。

二、社会资本：存量更新时代城市更新的核心驱动力

北京市需要更新的老旧社区大多位于城市中心区，房改房、军产房、央产房、校产房等产权复杂，除了提高容积率外，涉及利益冲突的各种利益相关者的老旧社区的产权也难以改变。此外，由于老旧社区改造的目的是改善居民居住条件，住宅用地的属性是不能改变的，因此不可能通过将住宅用地改为商业用地来筹集资金。绅士化（即低价值房产的所有者被高价值房产的所有者所取代）作为近年来西方国家城市更新的一种趋势，在北京市以及国内大多数城市也不会完全奏效。城市更新及老旧社区改造在我国被视为一项公共工程，改造带来的财产增值将归原居民所有。由此可知，基于土地资本和土地财政的资金来源显然不能应用于首都的更新，土地资本俨然已经不能成为首都城市更新的驱动力。解决这一问题的关键在于寻找一种不同于土地资本的驱动力，为首都的更新提供持续的动力，UREM 理论应运而生，即以社会资本而非土地资本为驱动力的城市更新引擎。引入社会企业来改善社区环境、设施和服务，加强不同社区利益相关者之间的关系网络。社会资本的增加，一方面允许社会企业在运营维护阶段合理收费；另一方面降低了成本，因为更多的参与者参与社区治理。因此，社会资本的积累和提升为首都城市更新提供了可持续的驱动力。

第三节 首都城市更新的双引擎模型

城市更新项目普遍面临资金需求量大、推进难以持续和资本回收较慢等困境，仅靠政府财政会增加财政负担且效率较低，因此，首都城市更新双引擎模型的核心在于引入社会资本，形成城市更新的更大合力。政府与社会资本相互配合，共同构建城市更新的双引擎，推动更新项目社会资本的积累和提升，为城市可持续更新做出贡献。

一、模型简介

城市更新双引擎模型也可称为城市更新运营商模型。通过引入城市更新运营商（urban regeneration ogranization，URO，即政府和居民授权的追求适当利润和社会责任的独特社会企业），政府和城市更新运营商的双引擎可以增加和整合社会资本，为首都城市更新提供持续动力。这一双引擎推动了城市更新过程中社会资本的增加，并促进了政府、企业、居民、社会组织和金融机构的参与。社会资本增加带来的积极反馈进一步将城市更新的筹资来源多元化，降低了治理成本，促进了社区的可持续发展。城市更新运营商是一种全新的社会企业，它具有足够的投资、专业的经营能力和社会责任感。受市政府和社区居民委托，负责社区更新的调查、规划、动员、实施、运行和价值共享。

二、模型核心

UREM 的核心在于引入社会企业，整合与提升社会资本。然而，老旧城区的城市更新陷阱表明，高昂的成本和有限的利润将阻碍企业的积极参与。因此，市场力量不能独立地充当首都城市更新的引擎，政府和企业之间的合作是获得可持续动力的必要条件。在城市更新机制中，政府与社会企业互动，共同构建城市更新的双引擎，推动老旧社区内社会资本的积累和提升，为城市可持续更新做出贡献。

在 UREM 的驱动下，社会资本的增长有两个方面。第一，双引擎的构建本身就意味着政府和企业之间更紧密地互动，这种合作将通过建立正式和非正式的规则与网络来促进社会资本。在 UREM 下，政府在保留行政权力的同时，实现了部分产权的市场化转移，将经营权和产权保持分离，利用企业经营的市场化机制，同时兼顾政府对社会效益的要求。国有资产和社会资本在城市更新运营商资产结构中的比重可以根据具体情况灵活调整。第二，双引擎之间的相互作用可以形成一种持续的向心力，吸引居民、社会组织、金融机构和其他参与者，从而通过加强不同利益相关者之间的关系网络来增加社会资本。从居民的角度来看，只有得到大多数居民的同意，才能将城市更新运营商引入老旧社区。当地居民相互沟通，在社区中表达自己的真实需求，然后就委托城市更新运营商进行环境、设施和服务的改造达成协议。居住条件的改善将提高居民的满意度，增加他们支付社区服务和物业管理费用的意愿。除了居民，社会企业将吸引更多的社会组织和金融机构。社会组织参与社区事务，有利于活跃社区生活，完善居民自治机制，促进居民自治活动的开展。此外，通过与社会团体的协调，居民可以更好地了解 UREM 的模式。同时，金融机构的参与将引入更多的融资方式，如银行信贷、地方政府专项债券、企业债券、资产证券化等。由于维持公共服务是可持续再生的一项代价高昂的挑战，因此保险机制仍有巨大的发展空间。由第三方金融机构专业管理的特定维护资金，可防止挪用并通过资本投资获取利润，将扩大资金规模，进而提高使用效率。图 5-1 总结了 UREM 如何通过建立将政府、城市更新运营商、居民、社会组织和金融机构整合到再生框架中的关系和网络来增加社会资本。在双引擎的驱动下，在多个参与者的协同决策下，形成了合作的社区伙伴关系，最终实现了社区和城市更新。

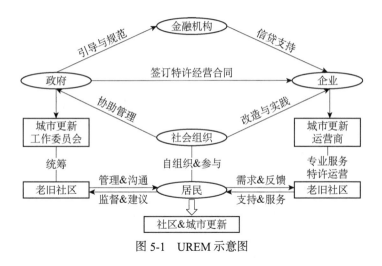

图 5-1　UREM 示意图

三、模型优势

与土地资本驱动的城市再生模式不同，社会资本驱动的再生是可持续的，尤其是在运营后期。这可以从两个角度来说明：使资金来源多样化和降低社区治理的成本。从增加收入的角度出发，在居民的支持和同意下，城市更新运营商改善了社区环境，提高了设施服务等质量，通过提高居民满意度和多方利益相关者的参与，带动了社会资本的积累。随着社区居民对城市更新运营商及其服务的信任度和认可度的提高，城市更新运营商可以提供更多样化、居民化、高质量的商业服务，如养老、自助早餐、家电维修等，拓展商业空间，扩大资金来源，有利于社区的长期运营。换言之，当 UREM 不同参与者之间的关系网络建立和加强时，社会资本就转化为对城市更新运营商专业服务的接受，并通过对运营和管理收取合理费用，以增加收入和获得投资回报。

在降低成本方面，UREM 将市场化和社会化机制应用于城市更新过程。专业化的服务外包、社会化的治理结构、模块化的服务分工、精细化的治理方式将社会资本与参与者聚集在一起，在社区公共问题上积极高效地协作，特别是在后期的运营中，这样可以大大降低成本，如图 5-2 所示。

图 5-2　UREM 的运作机制

以北京的劲松北社区为例，社会资本的整合与提升，使居民、社会组织、金融机构共同参与社区治理，极大地减轻了城市更新运营商和政府对社区更新的行政和财政负担。管理成本的降低、物业管理和商业服务收入的增加，使劲松北社区实现可持续再生成为可能。

对于劲松北社区这样的老旧社区来说，物业服务一度缺位，使得居民不知道物业服务费的缴纳情况。因此，城市更新运营商进入社区后，早期阶段的资金缺口由政府来弥补。随着居住条件的改善及优质服务的提供，居民与城市更新运营商建立了一种互信关系，物业费征收率逐步提高，从长远来看，早期资金缺口是可以得到弥补的。根据愿景集团的计算，劲松北社区在其运营的前三年中，物业管理费的征收率（自愿缴费的居民除以居民总数）分别为 20%、60% 和 80%。这一快速增长的征收率将在很大程度上缓解城市更新运营商的再生项目资金缺口。此外，社区内未使用的空间也得到了充分利用。城市更新运营商和社区委员会一起清点资源，包括配套设施、人防工程、闲置空间等，之后交给专业企业经营。这样，就可以克服社区服务不足的问题，并能逐步收回前期投入成本。通过这些资金再生渠道，愿景集团投入的改造资金应能在 14 年后全部收回，之后实现盈利，以维持劲松北社区的运营。

同时，随着社会资本的整合不断吸引各种利益相关者，社区经营管理的成本也将不断降低。在政府和城市更新运营商的推动下，居民更愿意释放需求信号，直接参与社区事务的决策和反馈。改造项目由社区居民逐项确定，包括停车管理、治安、景观、照明、电梯安装等 21 大类 51 项。为提高决策效率，居民选举 30 人组成再生委员会，便于城市更新运营商了解社区需求。

在政府、民间组织和居民都不具备专业技能和操作能力的项目中，社会组织利用多样化的社区资源，完善再生合作体系和自治机制，填补了这一空白。劲松北社区将第三方专业规划师团队——责任规划师引入社区，提供不同于政府部门宏观指导的详细规划和建议，此外，还邀请大学和专业机构参加。例如，邀请中央美术学院的师生设计劲松北社区的空置公共空间。金融机构根据政府监管和企业长期盈利能力，积极探索和创新投融资机制，加大对劲松北社区再生的资金支持力度。地方政府专项债券、企业债券、项目收益债券、项目贷款等金融工具获准进入更新过程。此外，还为信托等一些非标准业务预留了空间，以防资金短缺。社会资本的增加使得保持利润率、实现均衡的投资回报成为可能，从而保持其作为长期可持续驱动引擎的作用。

6 | 第六章
产业：首都特色城市更新活力之源

　　随着首都城镇化进程的快速推进，城市增量土地供应的短缺与存量空间的改造压力与日俱增，城市更新成为提升城市竞争力、提高城市品质、满足居民美好生活愿景的新趋势，成为民生改善和经济增长的新引擎。首都经济和社会的快速发展，使得许多功能过于集中，城市中心区逐渐出现了功能和结构衰退，甚至"空心化"情况。如何通过城市更新优化首都功能，提升首都城市活力，是首都特色城市更新的核心使命。面对首都城市核心区功能和结构衰退问题，亟待通过推进空间服务功能优化、升级传统业态、完善配套设施、激发文化活力等系统化的措施提升首都的活力。从本质上说，城市更新的核心是产业结构的升级与城市的发展进化，产业结构的不断升级，将为首都注入新的发展活力。

第一节　城市更新推进首都核心功能优化

作为城市化较为成熟的区域，首都老旧城区一方面"先天不足"，由于建设年代较早，建设标准较低，危旧房较多，居住条件和环境无法满足居民日益增长的居住需求；另一方面又"后天营养不良"，社区困难职工相对集中，房屋产权形式复杂多样，管理体制机制不顺，物业管理存在"真空"，城区居民日常生活面临许多问题和现实困难，城市更新与老旧小区的治理已成为一个刻不容缓的社会问题，这也是"十四五"期间首都城市建设与民生保障的重要内容。

一、推动首都非核心功能协同疏解

随着经济和社会的快速发展，首都中心城区人口膨胀、居住紧张、环境污染、资源浪费等一系列问题叠加累积，越发难以解决。首都核心区作为城市的"心脏"，是首都功能相对拥挤的区域，特别是中央政务区所在地的溢出效应使东、西城区具有丰富的公共资源和经济功能，而公共资源和功能富集的直接影响是人口的集聚。核心区目前的人口密度已经远远超出正常水平，过高的人口密度带来了居民生活成本上升以及环境恶化等一系列"城市病"。但是，成本的增加并没有像西方城市一样推动人口外迁，相反，在公房制度、户籍制度以及单位制度的多重作用下，强大的磁铁效应使首都优势资源的吸引力远大于成本上升带来的斥力。功能过载和空间有限导致核心区陷入了空间持续性困境，对于人口疏解工作来说，优质资源和非核心功能的疏解是重中之重。党的十八大以来，北京市出台了各种人口调控措施，如推动城市功能疏解、加强城乡接合部的发展建设、改造老旧棚户区、实现部分产业和优势资源转移等，但一些单位和公共资源转移推进相对较慢，应当继续推动地方行政、医疗、教育等首都非核心功能的进一步疏解工作。

二、建立职住分离、财税互补机制

受到产业分布不均、房价等因素的影响，北京核心区职住分离现象较为严重，周边很多城区沦为"睡城"。职住分离一方面是由于部分产业仍然集中在核心区，另一方面则是其他城区除居住功能以外的其他生活服务功能相对匮乏。这不仅导致了上下班高峰期严重的交通拥堵问题，也一定程度上影响了周边城区的税收，从而进一步影响了这些城区的公共服务建设。要在一定程度上缓解职住分离现象，一方面应转移部分核心区公共资源，另一方面应建立相关居住密集城区和产业密集城区的财税互补机制，对居住密集城区进行适当的财税补贴，促进城区间的协调发展。

三、鼓励公共服务时空多元共享

所谓"时空多元共享"，就是鼓励通过在有限空间内实现混合使用、错时使用，或者通过结构性调整、服务形式调整，达到整体提升公共服务水平的目的。尤其在传统平房区，因空间条件有限难以达到标准的，鼓励基层公共服务设施小型化、分散化、综合化设置。

除基础教育、医疗卫生等独立性较强的设施外，体育、文化、绿地等公共服务设施应尽可能兼容设置，实现不同公共服务设施之间的相互支撑和资源共享。比如，应对老龄化趋势，首都功能核心区鼓励采用以提供居家养老服务为主的养老模式，在机构养老床位适度供给的同时，通过住宅适老化改造等方式，增加居家养老服务床位数，提升居家养老比例。

四、强化首都核心公共事务功能

《首都功能核心区控制性详细规划（街区层面）（2018年—2035年）》明确了首都功能核心区的战略定位：首都功能核心区是北京城市空间结构中的"一核"，未来要将这"一核"建设成为全国政治中心、文化中心和国际交往中心的核心承载区，历史文化名城保护的重点地区，展示国家首都形象的重要窗口地区。同时，提出了"建设政务环境优良、文化魅力彰显和人居环境一流的首都功能核心区"的发展目标。该规划首次创新性地提出公共事务用地这一用地类型，公共事务用地内不固定某类特定功能，而是允许结合现实需求适时安排文化、基础教育、医疗卫生、体育、社会福利、社区综合服务等任一类型的公益性设施，并可随需求变化进行调整。通过新增公共事务用地，一方面加强对公共服务设施用地的保障，另一方面也增强规划的适应性，体现出因地制宜、因需定性开展规划编制的科学理念。未来对公共事务用地的规划管理审批流程进行进一步的系统研究，明确公共事务用地内的功能转换的简易程序，以确保首都城市更新过程中公共事务功能实现灵活转换的初衷。

第二节　升级传统业态支撑首都核心功能

《中共北京市委　北京市人民政府关于加快培育壮大新业态新模式促进北京经济高质量发展的若干意见》提出，坚持新发展理念，坚持以供给侧结构性改革为主线，坚持以改革开放为动力，立足首都城市战略定位，准确把握数字化、智能化、绿色化、融合化发展趋势，在新冠肺炎疫情防控常态化前提下，加快推进新型基础设施建设，持续拓展前沿科技应用场景，不断优化新兴消费供给，高水平推进对外开放，全面改革创新政府服务，培育壮大新冠肺炎疫情防控中催生的新业态、新模式，打造北京经济新增长点，为北京经济高质量发展持续注入新动能、新活力。

一、以主导产业赋能产城融合

精准划定首都城市更新三大产业圈层，为城市更新单元产业建设量与总建设量占比划定"底线"，保证产业用地供应。坚持推进"去房地产化"，盘活存量低效旧厂房，大力引入与首都功能定位相一致的科技创新产业、文化产业和现代服务业，全力做强优势产业链，避免开发碎片化、资源分布失衡、建设急功近利等问题。

二、以数字化赋能新产业、新空间

首先，紧扣数字产业方向，构建城市发展"新空间"。推动产城有机融合，推进产业园区和创新创业转向社区化，完善教育、医疗、居住、文化、休闲等公共服务，为科技成果孵化转化提供一站式、多元化、全链条的服务。其次，探索文化遗产数字化保护和文化创意产品开发模式。处理好科技进步与文化传承的关系，优先布局以创意设计、数字出版、虚拟现实、动漫网游为代表的科技型文化和数字经济产业项目，营造良好数字生态，全力建设数字经济标杆城市。最后，探索中央创新区（CID）开发模式。城市更新坚持去房地产化模式，盘活闲置厂区、老旧建筑、工业厂房，大力引入科技创新产业、文化产业和现代服务业，分散嵌入在大小不一、功能多元、各具特色的专业楼宇、特色街区之中，注重城市功能的综合开发。

三、把握机遇厚植数字经济发展根基

在城市更新过程中，努力加强部门协同，以《中共北京市委 北京市人民政府关于加快培育壮大新业态新模式促进北京经济高质量发展的若干意见》为指导，努力抓住算力、数据、普惠 AI 等数字经济关键生产要素，利用中心城区市场空间，瞄准"建设、应用、安全、标准"四大主线谋划推进，以疏解、整治更新促提升，在中心城区建成网络基础稳固、数据智能融合、产业生态完善、平台创新活跃、应用智慧丰富、安全可信可控的新型基础设施体系。

第三节　完善配套提升老旧城区的承载力

我国老旧城区多数建设于 20 世纪 90 年代初。早期老旧城区的"规建管"标准较低，随着人口密度的增多和时间的推移，多数会出现供水困难、排水不畅、污水横流、管道漏损、电线老化、垃圾处理能力不足、停车设施匮乏等问题。推进市政基础设施优化升级，加强城市供水、污水、雨水、燃气、供热、通信等各类地下管网的改造和检查，是提升老旧城区生活品质的必要手段。通过完善市政设施提升老旧城区承载力，通过微改造增加居民的公共活动空间，通过产业的植入再造城市活力，城市更新既是城市历史文脉的延续，又是城市生命力的重建。实际上，对于政府和开发商而言，旧城改造与城市更新，可能意味着新的商业机会和增长点。

此外，街区更新离不开景观环境的塑造。一方面，街区环境可以成为街区的标志，吸引游客前来，并同时展示一定的文化内涵和街区的历史；另一方面，结合一定使用功能设计的一些景观小品，可以很好地服务于居民，方便他们的日常生活。景观环境的设计主要包括确立街巷的景观主题，进而在主题的指导下，对街巷胡同内的小品、节点、服务设施、植物材料、建筑外观等进行切合主题的景观设计。在设计时，一定要遵循科学和审美的原则，最终完成对街区环境的成功改造。良好的景观设计也会对恢复历史风貌和改善居民生活的目标起到巨大的推动作用。

一、修缮现有基础设施

首都中心城区存在大量的老旧小区和建筑，以往的建筑建设质量较差且配套设施已经不能满足现实需要，加上建成时间较久、风吹日晒等自然作用，导致公共空间、绿地空间极少，停车位、物业服务、便民商业等配套设施不齐全，水电管道等市政基础设施待修缮等问题。对这些基础的服务设施进行完善，需要政府设计规划部门、市政部门以及社会上的一些企业坚持多方参与综合治理的原则。完善后，还需要政府和居民对这些设施进行日常维护和管理，保障人居环境持续良好发展。

二、规范有序平面布局

在控制建筑高度，构建古都特色的天际线的基础上，建筑第五立面的风貌保护或营造也应当被考虑。城市建筑的第五立面规划并非简单的"平改坡"或者"屋顶绿化"工程，它涉及对城市宏观环境特色的整体认识和单体建筑风格的准确理解。整体上，应建设形态丰富、色彩多样、整体协调的第五立面，在绿化、水体等软质景观环境的映衬下，各种类型不同的建筑屋顶相得益彰，打造北京东、西城区别具特色的城市第五立面景观形象。

三、亮化美丽街道立面

沿街建筑物是构成街道景观的重要元素之一。沿街建筑物因建设年代不同，所用建筑材料及建筑风格也不相同。在街道景观整治规划设计过程中，通过对沿街建筑物的材料、色彩等进行统一规划整修，对沿街店面招牌及灯箱广告的尺度、色彩、悬挂高度等进行统一规划、控制，以达到街道景观的协调和连续。对于沿街可视建筑，立面效果好的建筑予以原样保留，如国子监街两侧仿古建筑、影壁等。其他建筑从建筑部位（檐口、墙体、屋顶）、装修材料上进行统一规划、控制。

对于历史街区破坏严重、无法修缮的建筑，应将原有的破坏严重的部分进行拆除，然后按照历史资料、图片影像资料对建筑进行仿真的重新建造。建造时尽量做到修旧如旧。临近历史街区，且对街道风貌影响较大的建筑，由于各方面的需求，需要新建的，这些建筑应该在材料和建筑风格上与周边原有的历史风貌协调一致。在做法工艺上可以适当创新，使建筑具有时代的可辨识性。

四、丰富扩展绿化空间

东、西城区的街巷中有一些已经成为古树名木的庭院树。这些参天古树虽然年代都久远，但是生长状况却非常好，不仅是应保护的历史遗迹，更是良好的景观和生态元素。在改造规划中应该妥善处理。可以利用古树的周边绿化基础，配合树基绿化、周边绿化、屋顶绿化和墙面绿化等手段，提高绿化品质，打造相对集中的高品质绿地景观。

街巷的环境绿化应在原有的绿化基础上，不断改善，将原来节点式的分散绿化连接起来，形成绿化景观网络。同时应该插入景观小品，构建景观节点，形成视觉焦点，丰富游览体验，形成顺应街区形态的带状绿化。再通过绿化带的结合交叉，最终形成景观效果统一、视觉感受多样的绿化网络系统。

五、配置特色城市家具

城市街道设施是除了沿街建筑、绿化广场外最能提升街道景观功能、展现城市品位的重要元素，如地面铺装、候车亭、电话亭、公厕等市政设施，花坛、雕塑、喷泉等景观设施。应结合东、西城区不同街区的特色，合理设计标识引导系统，做到风格样式与传统风貌相协调。在街巷内应统一标识位置，建好小微绿地、口袋公园，增加休憩空间。此外，应在沿街全线规划布置功能型的街道设施，如候车亭、电话亭、公厕、广告牌、书报亭、邮筒、果皮箱、休息凳、路灯等；在一些较为现代化的街区可以布置景观型的街道设施，如花坛、喷泉、雕塑等户外观赏艺术品，街道设施要注重地方性、整体协调性、景观性。

六、精细改造公共空间

城市更新是一个精细活，大规模的拆建必然会失去传统的格局和文化氛围，微改造更切合实际：从小型公共空间改造与建设入手，以街区为单位进行改造，采用"针灸法"，单点切入，将一些碎片化空间整合利用，改造为居民的公共活动空间。例如，在老旧城区内的杂乱绿地、建筑物的边角空地，尝试用见缝插针式的方法建设智能立体停车库等设施，缓解停车困难的问题；在一些废弃建筑物拆迁腾出的空间，可以建设休闲场所、口袋公园和小微绿地。

第四节　释放文化活力彰显首都文化自信

北京是中国历代王朝重要的政治文化活动中心，也是中华民族传统文化的典型代表。《首都功能核心区控制性详细规划（街区层面）（2018 年—2035 年）》提出了"内环路"的说法，该说法最早源自 1982 年。彼时，北京市城市规划委员会在组织编制首都规划时，开展了北京城市道路专项研究，提出北京的环路体系包括内环路、二环路、三环路与四环路。其中，内环路全长 17 公里，由四条东西、南北向城市主干道围合而成。按照现今道路名称描述，内环路北段为平安大街，南段为两广路，东、西两段分别为东单北大街一线和西单北大街一线。《首都功能核心区控制性详细规划（街区层面）（2018 年—2035 年）》再提内环路，是新时代背景下对老城空间格局的再认识。内环路以内是老城内历史文化街区分布最密集的区域，内环路以外则以现代化街区为主，在城市功能、肌理与风貌上都有着较为明显的差异。内环路本身也承载着丰富的历史文化与商业文化功能，尤其北段是老城四重城郭之皇城城墙的北墙，还串联着东单、西单、东四、西四、菜市口、磁器口几组以中轴线对称的重要历史节点和城市地标，有多条文化探访路与之相交，是记录城市变迁、见证社会发展的重要载体。城市更新的重要使命，是要通过历史文化的挖掘保护，在新的时代背景下，释放首都文化活力，彰显首都文化自信。

一、扩展文化保护开发空间

北京是一座具有 3000 多年历史的悠久古城，历史建筑是记录城市文化的微观细胞，也是城市生活最具体化的体现；街巷是北京文化的活化石，记载着北京的历史变迁，是在历史发展中形成的带有鲜明特色的京味文化代表。首都核心区是全国政治中心、文化中心和国际交往中心的核心承载区，是历史文化名城保护的重点地区，是展示国家首都形象的重要窗口地区。这一区域的街巷所承载的文化是随着京城的形成而变化、发展和演进的，文化资源的分布数量多、范围广、密度大。

目前，首都功能核心区很多历史建筑由于产权归属问题无法进行开发利用，或者由于保护性限制只能通过博物馆等形式作为公益项目进行开发。参照国外案例，对历史建筑进行不同程度的分级，对功能良好的建筑在保护基础上的再利用，对街区更新和历史建筑保护具有正面意义。因此，首都功能核心区可以建立历史建筑分级分类利用指标，对使用用途、开发程度以及使用年限进行不同程度的开放。例如，将一些使用条件较好的历史建筑适度开发，用作国际组织总部，以此强化首都功能核心区的国际交往中心功能；此外，还可以将部分区域作为驻京办单位驻地，或者将一些院落出租给文创孵化中心或者跨国公司作为商业总部使用，由租住单位或企业进行修缮和保护，政府建立使用规范，定期进行保护性核查，并对相关企业收取租金。

二、推进街巷历史文化挖掘

街巷是连接城市交通的重要一环，也是城市居民生活环境的重要组成部分。在首都城市更新过程中，对街巷的文化保护与发展应充分利用其历史文化资源，以特色化、多样化发展为引领，以多功能的复合型街区为导向，增强北京市传统街巷活力。形式多样、功能复合的街巷文化，应尽力做到：①建立复合多元的街巷文化发展空间，构建区-街-街区（社区）的多元立体街巷文化平台；②打造丰富多彩的街巷文化活动，通过让文化艺术介入街巷空间的"微叙事"和"融入"环境的审美方式，形成具有古都审美情趣和市民生活温情的街巷文化氛围；③整合街巷文化资源优势，鼓励研发具有街巷特色的主题文化产品，推动文商旅融合发展；④深入挖掘特色化的街巷文化主体，鼓励引导地域性特色化文化群体和文化组织的自我繁殖与自我管理。

2014年2月，习近平总书记在北京考察时指出，"北京是世界著名古都，丰富的历史文化遗产是一张'金名片'，传承保护好这份宝贵的历史文化遗产是首都的职责，要本着对历史负责、对人民负责的精神，传承历史文脉"[①]。集聚北京地域特色的物质文化（如中华老字号、北京四合院等）和非物质文化（如胡同文化、大院文化、口述历史文化等）都凝结在胡同和街巷之中。因此，街巷的文化保护发展应综合考虑街巷的历史演变、历史功能、文化特点、街区肌理等多重因素来推进相关实施行动：①健全街巷文化保护传承机制，完善相关法律法规，推进有关部门单位密切协作，加深社会各界

---

① 习近平在北京考察工作[EB/OL]. http://politics.people.com.cn/n/2014/0226/c70731-24474744.html[2014-02-26].

参与程度；②修旧如旧，恢复老城肌理，恢复核心区街巷古朴、宁静、整洁、有序的风貌环境，做到"和而不同"；③通过街巷文化宣传栏、社区文化体验中心、街巷文化遗产展演等方式加强街巷物质与非物质文化遗产挖掘保护的基础性工作力度；④创新街巷文化挖掘与传承方式，通过数字化挖掘传承、街巷文化进校园、文化遗产国际展演等方式，留住老北京的历史与乡愁，让街巷文化遗产真正成为城市文化建设的正资产。

三、坚持以人为本创新融合

街巷文化维持和传承的主体，是生活在街巷里的人。街区的历史、文化和原有居民，共同构成了街区的老味道。因此，北京市街巷文化的挖掘与保护必须坚持以人为本，贴近居民的日常生活，使街巷生活成为百姓值得珍视的文化记忆，以人为本，坚持创新融合，应尽可能做到：①尊重街区原生态的居民文化和原有的建筑格局，让居民的珍视、支持与爱护成为留存街巷地方特色最有力的保障；②以百姓的功能性需求为导向，创造需求、优化供给，构建传统与现代多元融合的文明宜居的生活环境；③推动街巷文化发展平台线上线下协同推进，线下平台注重形式和内容，做到易于文化的传播推广，线上平台在门户网站的基础上兼顾各种新媒体传播平台，让文化直达群众身边；④发挥北京核心区文化金融、科技创新优势，依靠文化科技融合、文化金融融合两条主线推动文化遗产和街巷风貌的传承与复兴。

四、突出街巷文化特色风貌

目前，历史文化街区保护开发存在"千街一面"的问题，北京市作为历史悠久的古都，历史文化资源丰富，在街巷的文化挖掘与保护工作中必须突出首都的文化特色。具体可采取的策略包括：①坚持"一街一品"，按照街巷的特色和定位，打造专门的挖掘与保护方案，以期留住居民的乡愁记忆，重现街巷的历史风情；②以街巷为知识产权（intellectual property，IP）进行文化再创造，培育一批特色街巷文化主体和文化品牌；③创新街巷已有的博物馆、艺术馆、剧院等文化场所的文化供给方式，让街巷中收藏的文物、陈列的遗产、展演的艺术鲜活起来；④在街区更新腾退的公共空间中填充文化元素，使其成为散落在城市街巷中的特色文化展台，凸显街巷特色，展示街巷风貌。

7

第七章
共赢：首都特色城市更新的空间统筹

　　城市更新的实质是对现有城市空间资源的优化配置。对于首都北京来说，尤其要对一些不能适应首都核心功能发展的空间进行优化调整，对城市老旧空间进行织补，以更好地满足人民对美好生活的需求。《北京市城市更新行动计划（2021—2025 年）》提出，实施城市更新行动应聚焦城市建成区存量空间资源的提质增效，不搞大拆大建，除城镇棚户区改造外，原则上不包括房屋征收、土地征收、土地储备、房地产一级开发等项目。按此要求，首都实施城市更新，应该加强统筹规划，按照城市空间布局和不同街区的功能定位和资源禀赋，注重分区引导、分类制定政策。创新城市更新空间路径，加强统筹片区单元更新与分项更新，统筹城市更新与疏解整治促提升，统筹地上和地下更新，统筹重点项目建设与周边地区更新，推进城市更新行动高效有序开展，是首都城市更新的重要特色之一。

第一节　街区统筹：重塑城市更新空间单元

首都功能核心区拥有大片历史文化街区、功能混杂的平房（院落）区以及由于历史原因房屋产权归属不清的大规模"公房区"，给首都功能核心区的疏解、整治和提升工作造成了较大的压力。作为城市更新的主要形式，街区保护更新是城市发展的重要课题，在城市复兴和城市发展过程中占有重要地位。街区保护更新是首都功能核心区城市更新的特定要求。首都功能核心区街区保护更新的主要目标是保护古都风貌，传承历史文脉；有序疏解非首都功能，优化提升首都功能；改善人居环境，补充和完善城市基本服务功能。街区保护更新的主要对象包括建筑物、公共空间、公服设施、城市部件等内容。由于首都功能核心区空间有限，街区保护更新不能是增量式的更新，而应该是减量更新；不以规模论，而是以服务品质论。这需要首都以绣花功夫做出城市更新的精细活，以节约、高效为原则，通过规划设计、政策创新等更新手段提升存量空间的利用效率与水平，促进首都功能核心区的高质量保护与发展。

一、首都功能核心区的街区价值功能

城市街区是城市在漫长的发展过程中形成的城市经脉与肌理，是城市记忆的载体。北京的街区是首都城市公共生活的重要组织形式，也是城市治理的基本空间单元，记录和沉淀了首都不同历史时期的市民生活方式及其规范，具有文化窗口、人口承载等特殊功能。

1. 文化窗口的价值功能

城市街区作为北京城市空间的基本构成元素，是首都重要的文化窗口，蕴含其中的文化价值是北京的城市特色所在，能够重塑城市的历史空间环境和街区的文化生活意义。首都街区、街巷所承载的文化可进一步分为有形的物质文化与无形的非物质文化。

一方面，传统街巷的形成和发展受到传统思想、社会和自然因素的共同作用，因此街巷中的物质元素也具有街巷文化的内涵。街巷的文化物质元素既包括巷子中保存的历史建筑，也包括传统街巷的空间结构和街巷肌理。文物建筑具有丰富的历史信息，能反映当时的建筑水平、文化特征以及社会对于该功能的需求；街巷肌理则显示了城市的规划的秩序感和城市的地域特征。

另一方面，传统街巷空间中除了有历史价值的有形文物建筑之外，还有大量珍贵的无形的展示街巷文化的"活态资源"，包括但不限于历史发展过程中留存下来的宗教文化、民族文化、古建文化、民俗文化等多个方面，蕴含着传统街巷历史发展过程中所特有的精神价值、思维方式与想象力，是延续街巷历史文脉的重要基础。北京核心区街巷所承载的文化包括以下四种特征。一是平民性。传统街巷空间除了具有代表性和典型性的历史文化街区之外，还包括大量担负着日常实用功能的生活居住街区。这些日常空间是当地居民百姓的精神寄托，延续着历史文化和风土人情，使街巷有了不同于其他历史保护街区的平民性。二是地域性。街巷是城市主要干道的分支，是城市最主要的"毛细血管"，凝练在街巷中的街巷文化不仅吸收了城市地域文化特色，而且兼收了当地人的文化风俗习惯、建筑风格等，具有显著的地域性。北京街巷内的建筑以四合院为主，街巷文化也带有明显的北京文化、胡同文化、大院文化等印记。三是传统性。中国城市街巷空间的传统生活居住形态在历史发展长河中不断传承、演变，凝聚在街巷中的文化内核也深受中国传统文化的影响，这种基本的文化特征影响了中国城市街巷空间传统的生活居住形式，也形成了以家庭为基本细胞的社会形态下构成的人际关系和社会秩序，亲切和睦的邻里关系以及富有较强凝聚力的社会特征在居民心中产生了物质条件所难以比拟的文化吸引力。四是包容性。街巷承载的文化与自然环境、人伦精神、审美观念及人的行为特征融为一体，以建筑文化、民俗文化和场所环境（环境特征、生活氛围等）等形态反映其美学意义，尤以体现社会性、阶级性、民族性、地域性、审美性的人性要素和体现自主性、占有性、安全性、稳定性与便捷性的情感要素最为关键。一方面，人性要素和情感要素的多元化决定了街巷文化的包容性；另一方面，街巷文化在经济社会快速现代化的过程中，吸收容纳现代都市文化特征，决定了街巷文化是传统与现代相融合的多元文化。

作为北京重要的文化窗口，街巷对城市文化的挖掘、保护、传承、发展具有重要意义，是街巷景观、综合环境、形态格局、簇群区域、街道广场、地标节点、活态行为等因素共同作用的结果，代表了一种多元开放的价值观，影响着街巷的历史文化脉络、街巷伦理秩序、街区社会关系、人民生活情志与风土人情。只有通过城市更新，将北京核心区街巷打造成为展示北京城市悠久历史和灿烂文化的博馆展厅，才能让首都文化真正活起来。

2. 人口承载功能

人口是街巷活动中的基本主体和单元，街巷中的人口活动受街巷空间的影响，形成了特定的文化模式。另外，人口活动将特殊的生活习俗和文化意涵镶嵌在特定的街巷空间形态中。北京市的街巷空间应发挥人口承载的功能。首先，承载的人口数量不宜过多，否则会造成拥挤、私搭乱建等问题，但同时，人口密度应达到一定的水平，避免使北京核心区街巷变成"空心街区"。其次，从人口结构上看，北京核心区的人口性别结构和年龄结构应该合理。例如，应尽量避免老龄化、低龄化等人口问题的出现，从而造成人口问题。最后，从街区功能对人口活动影响的角度来说，应优化街区的功能，打造互补性功能街区，在核心区，既要有居住职能的居住区，又要分布一定的就业节点和商业生活节点，还要布局医院、学校等功能设施，以及配套一定的公共空间。要避免将北京核心区转变为只有单一居住功能的街区，从而造成人口通勤拥堵等问题。通过优化街区功能，提升人口居住生活的主观幸福感。

二、首都街区统筹更新目标

纵观目前东、西城区的"城市病"，最明显的问题是人口承载压力过重，核心区容纳的人口数量远远超出合理的容积率，因此造成了一系列城市问题（图 7-1）。

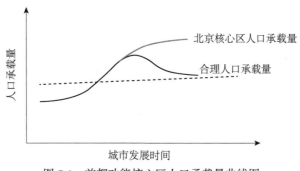

图 7-1　首都功能核心区人口承载量曲线图

首都功能核心区面临人口压力的成因可以归结为空间有限和功能过于富集带来的功能空间困境、历史街区保护要求的开发限制所造成的核心区规模经济困境，以及街区更新过程中政府作为一元主体导致的治理结构困境。街区更新过程中解决上述问题的有效手段包括良好的规划、协调空间更新和功能更新、自下而上和自上而下的多元治理路径。围绕首都街区更新总体目标，建设与国家治理现代化相适应的首都街区更新体系，建设街巷文化治理的长效机制和源头治理机制，打造"宜人、活力、智慧、绿色、文化"的首都新型街巷，如表 7-1 所示。

表 7-1 首都街区更新总体目标

目标	要素	指标
宜人	（1）增加空间拓扑连接，营造可视程度较高的街巷建成空间； （2）增加吸引点，盘活街区活力； （3）合理疏解人口，打造面向老年人、学生等特殊群体的宜居空间	（1）街道空间结构：背街小巷的空间机理得到提升； （2）吸引点：平均每个街区增设五处生活服务节点、一处文化设施； （3）特色街道：平均在每个街区打造一条老年人、学生群体安全出行的街道
活力	构建服务性产业体系	（1）劳动力结构：年轻化、知识型、创新型劳动力结构； （2）产业结构：中高端产业结构； （3）资金：多元化投资主体，多样化投融资渠道和方式； （4）建筑产权：明确的建筑产权和责任归属； （5）基础设施：完善的基础设施配套服务
智慧	（1）拥有高技术的人力资源； （2）信息流通更加流畅的基础设施； （3）为建设智慧街巷而投入的资本	（1）人力资源规模：就业人口、研发人员比例，科研技术人员数量、大学生数量、信息技术方面从业人数； （2）人力资源质量方面：高学历、高职称、专业技术人员人数占比，国家实验室数量，相关重点基金项目数量； （3）人才政策方面：相关从业人员的平均工资，激励性政府力度； （4）感知基础设施：监控摄像头、传感器数量，视频监控覆盖率，智能设备、遥感覆盖率； （5）宽带网络设施：联网覆盖率、网络站点数量、平均网速、无限网覆盖率； （6）数据库设施：数据库的联通共享程度、基础数据缺失率、数据覆盖程度、数据库总规模； （7）政府基础设施资金投入：重大信息工程投资比例，相关专项资金投入占财政支出比例，相关科技研发支出占比，信息化基础设施投资占生产总值比重； （8）产业发展资金投入：研发经费占总产值比重，电子信息相关产业占比； （9）具体建设资金投入：公共服务信息化建设支出水平，政府信息化消费支出占财政支出比重、家庭信息化消费占收入比重

续表

目标	要素	指标
绿色	（1）大幅度地提升居住品质； （2）美化街区环境； （3）全面实现园林绿化创新发展与突破发展； （4）提升绿化率	（1）构建有序平面布局； （2）亮化和谐街道立面； （3）打造绿色景观视廊； （4）建设有序环保铺装； （5）配置整洁特色城市家具
文化	（1）街巷文化伦理； （2）街巷文化遗产保护； （3）街巷公共文化服务； （4）街巷文化产业发展； （5）街巷文化空间管理	（1）公共文化设施服务半径； （2）公共文化设施服务人口； （3）公共文化产品的种类与特色； （4）人民群众的公共文化参与度； （5）财政文化事业拨款总额； （6）文化事业费占财政支出比重； （7）人均文化事业费； （8）公共文化服务体系中人才的总量与结构、群众参与度； （9）公众满意度

三、街区空间统筹政策路径

目前，核心区的街区更新进程依然是政府作为单一主体主导，市场力量和社会力量的参与度远远不足。仅仅依靠政府力量进行自上而下的更新，缺乏自下而上的更新模式，难以激活街区更新活力，并且容易出现"边治理，边反弹"的现象，同时，政府体制的纺锤形治理结构也导致在街区更新的具体落实环节出现"多人监督，一人干活"的治理持续性困境。纵观国内外街区更新的城市案例，均由政府、市场和社会多元协同参与更新，而非仅有政府自上而下推动，并且在很多西方城市中，市场和社会是作为推动城市复兴和街区更新的主要力量，政府则是作为引导者和监管者的角色存在。因此，要摆脱基层治理困境和政府失灵的问题，建立多元主体协同和区域协同更新机制势在必行。首都城市更新空间统筹的政策路径概述如下。

一是建立政府、市场和社会纵向多元的更新平台。选取试点街区打造多元更新平台，在试点街区由政府推动成立由相关政府部门人员、街区企业管理者、社区居民以及高校、智库等共同组成的街区更新领导小组，由政府确立更新目标和规划方向，充分吸收各方意见后形成具体的更新方案和条例，并引入第三方和市场力量进行具体实施，政府可以采用一定的税收减免政策或补贴作为激励措施，由领导小组负责更新过程的监督和审核工作。建立政府、市场和社会多元更新平台，既有利于充分发挥各方主观能动性，又能充分利用政府统筹规划和顶层设计的能力以及市场和社会灵活创新的优势，避免政府作为单一主体的治理失灵现象，并且能够一定程度上减轻政府工作负担，增强社会和企业的责任意识。

二是推进横向区域协调更新。首都这种同心圆和单中心式的城市发展模式不可避免地会造成职住分离、人口和功能拥挤等城市问题，推进区域协调发展，是解决这类问题的有效措施和必经之路。对于首都北京而言，一方面，应当推动核心区和周边城区的协调发展，如建立核心区和大兴、昌平等城区的人口容积率指标购买机制，建立职住分离税收补偿机制等，引导核心区容积率向其他城区转移，促进其他城区的协调发展；另一方面，继续推动京津冀协同发展，通过政策倾斜和税收优惠，引导北京的产业向河北转移，打造京津冀地区的区域产业协同发展链条和产业集群，不仅有利于北京核心区的街区更新和城市复兴，也有利于发展地区经济。

三是复兴社区民主，培育自发性更新机制。积极引导街道办、居委会、物业和当地户籍居民、非户籍居民代表等利益相关方作为协商主体，成立议事会，建立"主事"责任体系，充分发挥社区内各级党代表、人大代表和政协委员的社会优势，吸纳"两代表一委员"参与社区民主协商委员会，建立"两代表一委员"和"小巷管家"协同治理平台，使得"两代表一委员"下沉社区。通过完善社区公共服务平台，如开辟社区网站、社区微信、社区心连心 QQ 群，"线上线下"为居民创造交流沟通的"直通车"，引导居民参与街区更新方案制定，积极反馈意见，激发当地居民的"主人翁"意识和社会责任感，培育居民和企业自发式的街区更新机制。

四、北京街区更新模式的运作特点

首都北京在不断的简政放权过程中，于 2019 年推出一系列政策措施来持续明确街道与乡镇的工作权责，并将"街区更新"及其相关规划权限下沉到街道和乡镇机构。2019 年 4 月，"街区更新"正式纳入《北京市城乡规划条例》，其中第二十八条规定北京要"建立区级统筹、街道主体、部门协作、专业力量支持、社会公众广泛参与的街区更新实施机制，推行以街区为单元的城市更新模式"。

1. 管理特点：以街道为抓手，以街区为单元

《北京市城乡规划条例》指出，"街道"是划分街区单元、管理街区建

设、主导街区更新的主体。街道办事处作为区级政府的派出机关，亦是最基层的行政机关。因此，街道是联系上级政府与社区居民之间的桥梁，是推进北京街区更新和基层治理的重要抓手。北京尝试通过权力下沉、"街乡吹哨、部门报到"等机制赋予街道更多的职能，来保障街区更新的落地实施。2019年北京出台《关于加强新时代街道工作的意见》，提出往下赋权和管理增效的建议；2020年施行的《北京市街道办事处条例》确定了"接诉即办"的常态化制度，明确了街道办事处在街区更新中的职责——配合上级主管部门实施街区更新方案，以及组织责任规划师、社区居民共同参与街区更新项目等。

"街区"是北京推行城市更新的基本单元，体现了"成片统筹"的更新理念。尽管街区在北京的国土空间规划体系与建设实践中经常被涉及，但"街区"二字的概念和内涵却始终较为模糊。北京西城区在实践中提出"街区整理"的概念，认为街区整理是将若干社区整合为一个街区单元来进行规划管理。北京法定规划体系的相关表述表明，"街区"是北京规划管理体系的最小单元，是衔接规划要求与落地项目之间的桥梁。对此，《首都功能核心区控制性详细规划（街区层面）（2018年—2035年）》提出要编制"街区指引"以传导总体规划、分区规划在规模、空间、品质方面的刚性要求，"街区"由此成为控规编制明确划定的空间范围。北京东城区则按照城市功能进行了街区更新单元的划分，全区17个街道被划分成82个一级街区更新单元和140个二级街区更新单元，以此提供相应的政策供给与更新策略建议。在更多情况下，大部分专业或非专业人士并不认为北京"街区更新"对应任何具体的空间边界，而是一种区别于"单个项目导向"的统筹性的城市更新理念。可见，北京街区更新中的"街区"尚未明晰，可理解为落实城市更新的基本单元、推进更新政策与精细化治理的基本单位，也可理解为是更新项目统筹的平台，抑或控规编制的管控区域等。

2. 机制特点：以责任规划师为纽带

责任规划师是北京街区更新模式中的重要纽带，连接着政府、社区、居民及其他更新介入力量。自2019年责任规划师制度在北京全市全面推行以来，截至2020年底，北京全市已经签约了301个责任规划师或团队。在市级政府统筹下，北京各级区政府具体制定本辖区内的责任规划师管理和实施办法，因地制宜地提出责任规划师的评选要求与工作权责。责任规划师制度在北京的产生既有自下而上的基层更新需求，又有自上而下的政府治理诉求，其出现体现了城市建设从"精英规划"向"多元共治"转型的新趋势。责任规划师与各个街道或乡镇一一配对，既是对接基层的规划建议者、设计把关者、问题研究者，更是推动社区和公众参与、促进部门协同的沟通者与行动者。以北京朝阳区小关街道为例，责任规划师团队从"街道体检与规划统筹、献策谏言与基层培训、公众参与和项目引领、实施推进与技术支撑"等方面综合开展工作。

3. 实施特点：以项目为引领

为推行渐进式、有机的街区更新，北京市采用"试点项目+行动计划"方式，以项目为引导开展街区更新实践。2015 年以来，北京在老旧小区改造、街道空间整治、小微城市公共空间提升、历史街区保护、工业厂房更新、老旧楼宇提升等方面形成了一批街区更新实践探索。政府通过立项保障、资金供给、后期维护等支持，为街区更新探索创造了重要的实施条件。总体来看，在北京街区更新模式尚不成熟的探索期，通过从试点项目与行动计划中取得有效经验并在未来逐步固化为常态化的更新机制，有利于推动更新的实践发展和配套制度建设。对北京 2015～2020 年开展的 80 个典型城市更新项目的调查分析表明，北京的城市更新实践呈现出更新类型不断丰富、主体越来越多元、公众参与日益增多、更新效益日趋明显等特征。

从工作类型来看，北京街区更新项目实践表现出实践型、研究型、活动型三种主要类别。其中实践型最为丰富，是以实际的项目规划设计和建设实施为表征的更新活动；研究型是指由专家、学者及院校等开展的城市更新研究项目，可为具体实践提供理论指导与思路启发；活动型以宣传、倡导、培育为导向，多为工作营、展览、讲座等形式，重在扩大公众参与范畴及街区更新的社会影响力。从空间分布来看，街区更新项目较多集中在东城区、西城区、朝阳区与海淀区，且主要聚集于四环以内，尤以中心城区的北部地区居多，南部地区发展相对较缓。从更新对象来看，实践主要可分为老旧小区、老旧厂房、老旧楼宇、开放空间与历史街区五类，其中东城区、西城区以历史街区保护与改造利用为主，朝阳区、海淀区的街区更新类型灵活多样，责任规划师主导的项目数量繁多。

从"主体—资金—空间—运营"维度进一步加以分析，可以发现北京街区更新项目实践的成果创新与挑战并存。在主体方面，虽然政府、责任规划师、居民、社会组织、企业、设计师等多角色共同参与城市更新项目的行动不断涌现，但政府始终是城市更新实践的关键推动力，参与角色的单一性问题依然存在。在资金方面，更新项目的资金来源仍以公共资金投入为主，也有少量社会资本开始介入街区更新，如少数老旧小区改造、老旧楼宇提升中引入的社会组织参与或社会资本投资。在空间方面，街区更新面临着产权混杂、用途功能转换困难、减量规划下的建设指标管控等挑战。在运营维护方面，尽管多形式的运作保障机制，如街巷长制、数据平台支持、专业化物业管理、居民志愿维护等相继涌现，但不同更新项目往往具有差异化的长效运维困境，急需进行针对性的破解。总体上，北京街区更新的重点聚焦于政府和基层社区开展的有机更新实践，对市场主导或参与的更新、业主自主申请的更新等类型关注相对较少。

第二节　交通引导：推动存量资源提质增效

要尽快加强轨道交通场站与周边用地一体化规划及场站用地综合利用，实现轨道交通特别是市郊铁路建设与城市更新有机融合，通过轨道交通场站一体化建设，带动周边存量资源提质增效。制定站城融合城市更新专项计划，结合轨道交通、市郊铁路重点项目，建设轨道微中心，促进场站与周边商业、办公、居住等功能融合，补充公共服务设施，创造更优质的开放空间，增加地区活力，提升城市品质。

一、轨道交通场站带动

在轨道交通场站沿线，打造新型城市功能区，集交通、商务、商业、教育、居住等为一体。进一步加强轨道交通土地资源集约利用，促进以公共交通引导城市发展，完善场站区域性功能配套，推动美丽宜居城市建设。近年来，上海、成都等地正积极实施以公共交通为导向的发展方式，以地铁、轻轨等公共交通站点为中心，以5~10分钟步行路程为半径，建立集工作、商业、文化、教育、居住等为一体的商业组团或居住组团，推进轨道交通站点综合开发工作，业态涉及国际办公、精品商业、人才公寓、星级酒店等多种形式。

实现首都轨道交通场站的综合开发，加强场站与土地利用、产业发展、公共配套、城市生活功能组织及地区发展需求的充分衔接，同步规划、同步设计、分步实施，形成轨道交通土地资源复合利用局面。按照区域平衡、适当集中的原则，将地区开发强度向轨道交通场站及其周边地块适度集中，通过分析轨道交通沿线各片区的城市功能定位和空间发展重点，明确轨道交通场站周边片区的主要功能构成、布局和组织形式。在优先满足交通功能的基础上，充分挖潜地上地下空间，通过复合设计、立体开发、功能融合的手段提升轨道交通场站综合体的城市综合服务功能，建立一体化的城市功能区，促进交通功能与城市生活服务功能的有机结合。按照轨道交通线网与场站综合开发同步规划的原则，编制轨道交通沿线土地综合利用专项规划。重点明确轨道交通场站周边实施综合开发的范围，原则上以轨道交通站点为中心，按照一般站点半径 500 米、换乘站点半径 800 米范围内，来确定主要功能和建设时序。随着全市轨道交通布局的持续铺开，场站综合开发不仅可以使公共交通的使用最大化，协调城市发展过程中产生的交通拥堵和用地不足的矛盾，而且轨道交通与城市空间的高效组合，能有效提升城市形象，加快高质量发展步伐。

二、城市交通微循环

一是打造安宁交通。所谓安宁交通，就是要通过各种措施最大限度地降低小汽车交通对居住区、学校、医院以及中央党政机关集中办公区等区域的噪声干扰或安全影响等。实现安宁交通的主要措施是实施小汽车行驶速度管制，通过划定限速区范围，让区域内所有道路都实施同一限速规定，提高城市道路交通安全状况，有效抑制机动车交通过度发展，鼓励非机动车交通出行，提升宜居水平，从而实现让老城"慢"下来、"静"下来的规划目标。除了最基本的限速措施外，安宁交通建设还可以通过优化交通流线组织、控制交通流量、调整停车场布局等方式，并配合对沿街绿化景观、城市家具、夜间照明等多方面的综合整治，实现城市整体交通环境的改善。安宁交通对区域交通环境的整治，也有助于平衡机动车交通通达和传统空间保护的关系，改变以车为主的交通理念，在街区内部重新建立起人性化的空间尺度，让胡同逐渐成为有绿荫处、鸟鸣声、老北京味的清净、舒适的公共空间，为老城内的各类历史文化资源营造良好的环境，从而推动全国文化中心建设。

二是塑造林荫街巷。林荫街巷是核心区内重要的步行生态网络，是绿荫完整覆盖、空间尺度宜人、安全有序的连续步行空间。为了提升步行体验，鼓励打开沿街地块内围墙、合理调整地块内部停车场，确保沿林荫街巷形成高品质公共绿色空间。林荫街巷根据空间位置、功能属性的不同可划分为三级，分别是作为老城棋盘路网格局的林荫路、由其他城市干道或支路构成的林荫景观街，以及景观生态与文化功能并存，串联了城墙遗址、历史名园、历史水系等特色场所的林荫漫步道。林荫街巷将种植高大茂密的乔木，通过乔灌草相结合的方式营造尺度亲切的街道空间，并设置植篱、花坛、花架与休闲设施，共同营造环境优美的街巷景观。尤其是林荫漫步道将使市民在漫步中领略自然的生机盎然与浓厚的文化氛围，什刹海环湖绿道、传统商业文化漫步道、红墙漫步道、文化探访路漫步道等多种主题的街道风格串联，成为步行的精品路线。

三是建设健步悦骑城区。建设健步悦骑城区是《首都功能核心区控制性详细规划（街区层面）（2018年—2035年）》提出的关键交通发展目标，即打造健康街道，优化步骑环境，提升绿色出行品质与服务水平，构建安全、便捷、高效、绿色、经济的综合交通体系，创造宜居宜业、幸福安康、精致友好、稳健可靠和人民满意的出行环境。为此，在首都城市更新推进过程中，宜以《首都功能核心区控制性详细规划（街区层面）（2018年—2035年）》为引领，依托滨水空间与绿化空间拓展健步悦骑空间，结合历史文化街区、重点功能区划定步行街区、无车街区，形成活力交往、安宁居住、文化传承的特色街区环境。强化交通空间的无障碍设计、全龄友好设计和场所营造设计，结合社区服务设施、沿街外摆空间、异型交叉口及转角广场，营造魅力交往场所。分阶段实施禁鸣区、低排放区、超低排放区、零排放区管控措施，提高安全水平、安全意识与安全感，倡导文明出行、礼让行人，持续开展交通安全专项行动。

第三节 重点带动：完善老城地区功能配套

新时代首都城市更新要统筹推进重点项目建设与周边地区城市更新，结合城市重点公共设施建设，梳理周边地区功能及配套设施短板，提出更为合理的更新改造范围和内容。应结合重点项目建设，推动周边地区老旧楼宇与传统商圈、老旧厂房与低效产业园区提质增效，促进公共空间与公共设施品质提升。同时，居住是否舒适，生活是否便利，决定了城市的温度和品质，首都功能核心区的发展目标之一是建设人居环境一流的首善之区，截至2020

年，首都规划体系的"四梁八柱"已初步形成，首都规划建设也进入了新的历史阶段。

一、优化功能：创造一流的人居环境

《北京城市总体规划（2016年—2035年）》提出，构建"一核一主一副、两轴多点一区"的城市空间结构，其中"一核"即首都功能核心区。编制《首都功能核心区控制性详细规划（街区层面）（2018年—2035年）》，在首都规划建设史上是第一次。一个功能区可以由多个行政区组成，东城区和西城区是首都功能核心区的重要组成部分，历史文化、资源禀赋、发展阶段相近，将两个区作为一个整体统一开展规划编制，对落实《北京城市总体规划（2016年—2035年）》要求具有重要意义，并进一步明确了首都功能核心区作为北京承担全国"四个中心"定位的核心载体。

严格落实"双控四降"，让首都功能核心区逐步"静"下来，创造一流的人居环境。《北京城市总体规划（2016年—2035年）》明确，通过严控增量和疏解存量相结合的方式，向外疏解腾退和内部功能重组共发力，首都功能核心区严格控制建设总量与人口规模。到2035年，常住人口规模控制在170万人左右，地上建筑规模控制在1.19亿平方米左右；到2050年，常住人口规模控制在155万人左右，地上建筑规模稳定在1.1亿平方米左右。

在调整优化用地结构方面，适度提高公共服务设施及公共事务用地的比重，提高居住品质。到2035年，公共服务设施及公共事务用地占规划区域总面积的比重由2018年的11.1%提高到12.3%，公共空间面积占比由2018年的34.3%提高到38.4%。

二、优化布局：营造优良的中央政务环境

首都功能核心区是我国政治中心的核心空间载体，中央政务功能的运行直接关系到"建设一个什么样的首都，怎样建设首都"这一重大问题。首都功能核心区发展首先要体现城市战略定位，维护安全稳定，成为一个运行高效的国家中枢。长安街是新中国发展变迁的缩影，也是中华民族不断发展、走向复兴的见证。以长安街为依托，首都功能核心区将优化中央政务功能布局，高水平服务保障中央党政军领导机关工作和重大国事外交活动举办。强化长安街沿线政治中心、文化中心、国际交往中心的核心功能，展现大国首

都形象。通过加强老城整体保护、中轴线申遗，为中央政务活动提供彰显文化自信、不断扩大中华文化影响力的空间场所，把保护历史文化名城与提升中央政务功能及其环境品质紧密结合起来。

三、彰显文化：保护老城历史格局

北京老城是中华文明源远流长的伟大见证，是北京建设世界文化名城、全国文化中心最重要的载体和根基。《北京城市总体规划（2016年—2035年）》明确提出，要以更加积极的态度、科学的手段实施老城整体保护，增强首都功能核心区的文化活力与魅力。

历史格局的保护是实现老城整体保护的关键。两轴统领、四重城郭、六海八水、九坛八庙、棋盘路网是老城空间格局的重要特征，加强格局保护是未来首都老城整体保护的重点任务。保护对象的应保尽保是实现老城整体保护的基础。《北京城市总体规划（2016年—2035年）》突出首都功能核心区文化遗产特色，将传统胡同、历史街巷、传统地名、历史名园、革命史迹、老字号等纳入保护范围，让老城保护上升到前所未有的高度。历史文化资源在妥善保护的前提下，还应加强展示利用。该规划提出应结合内环路打造、道路林荫化改造、文化探访路建设，加强各类历史文化资源系统整合，有序串接现代文化设施与文化空间，推进非遗传承和老字号复兴，让历史文化活起来。持续推进文物、历史建筑腾退保护，做到不求所有，但求所保，向社会开放。

老城不再长高、胡同不再拓宽，《北京城市总体规划（2016年—2035年）》提出实施严格的建筑高度、建筑风貌及街巷风貌管控，以高水平城市设计强化老城历史格局与传统风貌，让古都风韵成为首都功能核心区的风貌基调。

四、改善民生：加强公共卫生体系建设

居住是否舒适，生活是否便利，决定了城市的温度和品质，而补齐民生服务的短板，也是近年来北京城市更新的重要途径。首都功能核心区的发展目标之一是建设人居环境一流的首善之区，为此，《北京城市总体规划（2016年—2035年）》围绕民生"七有""五性"作出详细安排。

在公共服务体系建设方面，更加强调服务品质的提升。在居住环境方

面，更加强调更新改善的可持续性。对于平房区，鼓励居民采用自愿登记的方式改善居住条件，并不断完善共生院模式，让老胡同的居民过上现代生活。对于老旧小区，提出以菜单式整治分类推进老旧小区综合整治，推进服务设施补短板与适老化改造。在交通出行方面，更加强调健步悦骑。到2035年绿色交通出行比例提高到85%以上，到2050年绿色出行比例不低于90%。在城市安全方面，更加强调应急能力提升。在新冠肺炎疫情防控方面，更加关注基层公共卫生保障能力。《北京城市总体规划（2016年—2035年）》提出，结合街道社区范围以及防灾生活圈划定卫生分区，分类分区施策，提升基层卫生设施建设标准，加强医疗救治力量配备和能力建设，并将公共卫生服务管理纳入全市社区治理体系。

第四节　点式更新：有序推进单项项目更新

尊重居民、权属主体意愿，整合各类实施需求，鼓励各类单项项目更新。按照首都功能核心区平房（院落）申请式退租和保护性修缮、恢复性修建，城镇老旧小区改造，危旧楼房改建和简易楼腾退改造，老旧楼宇与传统商圈改造升级，低效产业园区"腾笼换鸟"和老旧厂房更新改造，城镇棚户区改造等六种类型，在满足《北京城市总体规划（2016年—2035年）》要求、实施方案合理的基础上，因地制宜，分别推进各类单项更新改造项目。

一、整体规划、功能分区、示范先行

首都城市更新需要突出"整体规划、功能分区、示范先行"。例如，劲松北社区在更新改造过程中整体采用了"一轴、三街、多节点"的规划构架。"一轴"，即东西向贯通劲松一区、二区的交通景观轴（通过对道路交通、景观休憩、商服节点的处理，打造一个交通顺畅、环境宜人的社区主轴）。"三街"，一是对已有的劲松中街的商业业态及部分商铺进行整体形象及品质提升，打造依托本社区并对外开放的商业街区；二是对劲松西街的现有商业及空置商铺进行整合提升，打造为服务本社区的商业步行街区；三是对劲松东街的现有商业及空置商铺进行整合提升，打造为服务本社区的商业街区。"多节点"，即对劲松二区的现有公园进行整体提升，打造为社区户外活动中心，发掘各居住组团的公共绿地，对其进行整理整治，形成组团活动中心。在社区更新改造的过程中对居住组团进行合理划分，每个居住组团为一个"里坊"单元，明确各功能区块，厘清各功能区块应有的边界，对其进行交通、环境、安防、智能化、适老化的改造。同时，为加强更新改造的可复制性和可推广性，在劲松二区选择示范区先行启动，着力打造"一街"（美好漫步街）、"两园"（美好公园、立体公园）、"四小院"（劲松坊、新颜坊、从容坊、苍茫坊）、"两中心"（美好养老、美好邻里）、"一地下室"（美好福地）的尺度宜人、多元融合、景观从容、绿色智能的和谐生活形态①。

二、交通优化、空间净化

随着经济和城市的不新发展，汽车逐渐进入家庭，城市道路交通问题也开始向住宅区蔓延。频繁、快速行驶的车辆对居民的安全造成威胁，家长担心户外玩耍儿童的安全，儿女不放心老人独自出门等，居民的不安全感越来越强。机动车产生的噪声和废气严重影响居民的正常生活，甚至危及居民的身心健康。交道平静化从以人为本出发，力求将道路交通对周围环境产生的不利影响降到最低，符合住宅区居住为主、交通为辅的理念。

"交通平静化"理念诞生于 19 世纪 20 年代的德国，进入 21 世纪后已成为欧洲许多国家整体交通战略的重要组成部分。交通平静化即通过减速、限车、降噪、绿化等相关设施和法规，营造车流量低、车辆行驶和缓、噪声低、环境优美、人文设施齐全、安全舒适的功能化、景观化、人性化区域交通环境的交通措施。具体作用为：降低车速；减少过路机动车辆；减少交通事故，减轻事故严重程度；改善非机动车交通的使用条件，增强非机动车交通使用者的安全性及安全感受；促进各种交通方式的平衡；改善道路景观。

合理的道路等级组合和良好的交通组织形式，不仅能为各种设施的合理安排提供适宜的地块，也可以为建筑物、公共绿地等的布置提供有利条件，创造有特色的生活环境空间。

（1）人车分流。人车分流能够更好地组织户外活动空间系统，使户外活动场所更安全、更随意、更舒适，体现"以人为本"理念。实现人车分流的方式有很多，在规划设计时应根据小区土地利用情况选择最合适的方式：①利用停车场牵制机动；②在外围设置机动车专用通道。

（2）道路线形优化。主干路段采用交通平静化曲折式车道技术，使机动

---

① 资料源自愿景明德（北京）控股集团有限公司。

车低速通行于小区道路，并且不对非机动车交通产生干扰。曲折式车道在减缓车速的同时，还避免了减速带增加噪声和汽车尾气排放的问题。单向曲折式车道考虑避车需要以及道路空间的充分利用，在道路闲置段增设避车台，以满足双向车辆的通行需求。

（3）步行交通系统。步行交通的组织采用弧线形和直线形相结合的做法，一方面直线形的道路实现人流的快速输送，发挥其高效的交通性能；另一方面弧线形的道路，再配合鹅卵石路面、彩色路面等，将小区的各个休闲广场、景观等组织起来。

三、绿色环保、景观亮化

现代建筑的绿色景观和建筑本身浑然一体，与现代建筑的其他组成部分（如灯光景观、建筑智能化系统等）形成一个有艺术气息的、功能多样化的并融入众多最新现代技术的开放性体系。在形成现代建筑强大功能和赋予其多姿的艺术表现内容的过程中，绿色景观的照明设计和施工是现代建筑规划、设计和施工的重要内容。现代建筑外部工程中，绿色景观的照明系统是一个不可缺少的部分。树木、花坛、绿地、雕塑小品的照明可使绿色景观在夜间赏心悦目。在夜间环境下，和谐的照明系统可延长绿色景观对现代建筑发挥作用的时间，烘托建筑的艺术、生态和人文环境。

现代建筑周边绿色环境系统的树木、花草、绿地以舒心的色彩与环境的和谐配置和美丽的形态为建筑物用户带来了无形的高附加值的生态功能。对植物的照明，有以下几条原则：照明方式要与被照明的各种植物几何空间造型相匹配；对淡色和耸立挺拔的植物，要用强光照射，增强其轮廓感；不应使用光源去改变树叶原来的颜色，但可以用光源去加强某种植物的外观；许多植物的颜色和外观会随季节而变，照明也应适应这种改变；可以在被照植物附近的一个点或许多点观察照明的目标，注意消除眩光；对不成熟的及未伸展开的植物，一般不施以装饰性照明。

对树木投光的方法主要有以下几种。一般情况下，投光灯放置于地面，根据树木的种类、外观确定排列方式；如果要突出树木的造型和便于人们观察欣赏，也可以将灯具放置于地下；当照明目标为树木的较高位置时，可以在树木旁安置一支有一定高度的杆具来放置灯具；同时，可使用周围、内外布灯方式进行设计，增强绿化艺术性。例如，对一片树木的照明，用几只投光灯，从几个角度照射进去，照射的效果既有成片的感觉，也有层次和深度的感觉；对一排树木的照明，用一排投光灯，按一个照明角度去照射，有整齐感与层次感；对参差不齐的树木的照明，用几只投光灯，分别对高度不一的树木投光，造就一种高低错落的立体的氛围。

对花坛照明的方法主要有以下几种。一是由上向下观察并且处于地平面上的花坛，采用"蘑菇式灯具"向下照明。灯具安装在花坛的中央或边侧，高度与花坛植物高度匹配。同时使用显色指数较高的光源，如白炽灯、紧凑型荧光灯等灯具，对花坛中各类植物的不同颜色进行视觉力增强。例如，劲松北社区在更新改造的过程中注重绿色环保社区建设和景观品质的亮化提升。二是充分利用空置和屋面老化的社区建筑屋顶空间，改造成屋顶花园，同时适度打造太阳能收集系统，应用太阳能热水系统、公共区域太阳能发光二极管（LED）照明、光导管地下采光。三是通过加强社区规划建设和管理，充分发挥社区内建筑、道路和绿地等系统对雨水的吸纳、蓄渗和缓释作用，有效控制雨水径流，实现自然积存、自然渗透、自然净化，构建海绵社区。四是在景观品质提升方面，要注重增加植物层次，打造多元化景观空间，打造多处绿化空间，提升景观效果，美化墙体，提升示范区宜居功能。

8 | 第八章
价值：首都特色城市更新投融资体系

　　城市更新是一项庞大的系统性工程，资本既是城市更新的基础，也是城市更新的关键制约因素。没有足够的经费作支持，旧城设施就很难修补，更新小区的管理水平和质量就很难得到保证。城市更新资金的筹集不是一次性投入，必须有稳定的筹集来源，方可给城市更新提供持续的动力。纵观欧美等发达国家和地区的经验，建立多元化资金供给系统，实现多渠道、多种方式供给是实现城市更新资金保障的基础。这既能保证城市更新有持续的资金投入，也能有效减轻政府的财政负担；既能使社会资本有效进入城市更新的市场，又能通过政府的计划使这部分资金确实有效地提升老城区的住房质量和居住环境。分工明确的资金供给既能使政府负起城市更新的责任，也能避免因财政负担沉重而导致城市更新的不可持续。

第一节 首都城市更新的资本需求

在我国经济发展由高速增长阶段进入高质量发展的时代大背景下，首都城市开发建设与治理由以房地产开发为主导的大规模增量开发建设阶段，逐步转向以提升城市品质为主的存量改造阶段。进入存量更新阶段，推动城市快速发展的土地财政机制正在逐步失灵，由于严格的规划管制、巨大的基础设施欠账、高昂的转换成本，特别是各种利益主体之间的严重协调失灵，以地生财、以房生财的"逻辑"已经不适用于首都城市更新。同时，更新改造所需的庞大资金使原有以政府为主导的"大包大揽"式的投融资模式遭遇资金日益短缺的瓶颈，仅靠财政资金投入并不足以推动首都城市更新进程，剖析首都城市更新的资本需求，坚持"政府引导，市场运作"的工作路径成为更新过程中的重点。

一、首都城市更新的市场体量分析

在涵盖首都功能核心区平房（院落）申请式退租和保护性修缮、恢复性修建，城镇老旧小区改造，危旧楼房改建和简易楼腾退改造，老旧楼宇与传统商圈改造升级，低效产业园区"腾笼换鸟"和老旧厂房更新改造，城镇棚户区改造等六大方面的首都城市更新内容体系下，首都城市更新涉及的亟待更新的存量老旧资产规模巨大，拥有万亿元级别的市场规模。

仅就老旧小区改造领域而言，"十三五"时期，北京市住房和城乡建设委员会以老旧小区综合整治、老城保护、老旧楼房改建、棚户区改造等"三老一改"工作为抓手，持续推进城市更新。在老旧小区改造方面，2017 年至 2020 年末，北京市累计确认改造 433 个项目，涉及 511 个小区、3646 栋住宅楼、34 万余户居民，累计新开工 317 个项目，完工 105 个项目。进入"十四五"时期，老旧小区仍是城市更新的重要内容。2021 年共改造 158 个老旧小区、1183 栋楼，改造建筑面积约 596 万平方米，涉及东城区、西城区、丰台区、通州区、大兴区、昌平区、密云区 7 个区，主要集中在丰台区、朝阳区和东城区，这三大辖区的项目数量均在 60 项以上。改造内容除了抗震加固、楼体节能改造、楼内水电气热设备改造等基础类内容应改尽改外，也根据居民意愿增设电梯、补建停车位等。在危旧楼房改建方面，2020 年，北京市已确定 10 个简易住宅楼和危旧楼房改建试点项目。在棚户区改造方面，截至 2020 年底，全市完成棚户区改造约 15 万户，超额完成计划任务的 30%，惠及群众约 62 万人，如表 8-1 所示。

表 8-1 首都城市更新部分改造项目

项目类型	更新地区或项目名称	备注
独立低效楼宇改造	首开寸草春晖亚运村养老院	养老品牌
	首开广场	办公品牌
	首开福茂	社区商业品牌
园区改造	首开文投创新园	北京市文化投资发展集团有限责任公司合作改造
	西直门融园	
	前门书香世业	
老旧小区综合改造	老山东里北社区	政府战略合作项目
	绣春路小区	
	苏州街桥西社区	
首都功能核心区改造	皇城景山片区	历史文化街区
	前三门	北京天岳恒房屋经营管理有限公司改造

在首都核心功能的进一步落实下，不断收缩的土地供应量与不断增长的用地需求使北京的城市发展从增量建设时代全面进入了减量提质时代。近几年，北京大力疏解非首都功能，这为北京的城市更新带来了不断增长的市场空间，原位于城区的传统零售批发业、制造业疏解后留下了大面积的待更新土地。根据有关机构预估，在"十四五"期间，首都城市更新将拉动投资规模 10 万亿元以上。

二、首都城市更新的资金需求分析

围绕首都城市更新的内容体系，除了《北京市城市更新行动计划（2021—2025 年）》约定的平房（院落）申请式退租和保护性修缮、恢复性修建，城镇老旧小区改造，危旧楼房改建和简易楼腾退改造，老旧楼宇与传统商圈改造升级，低效产业园区"腾笼换鸟"和老旧厂房更新改造，城镇棚户区改造六大方面内容外，有关首都功能核心区的保护性更新也是首都城市更新的重要课题，面对万亿元级别的市场需求，无论是基础设施完善还是老城保护性更新，资金都是关键问题。

以首都功能核心区的保护性更新为例，首都功能核心区的规模可达 62.5 平方千米，若要进行历史建筑的修缮和保养，需要政府投入大量资金。老城的修缮维护与人口疏解是相辅相成的，就申请式退租一项内容而言，财政资金就显现出巨大的缺口。申请式退租的补偿款主要来源于区级财政资金。政府的财政压力巨大，成本回收遥遥无期。

退租完成后便是历史建筑的恢复性修建，比如共生院的建设。首都功能核心区存在大片历史建筑，其修缮、维护成本不可小觑。老城居民腾退后，历史建筑还将面临市政设施引入、环境的恢复改造、房屋修缮以及其他配套设施建设等多项费用。上述所需资金在短期内仅仅依靠区级财政是很难支撑的。由于首都功能核心区疏解腾退不是商业行为，是以老城恢复性修建为目的的，因此带有更多的公益性质。巨额的腾退资金、极低的回报率、较长的成本回收期，使得银行等社会资本不愿参与进来。因此，腾退所需资金目前只能由政府一方买单。此外，腾退后直管公房的经营管理受到容积率、高度、风貌保护等多种限制，不明朗的文保区改造政策与尚未成熟的商业开发模式降低了社会资本参与保护性修缮、危旧房改造等城市更新项目的意愿，给区级财政带来了更加严峻的挑战。

无论是哪种类型的城市更新，均涉及人员安置补偿、空间重建，尤其是拆除重建类城市更新，涉及征地拆迁、市政公建配套项目建设等，所需资金量巨大。依靠政府出资建设，首先需通过财政预算安排、发行专项债等渠道筹集资金，最终是要通过城市更新腾出的经营性用地出让收入来平衡，筹资模式过于单一。这种模式下，微观市场主体作用没有充分发挥，资源配置效率不高。财政财力有限、土地出让收入滞后等问题，造成前期筹资压力极大，改造资金不可持续。如何引入社会资本、拓宽城市更新资金来源、确保城市更新资金可持续、让资本为城市更新赋能是亟须解决的问题。[1]

不断收缩的土地供应量与不断增长的用地需求以及首都特色功能为首都城市空间赋予了特殊的市场价值。对于投资者、地产企业等社会资本而言，庞大的市场需求以及利好的政策支持，使得这无疑是入局北京城市更新的绝佳时机。所以，在政府引导下，持续鼓励社会资本参与城市更新，调动社会资本的参与积极性，拓宽其参与路径也是首都城市更新的重要课题。

在片区更新统筹时，政府作为计划主导者必须先于更新主体谋划出清晰的资金平衡路径，做出有效分时序利用社会资本在土地整备阶段到产品开发

阶段以及运营阶段的金融路径计划，让社会资本根据计划有路可循、有据可依、有序进退。带有金融前置思维的更新计划才能够有效指导更新主体的实施方案编制是在资管运营逻辑的前提下完成的，并切实保障更新项目对于社会资本募集有序、投资有序、退出有序。要坚持"政府引导，市场运作"的推进模式。充分发挥政府统筹引导作用，建立以区为主、市区联动的城市更新行动工作机制，研究制定支持政策，强化统筹推进力度。充分激发市场活力，调动不动产产权人、市场主体和社会力量等各方积极性，多种方式引入社会资本。更新改造空间以持有经营为主，探索形成多渠道投资模式。

第二节 首都城市更新的资本条件

首都特殊的城市功能为城市空间造就了特殊的市场价值，而这种市场价值也是首都城市更新吸引资本的条件。在这种情况下，积极引入社会资本，探索新型融资模式帮助企业拓宽融资方式，降低融资成本成为可能。同时，要不断引导和鼓励保险、金融机构进入城市更新领域，鼓励设立私募和政府性城市更新产业基金。将公募试点扩大到城市更新项目等。加强财政支持力度，完善城市更新不同项目类型的财政资金保障机制，建立合理的回报机制。

一、城市更新实施主体及资金来源

城市更新的实施主体可以是政府（包括政府授权）、原不动产权持有人或者市场第三方。城市更新的资金来源有地方政府、原产权持有人、项目实施主体、金融机构和社会资本，可以多种资金结合运营，这里按主要实施主体将资金来源分为以下三类。

一是来自项目收益。该模式项目本身能盈利，项目开发主体筹集一定比例的自有资金，并能够依据项目自身获取外部资金，如能够获取银行贷款、信托贷款以及发行债券，收入来自被拆除产权人的回购和升级商业设施的租金分成。

二是来自政府投资。依据《政府投资条例》，使用政府财政预算安排的资金进行固定资产投资建设活动应当符合该条例的要求，政府投资项目不得由施工单位垫资建设。

三是来自社会资本参与。城市更新可以通过设立私募股权投资基金100%

控股项目公司，社会资本为优先级投资者，城投公司为劣后级投资者，城投公司登记为基金管理人的子公司为基金管理人。社会资本、城投公司和基金管理人按协议、合同或章程，分配相应权利和义务，社会资本优先分配收益，超额收益由社会资本、城投公司和基金管理人共同分配。

二、资本撬动城市更新

面对城市更新的资金难题，引入社会资本一直是各界大力倡导的办法之一。随着核心城市优质土地资源日益稀缺，作为城市建设与运营的重要主体，房地产行业也将目光转向存量资产改造，投资"新蓝海"。在城市更新过程中，要求政府、社会资本、社区等共同参与、通力合作，实现共建、共享、共赢。2021 年 4 月，北京市出台的《关于引入社会资本参与老旧小区改造的意见》，试图形成居民出一点、企业投一点、产权单位筹一点、补建设施收益一点、政府支持一点"多个一点"的资金共担方式，打通社会资本参与"旧改"的渠道。要以开放包容的态度开展合作项目，整合社会资源，以资本撬动首都城市更新，推动首都城市更新迈向新进程，在持续实施城市更新行动的同时实现多方共赢①。

但城市更新作为一项系统性工程，不是简单的旧楼改造以及修修补补，还涉及自来水公司、供热公司、电力公司、燃气公司等很多方面，要求企业具备很强的运营能力，特别是产业运营及资本调动能力。同时，由于城市更新的公益属性以及产权特点，部分城市更新项目难以产生商业价值，并不是所有企业都有能力、有意愿去参与。在此情况下，政府可以适当给予企业一定资源，比如通过小区的停车费、物业费和商业运营来吸引社会投资。这样既可以把服务做好，也可以把社会投资形成的资产和设施设备运营维护好，让政府财政投入起到长效作用，撬动资本参与。同时，针对不同项目应实行"一揽子"改造，让所有部门协调起来一次性进场，减少企业在更新改造过程中的交易成本。

三、资产证券化加速，退出通道同步探索

随着首都城市更新的不断深化，产业和消费需求升级的趋势愈加明显，

---

① 袁奇峰，钱天乐，郭炎. 重建"社会资本"推动城市更新——联滘地区"三旧"改造中协商型发展联盟的构建[J]. 城市规划，2015，39（9）：64-73.

房地产开发企业积极尝试新领域探索，即时进行战略调整和布局，加速推进资产证券化，加速扩展商业版图。当前，商业地产行业正加速推进资产证券化，在存量市场交易活跃的环境下，公募房地产投资信托基金（real estate investment trusts，REITs）也被列入重点工作计划，尽管距离正式落地尚有距离，但作为存量资产的重要推出路径之一，企业对类 REITs 的探索已经开始。同时大规模的房地产私募基金也开始进入首都商业存量市场。例如，远洋资本城市更新基金于 2018 年 12 月正式设立，认缴规模约为 50 亿元人民币。该基金聚焦商办市场城市更新物业，采用价值增值型及机会型策略，选取具有改造及增值潜力的物业，通过"买入—修复—退出"的投资模式，为投资人创造良好的回报。其首个项目为北京钻石大厦，位于中关村软件园，园区在云计算、大数据、互联网金融、人工智能等方面形成全国领先的产业集群，是新一代信息技术产业高端专业化园区和北京建设世界级软件名城核心区。物业产权建筑面积约为 2.3 万平方米。目前，该基金通过精准把握出售时点、交易价格和对手，成功实现从北京钻石大厦项目顺利退出。

又如，位于大兴中心城区成熟的黄村商圈的大兴大悦春风里项目，其总建筑面积 15 万平方米，租赁面积 5.5 万平方米，项目意在打造满足人们生活品质升级的时尚生活中心。同时，该项目也是 2019～2021 年大兴区在《北京市商业服务业商圈改造提升行动计划（2019—2021）》中上报的唯一的商圈改造提升及城市更新重点项目。大兴大悦春风里项目是大悦城控股集团股份有限公司与高和资本联合成立 50 亿元人民币规模的城市更新并购母基金后，首枚并购基金投资的代表性项目，也是大悦城控股集团股份有限公司首次和外部国内市场化资本共同设立基金管理平台，以全流程基金逻辑操盘城市大型商业项目。双方经过 30 个月的磨合，实现了项目的顺利收购，并快速启动了改造工作。

第三节　首都城市更新的融资路径

城市更新项目根据更新程度的不同，其投融资模式和资金来源也不同。一般而言，综合整治类项目，公益性较强，资金需求较低，主要由政府主导实施，其投融资模式包括政府直接投资、政府专项债投资、政府授权国有企业投融资等，资金来源主要为财政拨款、政府专项债等。拆除重建和有机更新类项目，经营及收益性较明显，资金需求较高，一般根据其经营特性采取政府与社会资本联合或纯市场化模式运作。对于经营性较强、规划明确、收益回报机制清晰的项目，适宜采用市场化模式引入社会资本主导实施。对于公益性要求高、收益回报机制还需要政府补贴、规划调整较复杂的项目，适宜采用政府与社会资本合作的模式，包括 PPP、投资人+EPC、政府+国有企业/房地产开发企业+村集体等模式。

一、以政府为主体的单引擎模式

1. 财政拨款

在首都早期的城市更新过程中，政府作为城市更新工作的主要发起者是城市更新投融资的重要主体，以单一引擎驱动着我国城市更新的开展。在这种单引擎模式中，主要有两种政府对城市更新项目进行投融资的方式。首先是直接投资，指地方政府部门使用财政预算资金，通过公开的市场化招投标的方式确定某个开发商或工程商作为项目执行主体，项目的改造资金由财政直接出资购买公共服务。直接投资模式也随着我国的经济体制变化发生着改变，在计划经济时期，政府主导拨款、改造、动迁等各个阶段，随着市场经济的逐步发展，政府逐渐分化出各级住房和城乡建设管理部门、各级城建公司等职能部门承担城市更新不同阶段的工作。这种直接投资的模式较多应用于公益属性的民生项目，如老旧小区改造、棚户区改造等综合整治项目。

2. 城市更新专项债

第二种政府单引擎模式是政府在划拨出部分财政预算资金后利用发行专项债的方式补足剩余资金缺口。以政府为实施主体，通过城市更新专项债或财政资金+专项债形式进行投资。城市更新专项债主要收入来源包括商业租赁、停车位出租、物业管理等经营性收入以及土地出让收入等。该模式适用对象为具有一定盈利能力，能够覆盖专项债本息，实现资金自平衡的项目。该模式优势是专款专用，资金成本低，运作规范；劣势是专项债总量较少，投资强度受限，经营提升效率不高（图 8-1）[①]。

---

① 徐文舸. 城市更新投融资的国际经验与启示[J]. 中国经贸导刊，2020（22）：65-68.

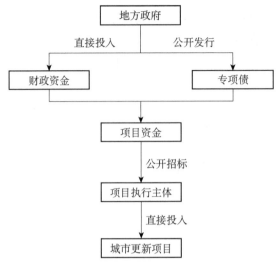

图 8-1　财政拨款+城市更新专项债

二、政府+市场的双引擎模式

1. 政府主导的土地储备模式

土地储备模式主要产生于 21 世纪初期，该模式主要由政府部门主导。政府部门设立专门的土地储备中心，负责征收改造地块、补偿安置动迁居民及土地的前期整理开发，使其达到净地标准。[1]在地块达到净地标准后，将土地进行市场出让，所得收入用来支付前期土地开发成本及拆迁安置成本，其融资模式主要依赖于银行贷款等渠道。在土地储备模式中，地方政府所有地块出让所得的级差收益，实现了财政上的平衡及增长，并通过设立土地储备中心规范了征地、拆迁工作，降低了拆迁群体性事件的概率。在 2008 年金融危机后，我国加大了对地方债务问题的重视，因监管政策的紧缩，银行贷款、企业债券、信托产品等融资方式逐渐收紧[2]，土地储备模式受到了较强的投融资约束。同时，随着我国城镇化率的不断攀升，在首都有限的空间内，增量建设的土地储备模式愈发地不再适用。

2. 政府授权国有企业投融资

以北京市国有企业为实施主体，通过承接债券资金与配套融资、发行债

① 黄静，王净净. 上海市旧区改造的模式创新研究：来自美国城市更新三方合作伙伴关系的经验[J]. 城市发展研究，2015（1）：86-93.

② 马佳丽，王汀汀，杨翔. 城市更新概要和投融资模式探索[J]. 中国投资，2021，7（13）：37-40.

券、政策性银行贷款、专项贷款等方式筹集资金。在政府授权国有企业投融资的模式中，国有企业在地方政府的授权下成为城市更新项目的投资、建设、经营主体。其主要通过企业自筹、资本市场融资、银行贷款、政策性贷款等渠道筹集改造资金，并通过改造后的自持经营收益、政府专项资金补贴、对外合作开发、用者付费等方式回收建设成本获得运营现金流。该种模式适用对象为需政府进行整体规划把控、有一定经营收入、投资回报期限较长、需要一定补贴的项目。该模式优势是可有效利用国有企业资源及融资优势，多元整合城市更新各种收益，能承受较长期限的投资回报，由于国有企业的加入，这种投融资模式的市场化性质更强；劣势是收益平衡期限较长、较难，在目前国家投融资体制政策下融资面临挑战，并且鉴于国有企业的特殊属性，在进行资金筹集时多以政府信用作为融资担保，由于城市更新项目回款周期较长，存在提高地方政府债务的隐性风险（图 8-2）。

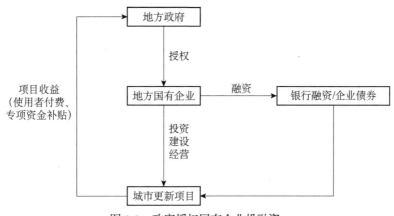

图 8-2　政府授权国有企业投融资

3. 国有企业引入合作方进行投融资

在国有企业引入合作方进行投融资的模式中，国有企业作为城市更新项目的主体，通过市场公开招标引入合作的市场主体，按照事先规定的股权比例成立专属项目公司，在国有企业与项目公司签订投资开发相关协议后，由项目公司负责城市更新项目的资金、建设管理。在这种模式中，项目公司的资金来源主要有两个渠道：股东出资与市场融资。项目公司的收益也主要由以下两个部分组成：首先是由国有企业按照事先签订的协议以成本加成等方式支付投融资收益；其次是地方政府的资金补贴，划拨给项目公司的资金补贴来源于在改造后项目公司的自持运营、产业招商带来的财政收入增量。引入合作方进行共同开发建设可以更好地缓解改造过程中的资金压力，此类融资模式较多应用于改造面积、资金需求较大的片区综合性开发项目。

4. 政企合作的 PPP 模式

政企合作的 PPP 模式与上述国有企业引入合作方的模式类似，主要指政府部门与市场主体共同出资，组建项目公司[①]，一般来说，为了保证政府部门的主导地位，政府部门通常持有项目公司 50%以上的股份，通过实物投资与政策投资两种主要的方式参与城市更新项目。市场主体主要通过以下两种方式参与：首先是股权投资，如企业投入自持资金、人力资源、设备等方式与项目公司签订股权协议，按照协议比例共享收益、承担风险；其次是债权投资，指在项目担保的基础上，银行贷款、市场金融机构向项目公司提供贷款，从而形成的一种债务关系。在 PPP 模式的基础上，城市更新产业基金的发展日益壮大，其多由国有企业与社会资本合作产生，作为出资方向城市更新项目公司投资。目前，在我国城市更新 PPP 项目中，由于项目的公益属性较强、投资周期长、资金需求量巨大，国有企业的参与比例较高，如图 8-3 所示。

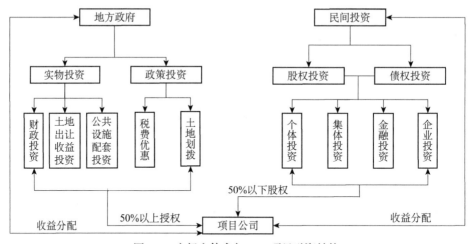

图 8-3 市场主体参与 PPP 项目融资结构

5. 城市更新运营商模式

城市更新运营商模式其实是一种社会资本自主培育运营的创新型投融资模式，城市更新运营商指在参与城市更新过程中，那些具备资金能力、专业

---

① 张肖肖，亓霞，张炳才. 旧城改造中 PPP 融资模式的分析[J]. 山东建筑大学学报，2016，10（5）：491-495.

技术及社会责任感且不依赖于政府直接出资，以市场化的改造、运营方式运作城市更新项目的企业。①它们在政府和公众的监督下承担着项目规划设计、动员协调、更新改造、后期运营等城市更新全流程任务。城市更新运营商模式首先需要政府完成项目的基础改造，如水电改造、抗震加固等，之后通过市场化的公开招投标，确定改造运营主体，再通过社区、街道及居民的表决同意后将城市更新运营商引入。城市更新运营商作为项目的改造、运营主体，通过用者付费、物业服务、闲置空间租赁置换、社区商业等收益实现改造资金回收及项目的可持续运营。

这种模式适用于有一定商业空间的综合整治类项目及有机更新项目，为此类城市更新项目提供了新的改造思路，并在极大程度上缓解了政府的财政压力，填补了在一些微利城市更新项目中的资金缺口；同时市场化的运作模式可以更加精准地解决更新项目的痛点，使更新改造更加高效且符合居民的需要，最终实现政府、公众、社会资本的互利共赢。但是，由于更新过程中涉及的政府部门与审批流程众多，单靠社会资本很难推动项目的高速运转，且项目的资金回收周期较长，存在着一定的运营风险。

三、政府+市场+权利主体三引擎模式

在三引擎模式中，城市更新项目的投融资由政府、市场、权利主体共同参与。政府及市场如上文所述，权利主体指更新项目的物业权所有人，主要包括业主、居民、拥有产权的企业等。作为城市更新的重要参与者，权利主体是城市更新的直接受益者，是城市更新项目投融资中的重要主体。权利主体在更新改造的过程中需要承担部分改造费用，在改造完成后需要根据规定支付所享受的社区服务费用、物业服务费、停车管理费用等，权利主体的自付费是支撑城市更新项目后续可持续运营的重要资金来源。权利主体的付费意识及沟通意愿也是更新改造项目的重要影响因素。

四、创新型探索

1. 城市更新基金

城市更新项目资金投入量大，且项目运作特性决定了需要政府方的支

---

① Shen T Y, Yao X Y, Wen F H. The urban regeneration engine model: an analytical framework and case study of the renewal of old communities[J]. Land Use Policy, 2021, 108（6）, https://doi.org/10.1016/j.landusepol. 2021.105571.

持。目前，由政府支持，国有企业牵头，联合社会资本设立城市更新基金，成为一种新的模式探索。城市更新基金适用对象为政府重点推进项目，资金需求量大，收益回报较为明确项目。其优势是能够整合各方优势资源，多元筹集资本金及实施项目融资，加快项目推进；劣势是目前城市更新投资回报收益水平、期限等与城市更新基金资金的匹配性不强，成本较高，退出机制不明确，面临实施上的诸多挑战。

2. 投资人+EPC

针对城市更新中出现的大量工程建设，工程建设企业探索提出了投资人+EPC 模式。该模式由政府委托其下属国有企业与工程建设企业共同出资成立合资公司，由合资公司负责所涉及城市更新项目的投资、建设及运营管理。项目收益主要为运营收益及专项补贴。在投资人+EPC 模式基础上，还有类似的投融资–建设–运营（ABO）+投资人+EPC 模式。该模式适合成片区域更新开发，通过整体平衡来实现城市更新的顺利实施。部分工程建设企业受资本金投入政策要求，采取联合产业基金进行投资的方式参与城市更新项目。该模式优势是能够引入大型工程建设单位及专业运营商，整合资金优势，实现对大体量城市更新项目的推动实施；劣势是目前满足这种回报机制的片区开发项目较少，受土地政策限制，现有项目主要通过工程及政府补贴来实现回报，存在隐性债务风险，融资难度大、综合成本高，如图 8-4 所示[①]。

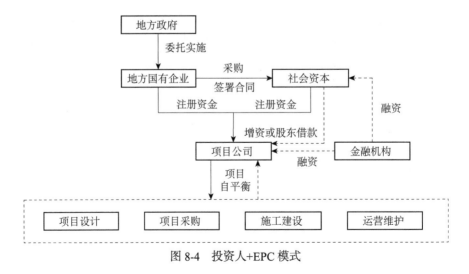

图 8-4 投资人+EPC 模式

---

① 陈小祥，纪宏，岳隽，等. 对城市更新融资体系的几点思考[J]. 特区经济，2012（8）：132-134.

第四节 首都城市更新的价值再造

随着首都城乡建设用地规模的不断收缩，城市更新已经成为首都获取土地供应的主要方式之一。通过城市更新不但可以实现资产升级和升值，也再造了首都的社会、民生、人文、美学等价值，为人民创造了更加美好的生活，为城市创造了更高的经济效益。

一、社区低效公共空间及资源盘活利用

基于城市更新运营商模式，首都城市更新探索出了一条盘活社区闲置空间的微利可持续道路。在典型的城市更新运营商模式（如"劲松模式"）的试点改造中，愿景集团通过对社区低效公共空间进行改造、提升，将其变为养老中心、社区食堂等可长期运营的便民商业，或将改造后的空间进行租赁从而获得持续利润。这不仅能使企业逐步收回成本，也有利于补齐老旧小区生活性服务业的短板。

虽然不同社区的产权情况、空间质量、居民结构各不相同，但社区微空间、微资源普遍存在。例如，通州区中仓街道中仓社区将闲置锅炉房变身为城市副中心首个社区家园中心，利用挑高 14 米的优势，将锅炉房改建成三层的便民中心，构建起涵盖教育、文化、休闲、医疗卫生、养老、商业六大功能的社区生活圈服务体系。同时，闲置自行车棚、人防工程、拆违腾退边角地等，也在社区更新中绽放异彩：大兴区林校路街道兴政东里小区，将年久失修的花坛、停满常年"吃灰"的"僵尸车"的自行车棚拆除后，建起了 26 个停车位，缓解了居民的停车难题；朝阳区劲松北社区闲置车棚改造后，一部分出租给了"匠心工坊"，为居民提供家政、电器维修、针头线脑以及配钥匙、换电池等服务，另一部分则升级成智能车棚，解决了居民的电动车充电难问题。

针对这些社区低效公共空间与小微城市公共空间的盘活，不仅是各自"点上开花"，而且是为社区微更新打通政策路径，助力老旧小区利用微空间补齐公共服务设施的短板。

二、物业服务，长效运营

首先，老旧小区要自我"造血"，专业的物业管理势必要尽快落实到位，

建立长效运营机制是关键。在首都城市更新的不断实践中，一条通过提供物业管理及使用者付费、商业收费等渠道实现投资回报平衡的微利可持续模式逐渐形成，物业服务的长效运营也成为老旧小区改造微利可持续道路的重要部分。北京市住房和城乡建设委员会也对此模式给予了充分肯定，研究制定老旧小区综合整治的政策机制，推广以"劲松模式"为代表的微利可持续模式，支持社会资本引入老旧小区综合整治。

其次，对老旧小区实行综合整治，不仅仅要一次性地升级小区的基础设施，更要建立起老旧小区管理的长效化机制，让改造成果保持下来，避免小区因为后期的失管漏管再次回到老旧状态。要从根本上实现由街道管理向物业服务企业专业化管理社区过渡，顺利引入物业服务企业进驻社区。例如，劲松街道从 2019 年 3 月起，向居民做了大量的宣传工作。2019 年 8 月，劲松北社区以"居民过半、建筑面积过半"的形式，正式选聘愿景集团旗下的物业服务企业入驻，而在引入物业公司对社区进行专业化管理后，对于社区认同感提升的劲松北社区居民，在物业费缴纳上变得更为积极。

三、以租赁置换职住平衡

以租赁置换模式推动职住平衡是首都城市更新的有效探索之一。2021年，月坛街道真武庙五里 3 号楼改造完成，成为北京市首个租赁置换模式改造的老旧小区。租赁置换具体是指：老旧小区愿意外迁的居民与社会资本签订长期协议，企业除给付租金外，还为自住业主寻找置换房源，并配以免费找房、搬家、保洁等增值服务，形成定制化置换方案。企业将外迁居民的房屋经设计装修后再用于驻辖区单位的人才公寓出租。在租赁置换模式下，老旧小区改造是和置换联动的，只有当签约套数达到一定比例时，才由社会资本出资改造老旧小区。

2020 年下半年，西城区根据北京市《关于引入社会资本参与老旧小区改造的意见》的精神，引进了愿景集团无缝接管小区物业管理工作，同时以房屋市场化租金为基础，将置换方案与老旧小区改造有机融合。愿景集团与有意愿外迁的居民签订 10 年左右的房屋租赁协议，并建立签约户数与改造项目联动机制：签约套数达到 20%，由企业出资改造楼本体及小区公共区域部分基础类项目；随着签约居民比例的提高，根据小区实际情况，结合居民诉求增加改造项目；通过对小区环境和租赁房屋改造提升及长效运营管理，最终实现公区改造内容全覆盖，实现长效微利运营。在满足原有居民改善居住条件的同时，兼顾了金融街周边高端人才就近居住的需求，实现了提升环境、优化功能、职住平衡等目标。

租赁置换模式的创新探索，一是解决了原有居民想改善居住条件"出"的需求；二是通过改造提升居住环境，解决金融街周边高端人才就近居住"入"的需求；三是实施改造后降低了居民投诉，解决了属地政府、街道、社区的"痛"点；四是项目微利可持续，可实现社会企业"盈"的需求。同时，通过创新老旧小区改造模式，形成可复制、可推广、可持续的方案，实现了政府部门"促"的要求。

9 | 第九章
支撑：首都特色城市更新的科技体系

　　科技创新是实现城市革命的关键性因素和重要推动力，科技赋能城市更新已经成为全球大都市城市更新的重要趋势。从"制造科技"赋能美国纽约城市更新打造"布鲁克林科技三角区"，到"金融科技"赋能伦敦城市更新打造"伦敦东区"，"科技创业"赋能柏林城市更新打造"Silicon Allee"地区，"媒体科技"赋能曼彻斯特城市更新打造"索尔福德码头"，再到"信息科技"赋能新加坡城市更新打造"中央商业区"的实践表明，科技通过对信息、流程、机构和基础设施进行互联和整合赋能城市更新，贯穿于城市更新的规划、设计与建设全过程。2021 年 6 月《北京市人民政府关于实施城市更新行动的指导意见》的实施细节《关于开展老旧厂房更新改造工作的意见》也明确提出，利用老旧厂房发展 5G、人工智能、大数据、工业互联网、物联网等新型基础设施，激发此类闲置资源能够产生足够的效益，支撑城市更新。以区块链、5G、人工智能、大数据、云计算、工业互联网、物联网等为代表的新技术及新型基础设施，正在推进着首都城市更新项目的信息化、数字化、智能化升级改造。技术指导首都城市更新广泛布设智慧城市应用场景，进一步提升了首都城市更新空间资源的智能化管理和服务水平，大幅提高了绿色建筑效能，智慧小区、智慧楼宇、智慧商圈、智慧厂房、智慧园区不断助力提升首都居住品质、提供便捷公共服务、推动产业优化升级、培育新兴消费模式。

第一节　规划管理技术创新赋能城市更新

2019 年 5 月发布的《中共中央　国务院关于建立国土空间规划体系并监督实施的若干意见》，提出了"逐步形成全国国土空间规划'一张图'"的重要命题。该规划的出台，不仅带来了规划编制体系结构的变化，而且引发了城市更新领域工作的深层次机制创新。在新的国土空间规划体系下，面对城市更新过程中产生的复杂规划数据类型、更加宽口径的规划管控职能、更加复杂的规划实施机制、更加高效的规划实施监督需求，如何建立与之相适应的空间整合、指标贯通、刚性管控、动态回馈的城市更新规划成果数据运行机制，需要创新技术体系支持保障。

一、"一张图"管理下的城市更新规划审批技术创新

城市更新规划编制成果的数据管理正在从狭义的"一张图"管理向广义的"一张图"管理发展。狭义的"一张图"管理概念是指多源规划成果的数据集合，是通过多空间范围、多层次的规划成果进行拼合、挂接、规范化，得到一张能够涵盖全部规划内容、指导规划实施的空间数据成果图。但面向国土空间治理和规划信息化建设的要求，广义的"一张图"绝不仅仅局限于数据建设的范畴，而应依托坚实的基础信息平台和迅捷的智慧系统，承载规划编制过程中的综合数据整合与传递、规划数据流转与动态维护、规划成果整合校准与发布等功能，从而增强国土空间规划编制的规范性，实现编制过程中数据资源的统一调度与监管，保障规划编制成果的严谨性和有效性。

探索"一张图"管理下的规划审批技术创新是实现城市更新从"增量扩张"迈向"存量优化"阶段的重要选择。以数字化赋能推动创新管理，搭建"一门户一张图一平台 N 应用"的规划总体框架，助力实现"多规合——张

图、行政审批一张网"。城市更新规划管理要以国土空间规划体系建设为要点，做到"一门户"全覆盖。构建自然资源和规划智慧政务云平台，将公文、会议、行政审批等事项集中办理，实现用户统一身份认证登录，实现事务入系统、事事有关联、全程能流转、全局一本账的智慧政务与审批应用。城市更新需以国土空间数据融合共享为亮点，实现"一张图"全统筹。基于智慧政务云平台涵盖的基础地理、调查评价、规划编制、行政审批、矿产资源管理、社会经济等国土空间数据，为全市自然资源和城市更新规划"一张蓝图"奠定基础。

二、智慧政务云平台助力"多规合一"协同办公

"一张图"管理下的规划审批技术创新要基于一个智慧的政务云平台，通过平台互联互通，共享数据成果，通过审批流程再造，实现提质增效赋能。首先，要建立一个智慧政务平台，夯实数据服务基础。建立包括业务审批、多规合一、移动办公、移动"一张图"、自然资源调查监测、国土空间规划"一张图"实施监督等专题应用，为形成全域管控、全要素治理、全过程服务的数字化国土空间治理体系，建立用数据说话、用数据决策、用数据管理、用数据创新的管理新机制夯实基础。其次，通过平台互联互通，共享技术成果。以国土空间基础信息平台为支撑，开发"多规合一"业务协同办公系统，在工程建设项目审批前期，统筹协调各部门提出的建设需求，建立多部门协同的工作机制，落实项目建设条件，实现在线协商、意见跟踪、信息共享、矛盾协调，促使策划生成的项目落地。通过建立各审批事项的前后关联逻辑关系，实现了审批项目从生成策划、预审选址、用地报批、规划条件核实、土地供应、用地许可、方案审查、工程许可、规费征收到竣工验收的"项目一棵树"全过程审批信息关联，最大限度实现数据共享互用。最后，通过审批流程再造，提质增效赋能。以行政审批业务平台为技术支撑，配合建设项目审批流程优化改革，创新审批管理方式，整合建设项目审批管理流程，精简行政审批事项，简化办事环节。

三、小结

在国土空间规划"一张图"规划体系下，落实城市更新规划管理创新技术体系构建是实现城市更新规划管理智能化、精细化、高效化目标的重要保

障。规划"一张图"以数据库为底层，通过与现状"一张图"、审批"一张图"的协同工作，共同支撑区域国土空间基础信息平台的运行；以数据采集、数据管理、辅助规划管理及辅助规划决策形成技术支撑体系，实现规划技术创新的综合集成；形成智慧化规划应用场景，为城市更新规划"一张图"实施监督信息系统、责任规划师平台、城乡规划决策支持平台、智慧规划平台等形成数据支撑能力。

第二节　基础数据有效支撑城市精准更新

城市更新是个复杂工程，需要强有力的基础数据确保精准更新。首都城市更新是解决城镇存量建设用地利用低效、实现建设用地节约集约利用的重要举措。针对城市更新工作中存在的数据使用、管理等问题，研究建立面向城市更新工作的完备数据体系，是当前城市信息化建设和智慧城市建设的应有之义。城市更新数据体系是城市更新工作推进的基础，是数据构成和技术框架的集成。其中，数据内容包含城市更新基本数据、城市更新项目计划数据、图斑数据、规划数据、基础数据、审查审批数据和其他数据等；数据类型则涵盖文档类业务型数据、图纸类空间型数据和其他相关类型数据；技术框架则包括支撑环境、数据存储、数据管理及使用。面向国土空间布局优化的重大战略需求，亟待构建起"精准认知–动态感知–智慧管控"核心技术支撑的城市更新数据体系。

一、打造数字政务平台，精准认知城市更新进程

《北京市国民经济和社会发展第十四个五年规划和二〇三五年远景目标纲要》提出"要实施城市更新行动"，"城市更新"被编入首都"十四五"规划中，并密集发布了老旧小区改造相关政策及实施城市更新行动的指导意见，包括总体要求、强化规划引领、主要更新方式、工作机制、组织实施、配套政策、保障措施等方面内容，对城市更新行动的实施方式做出明确指示。接下来，首都需继续落实打造数字政务平台，厘清各种发展政策对区域城市更新目标及实施重点的要求，这是构建城市更新数据体系的首要内容，有利于精准认知城市更新进程。

二、打造数字城市系统，动态感知城市更新变化

城市更新数据的获取、流动和应用离不开基础硬件和软件支撑平台，因此需率先建设首都城市云中心和数据架构体系，为全市城市更新数据融合汇聚提供基础通道、资源和服务，建设服务城市公共设施数据采集的物联网平台，建设支撑大数据分析挖掘的分析服务平台以及泛在、高速、低成本的网络资源，为城市更新大数据发展奠定坚实的基础和保障。适度超前布局高速、移动、安全、泛在的数字智能基础设施，构建时时处处能够感知、万物互联、信息相通的智能城市体系，以及集约化、多功能监测体系和全市覆盖的数字化标识体系，提供全面智能化应用服务。以数字地理空间框架为基础，构建拥有空间维度（三维）、时间维度和信息维度的五维城市信息模型（city information modeling，CIM）；推广建筑信息模型（building information model，BIM）技术，建立数字化单元，实现首都城市更新全生命周期数字化管控，随时动态感知城市更新具体变化。

三、推动智慧城市建设，构建良性共赢命运共同体

首都政企合作要创新，企业要从过去不注重投资效益、向政府要项目变成联合起来做事情。政企服务要转型，企业要从卖产品变成卖服务、卖效果，政府要从管民向以首都人民为中心，为首都人民服务转变。评价要完善，首都市民和社会地方共同评估，按照效率、效能和效益进行多方位评价。能力要提升，要成为"城市综合发展解决商"，构建全领域服务能力（总系统与子系统）与全链条支撑能力（规划、建设、运营、服务等）。由于首都城市的复杂性和特殊性，首都智慧城市建设，要提高多场景应急管理能力。以首都"城市大脑"建设为先导，以"两新一重"为重点，充分依托"新基建"强有力的技术支撑，消除政府"信息孤岛"和数据壁垒，将新一代信息技术与城市更新需求深度融合，建立首都城市智能治理体系和应急管理体系。建立首都危机处置和应急预案智能管理系统，形成首都人机结合的智能研判决策和响应能力，提高首都城市防灾减灾的应急响应和治理能力。实施城市生态修复和功能完善工程，加快"海绵城市"建设，提高城市危机预防能力。系统推进抗震加固、节能改造、专业管网改造，精准实施适老化改造，补充便民设施和停车设施。

第三节　创新工程技术助力城市精细更新

在"城市更新 4.0"的智慧、高效、可持续发展要求下，首都北京面临着创造国际一流宜居之都建设、平衡文化的保护传承和空间的更新改造等多重任务，重点要利用 5G、大数据、绿色建筑来营造以人为本，以绿色发展为导向的生活方式，提高首都的宜居性。加强城市更新工程技术创新，提升首都城市品质。

一、"适老化"工程技术创新

第七次全国人口普查结果显示，2020 年北京全市 60 岁及以上常住人口达到 429.9 万人，占全市常住人口比重较 2010 年上升了 7.1 个百分点，老年人口的增长速度已经快于常住人口。人口老龄化程度的加深将增加家庭养老负担和首都的基本公共服务供给压力。在城市更新过程中，"适老化"是个不能绕开的话题。

"适老化"技术一方面要聚焦使用场景与适用对象，真切感知其核心诉求做针对性的服务，才是提升服务能力和社会适老能力的基本要求；另一方面，多维度健康数据监控，红外、压力、心率、血氧等设备智慧化系统应用，甚至是虚拟现实与"数字孪生"的前瞻试点，同样可以在人文关怀、心理健康和生理平衡等多角度实现适老化技术应用的落地和发展。在首都城市更新过程中，围绕适老化的工程技术创新做了大量的尝试与探索，如北京联讯安防科技有限公司致力于解决社会安全防护和居家养老服务，其联讯社会快速警报系统是目前基于互联网应用的世界上最先进的信息传播系统，能够在事件发生同时向相关部门及民众提供事件信息，大大缩短了报警响应时间。

二、立体停车场技术创新

立体停车场技术是城市更新过程中优化空间利用的必然选择。立体停车场是指利用空间资源，把车辆进行立体停放，节约土地并最大化利用的新型停车技术。立体停车场因能够充分利用城市空间，被称为城市空间的"节能者"。国家 2004 年颁布的《特种设备目录》（已撤销）中，将立体停车场分为九大类，具体是：升降横移类、简易升降类、垂直循环类、水平循环类、多层循环类、平面移动类、巷道堆垛类、垂直升降类和汽车专用升降机。其中，升降横移类、平面移动类、巷道堆垛类、垂直升降类是最典型的、市场占有率最高的、最适合大型化发展的四类立体停车场。

立体停车场主要利用5G物联网技术、网络技术、机械技术实现泊车智能化管理。与传统的自行式车库相比，立体停车场具有节省空间，使用方便，操作简单、可靠、安全，存取车快捷等优点，还能减少因停车引起的冲突，增加汽车的防盗性和防护性，并有利于改善市容环境。但是，立体停车场投资成本高、回收期长等现实问题制约了其发展速度。我国立体停车场自20世纪80年代开始起步发展，但仍然存在自动化程度不足、科技化程度不高以及中小城市停车场数量无法与汽车数量匹配的问题。在我国"城市更新4.0"时代，立体停车场将向自动化、科技化和信息化发展，搭载人工智能系统及大数据技术，这将更好地为社会公众进行停车服务，提高城市生活品质质量。

三、智能垃圾回收技术创新

2021年2月，国务院印发《关于加快建立健全绿色低碳循环发展经济体系的指导意见》，提出"因地制宜推进生活垃圾分类和减量化、资源化，推进塑料污染全链条治理"任务，《生活垃圾分类制度实施方案》《"无废城市"建设试点工作方案》逐步落实，垃圾分类事业步入快车道，智能垃圾回收技术助推垃圾回收行业转型升级，为城市更新营造清洁的生活环境。

1. 智能垃圾回收系统与管理

智能垃圾回收是一个集线下智能分类回收柜投放、线上移动互联网运营、后台大数据平台管理为一体的新型智能垃圾分类回收模式。智能垃圾回收具有"物联网感知+大数据分析+金融结算"特征。回收机集物联网、人工智能、大数据、云服务、实时支付系统等前沿技术于一体，具有准确定位、扫码投递、自动识别、满载预警、智能称重、人脸识别、垃圾追溯等功能，可有价回收金属、塑料、纺织物、纸箱等，还能无偿回收电池、玻璃等。通过小程序（APP）、微信公众号等载体来搭建物联网智能垃圾分类系统，回收市民投放的废纸、塑料、玻璃等废弃物并回馈相应的返利；通过构建后台智能监管平台，实时监测垃圾运行状态，实时统计分析回收物类别、数量，实时跟踪回收物流向，用智能设备进行远程控制，如此能大幅提高运营体系工作效率，大大降低人工成本；通过构建运维流程监管平台，对垃圾分类收集、清运环节、分拣中心的分散式工作模式实施集中式统一管理，使整个运维流程能够实时监管，实现透明化、规范化；通过上报各项实时数据参数，真正做到有据可查，为智慧城市建设和政府政策制定提供可靠有效的数据保障。

2. 智能垃圾回收激励与保障

智能化分类回收通过使用某种虚拟币对居民进行奖励，根据居民投入可回收资源的种类和数量，奖励数量不等的虚拟币，这种虚拟币可通过线上和线下两个渠道进行兑换使用。线上渠道包括微信小程序、支付宝以及其他智能 APP 等，通过在线方式可以兑换手机话费、流量、订制商品和其他实物商品，兑换的物品用顺丰快递直接送达；线下渠道可在所有开通支付宝商家支付的实体店使用虚拟币兑换商家现金红包，到店支付时可直接使用，方便快捷。此外，由于人脸识别系统的广泛应用，智能化分类回收还能够实现家庭环保账户共享，只需将家庭成员人脸录入家庭共同账户，即可实现无须专用回收袋，无须卡片，无须手机，只需要人脸识别就能进行垃圾分类投放，让老年人、青少年更容易操作，真正实现垃圾分类全民参与。智能化垃圾分类回收模式利用了云计算、大数据技术对资源回收数据进行分析、跟踪、汇总，为政策的制定提供真实有效的数据服务，从而推进循环经济体系建设，真正实现生活方式绿色化。

3. 智能垃圾回收技术发展综合成效提升显著

"AI+无人化"高效分类回收解决方案已在深圳、重庆、杭州、南京、合肥等几十个城市的垃圾分类运营项目中落地应用，助力城市主管部门实现垃圾分类数字化转型与业务创新。该模式通过充分发挥智能分类回收箱的作用，让居民对垃圾分类"容易投、乐意投"。密闭化、防满溢等智能化功能，可以杜绝二次污染和可能存在的火灾等灾情发生，极大地改善了环境。同时，无人化让项目运营中人力因素大量减少，从而很高程度避免了因人员而带来的管理和安全问题。根据浙江联运环境工程股份有限公司的联运环境信息化平台数据，无人化智能分类回收箱的应用，单次收集时间减少 70%，箱体覆盖户数增至 1000 户/台，居民投放数量提升 200% 以上，操作便捷度提升

80%，整体人效大幅提升 10 倍以上，人工成本急剧降低 75%，综合应用成效提升显著。

四、智能家居安防技术创新

随着社会经济水平的提升与生活节奏的加快，加上隐私保护意识的增强，人民对城市更新过程中安防的需求愈发强烈。人工智能物联网（AIoT）、移动互联网、5G、云计算、大数据、智能化技术的发展和衍生给传统安防注入了更多智能因素，越来越多的家庭开始尝试家居智能安防系统，来守护人身财产安全。以智能门锁、远程视频查看和视频通信为主的智能安防类产品切实解决了一部分用户的强需求和真痛点。《2020 年中国智能家居生态发展白皮书》显示，用户对智能安防的需求度远超 90%，排名所有智能家居品类第一。整个安防产业的发展，带动了家庭安防产品的升级，加之智能化技术的普及，家庭安防不再停留在 20 世纪的自动报警阶段，而是更加人性化、标准化与无感化。现代家庭安防技术涉及入侵报警、火灾报警、视频监控等领域。

智能家居安防系统使用超声波、被动红外（passive infrared detectors，PIR）探测器、气体传感器、玻璃破碎传感器、门磁等被动系统和强大的主动系统，实现各种防护功能，给家居绝对的安全保障①。智能家居安防系统可实现家居安防的报警点的等级布防，采用逻辑判断，避免系统误报警②。

智能家居安防产品及应用场景很多，开发的产品也极其丰富。智能家居安防主要通过防入侵系统、可燃气泄漏报警处理系统、漏水报警系统、家庭成员人身安全系统全方位守护家的安全。智能家居安防具体应用场景如下：一是远程看护。智能家居安防系统连接在手机上，人们可以随时直接在手机上远程看望家庭的实时状况。当出门在外想家、想父母和孩子时，可随时打开手机观看。二是远程模拟。人们可以远程模拟本人在家，可以远程控制开关、门窗、发音，防范非法入侵。三是远程报警。家里的老人和孩子可穿戴安全标签设备，当老人摔倒时可自动报警，家人能第一时间发现；孩子离开家一定距离就会自动向家人报警，可以根据定位快速找到孩子。四是天然气

① 李立新，李艳文，蔡刚毅，等. 基于物联网技术的智能家居安防系统的研究与开发[J]. 控制工程，2015, 22（5）：1001-1005.
② 李福彬. 浅析智能家居[J]. 智能建筑与城市信息，2004（10）：39-43.

等泄漏报警。家里天然气或其他气体含量异常就会发出报警信号，提示主人赶紧采取措施以免造成事故。五是火灾烟雾探测。如家里不慎起火，房间里会自动喷水。智能锁、智能摄像头、智能猫眼、智能门铃、红外传感器、烟雾报警器、门磁、窗磁等均是典型的智能家居安防产品。

五、新材料、新技术助力胡同市政改造

首都需要更新的平房区的所占比重较大，这些平房区由于历史的原因，普遍空间狭窄，基础设施落后，需要通过科技创新，突破平房区的空间限制。例如，在法源寺历史文化街区更新过程中，最大限度地、科学地统筹利用胡同空间，采用聚乙烯缠绕结构壁（B型）管道和检查井，节约地下空间，为敷设更多管线创造了条件，装配式施工也大大提升了改造速度。

10 第十章
协同：首都特色城市更新的治理体系

实施城市更新计划，既是把握新发展阶段、贯彻新发展理念、构建新发展格局的重要支点，也是完善城市治理体系和推进治理能力现代化进程的重要途径。习近平总书记指出："推进国家治理体系和治理能力现代化，必须抓好城市治理体系和治理能力现代化。""运用大数据、云计算、区块链、人工智能等前沿技术推动城市管理手段、管理模式、管理理念创新，从数字化到智能化再到智慧化，让城市更聪明一些、更智慧一些，是推动城市治理体系和治理能力现代化的必由之路，前景广阔。""城市是生命体、有机体，要敬畏城市、善待城市，树立'全周期管理'意识，努力探索超大城市现代化治理新路子。"①城市更新治理是城市现代化治理的重要内容，探索城市更新治理体系对完善城市治理体系具有重要意义。

---

① 习近平谈城市建设与发展[EB/OL]. https://m.gmw.cn/baijia/2021-05/08/34829976.html[2021-05-08].

第一节　剖析治理痛点：首都城市更新治理现存问题

北京作为中华人民共和国首都和首善之区，已进入城镇化的中后期，城市发展进入城市更新的重要时期，已由大规模增量建设转为存量提质改造和增量结构调整并重的重要历史阶段，要积极探索，持续引领，在城市更新上率先行动。随着《北京城市总体规划（2016 年—2035 年）》《北京城市副中心控制性详细规划（街区层面）（2016 年—2035 年）》《首都功能核心区控制性详细规划（街区层面）（2018 年—2035 年）》《北京历史文化名城保护条例》相继批复实施，首都规划体系的"四梁八柱"已初步形成，为首都城市更新在规划推动和规划执行方面提供了基本遵循。但是，城市更新过程中大拆大建粗放式开发建设方式加剧了老城区交通、市政、公共服务、安全等设施承载压力。城市更新中经常会遇到诸如"钉子户"以及多层级、多部门政府来回、交叉审批引发的"反公地困局"。"三旧改造"的政策体系仍存在明显的局限性。不仅表现在城中村改造后出现"绅士化"而难以继续容纳中低收入流动人口，还表现在对更新片区内的低容积率地段先行改造后片区的高容积率地段改造难度进一步加大。更糟糕的是，这种开发商主导拆迁谈判的"三旧改造"模式很容易带来"钉子户困局"、"政府审批困局"和"村民表决困局"，结果是多重"博弈困局"相互强化，城市更新很容易坠入"时间陷阱"。北京作为中国重要的政治文化活动中心，肩负着保护和传承传统历史文化的重任，公共资源和功能富集直接影响人口集聚，功能过载和空间有限导致北京市陷入空间持续性困境，首都城市更新治理难度大，治理存在若干现实问题。

一、精细化的城市更新法律法规体系仍未形成

一是国家层面缺乏顶层立法保障和指导方针。虽然国家层面已经出台了有关棚户区改造、老旧小区改造、低效用地再开发等存量空间改造专项政策，但是在总体层面缺少城市更新的纲领性文件。诸如城市更新过程中产权处置、土地出让、规划编制以及财税管理等关键性问题，还需要国家层面的政策统筹与指引。二是除少数个别城市外，地方层面的城市更新工作还缺乏

制度体系的有力支撑。更新制度建设总体滞后于实践进程，现有规划土地管理体系主要应对增量发展模式，难以有效指导复杂的城市更新工作。城市更新实施办法、操作平台以及部门机构缺失，行政审批规则、更新技术标准、利益协调与分配机制等尚未形成。三是现有的探索成果仍然面临精细化和高质量发展阶段的新挑战。深圳、上海、广州等部分城市已经积累了一定的城市更新政策配套经验，但随着城市精细化管理要求和高质量发展需求的不断明晰，城市更新政策体系仍然需要不断改进和提升，不断满足人民群众日益增长的对美好城市生活环境的需要。

二、城市更新的行政管理制度亟待完善

一是各部门条块分割、权责不清。城市更新工作涉及部门较多，在多种实施路径下，不同部门多头管理，缺乏整体性、系统性和协同性，需要建立能够整合条块资源的统筹机制。二是审批管理制度亟须完善。目前，部分城市已经开展了拆除重建类城市更新审批制度体系建设实践，但针对微更新还缺乏健全的行政审批程序和制度。三是多元主体参与、共建的途径与机制尚不明晰。在动力机制、产权关系、空间环境、利益诉求等高度复杂的城市更新工作中，需要建立"政府—市场主体—权利主体—公众"等多元主体协同合作机制，提升城市治理能力。但目前城市更新规划的作用机制仍以物质空间管控为主，对社会问题的作用机制和重视程度考虑不足，多元主体的参与途径和机制也尚不清晰，缺乏与基层治理机制的衔接。

三、城市更新中经济利益和城市公共利益的平衡机制尚不完善

一是缺乏对多重利益博弈运作机制的深层次剖析，因而难以在利益协调分配相关制度建构中做出响应。城市更新工作的治理主体主要包括政府、社会和市场主体。不同治理主体对城市更新的利益诉求和动力机制不同，然而目前我国城市更新在制度构建过程中对城市更新背后动力机制的研究不足，难以充分反映多重利益协调的关键。二是对城市更新中如何充分保障公共利益的全方位、系统化路径支撑不足。由于城市更新投入成本较高，一些更新项目过于依赖市场，对开发量和经济利益的过度追求进一步推高了城市更新的改造成本，给城市环境、交通、公共服务等方面带来了外部负效应，更加剧了城市运行成本的整体抬升。然而，目前城市更新的利益平衡机制尚不完

善，缺乏综合统筹的思路，容易产生"头痛医头，脚痛医脚""局部得益，整体失利"的局面，对城市整体公共利益的实现缺乏充分的制度保障①。

第二节　优化治理结构：共建共治共享
统筹各方利益

城市更新是一个稳健审慎、自我约束、善用存量、微增量的调节过程。如何避免容积率翻倍的大拆大建规模倍增，探索小规模、渐进式更新，力争通过建筑规模微增量精准投放、增减挂钩、增存联动的方式精细化推动城市更新，需要摸石头过河，试点先行、以点带面，逐步构建新的政策框架体系，处理好城市更新与房屋征收、土地征收、土地储备、房地产一级开发等惯用手段的关系。

城市更新的全生命周期行动过程是实现治理能力和治理体系现代化的过程。在人民城市人民建、人民管，倡导共建、共治、共享的时代，要促进自上而下的政策传导与自下而上的需求主导有机结合，提高各类主体参与城市更新的积极性、主动性。社区和街道作为城市的基本单元，是城市治理体系的基础平台，城市更新应作为加强基层治理的实现过程。例如，北京市重视加强街道基层工作，坚持党建引领，充分发挥"街乡吹哨、部门报到"、接诉即办、未诉先办、责任规划师制度等作用，将城市更新作为打通系统治理的实现路径。

治理结构解决的是"治理主体是谁""治理主体之间是什么关系"两大问题。首先，要有多元化、负责任的治理主体。具有中国特色的国家治理结构应该包括中国共产党（民主党派）、国务院及各级地方政府、混合型市场企业（国有企业、私营企业；内资企业、外资企业；跨国企业、本土企业；等等）、各类社会组织（科技型、公益型、服务型等；全球型、本土型等）、广大人民群众、各类媒体（传统媒体和新型媒体）六大主体，缺一不可。其次，要有边界清晰、分工合作、平衡互动的多主体和谐关系。其中，处理好政府与市场、政府与社会之间的关系，是多元化治理主体之间的两大核心关系，关键在于厘清各自的权限边界，把本应该属于市场、社会的职能，完全交给市场和社会处理，政府重点履行好宏观调控、公共服务、维护社会规则等职能。

---

① 黄卫东. 面向高质量发展的城市更新治理创新[EB/OL]. http://www.planning.org.cn/news/view?id=11263 [2021-02-01].

高度重视城市更新动力机制研究，建构平衡各方利益的制度体系。深入分析不同城市治理主体在更新活动中的相互作用关系，统筹协调多元主体利益分配格局，妥善制定公开透明的增值收益分配和协调的政策法规，激发城市更新多元主体动力。同时，城市更新制度建设不应只强调单一的经济动力来源，更应关注社会民生、历史文化、公共安全等高质量发展需求，谋划健全的、多元主体相协同的城市更新模式。

一是进一步凸显政府在公共利益保障方面的调控作用，以城市整体利益为重，推动城市可持续发展。政府应将城市更新作为实现城市发展战略的重要途径，制订城市更新工作计划和规划，对城市更新实施行动进行统筹和引导，促进城市可持续发展。针对城市更新中公共利益的保障，通过明确公共利益用地和用房配置要求、鼓励公共责任捆绑、建立实施监管协议制度等一系列政策措施，强化城市公共利益保障的政策引导和措施落实。

二是尊重权利主体合法权益，鼓励社会公众共同参与。社会主体包括权利主体和社会公众，公众主体应向全龄人群与社会各阶层纵深拓展。城市更新应尊重与保障权利主体的合法权益，如制定合理的补偿安置办法、提供政策和资金支持、完善权利主体的自主更新路径等。同时，建立城市更新的沟通协商平台，鼓励社会公众参与，共同改善城市环境。

三是针对市场主体，制定合理的激励机制，同时进一步提高市场主体承担社会责任的能力。在城市更新总体的政策框架内，科学合理地制定激励奖励政策，如明确合理的功能调整与容积率奖励转移机制、优化存量用地地价计收体系、提供财税政策创新与资金支持等，调动市场参与的动力，发挥市场运作的优势。还应加大对城市公共产品运营的关注，挖掘更多潜在的市场价值。同时不断强化市场主体在承担公共利益责任和实现城市功能品质提升等方面的社会责任，引导市场主体更加积极地参与城市高质量发展。[①]

第三节　创新治理方法：多管齐下丰富更新治理路径

城市治理是多主体参与下的持续互动的过程，涉及政府、市场和社会三

---

① 黄卫东. 面向高质量发展的城市更新治理创新[EB/OL]. http://www.planning.org.cn/news/view?id=11263 [2021-02-01].

大主体，强调多方主体共同参与到公共事务管理中来，以期形成多中心、多元关系的利益协调机制，常借助法律、行政、经济、道德、教育、协商等制度或非制度形式来规范。城市治理是一项复杂的系统工程，存在多元主体下的治理权利发挥不充分、治理思维与行动不一致、治理利益分配不均衡等问题。首都城市治理存在城市管理的标准化、精细化和智慧化程度不高，污染治理、环境保护、城市安全、公共服务等方面投入不足等问题，亟须创新城市治理方法，多管齐下丰富城市更新治理路径。要聚焦高质量发展主题，把系统观念、法治思维、强基导向贯穿到城市更新治理的全过程，让群众有更多实在的获得感、幸福感、安全感。

法律、行政、经济、道德、教育、协商是常见的六大治理方法。治理方法体系解决的是"具体靠什么手段进行治理"的问题。城市更新治理是一个综合的复杂系统，需要多元方法和手段协同使用。

城市更新治理必须坚持法治观念。坚持以习近平法治思想为遵循，全面推进科学立法、严格执法、公正司法、全民守法，用法治思维防范风险、化解矛盾、维护稳定。要建"网"防"面"，树立全周期管理理念，完善风险防控和应急处置机制。要堵"源"控"点"，完善矛盾风险预测防范化解体系，准确把握城市更新矛盾风险产生的源头，实现公共安全全覆盖、全链条、全要素管理。要以"制"强"治"，通过合法、有效的手段，建立一套规范规则，这对城市治理的顺利推进至关重要。建立规范规则包括立法、制定规划、设立新机构及颁布新政策等多种形式，对各个主体具有同样的约束效力，可以保证城市治理的合法、公平和公正。

城市更新治理必须完善行政体系。完善行政体制，既是上层建筑适应经济基础的必然要求，又为经济社会发展提供体制保障和发展动力。坚持和完善中国特色社会主义行政体制，有利于提升政府治理效能，从而推进构建职责明确、依法行政的政府治理体系，保障城市更新。作为一个拥有庞大行政体系的大国，在经济、社会等多个领域，适时采取高效的行政命令、指示、规定等措施，具有一定的必要性和重要性。城市更新可以为城市经济社会发展释放新动能，应与时俱进，因时而变，紧跟时代发展步伐，构建完整的城市更新行政管理制度，支持多元主体共同参与。

城市更新治理必须坚持德治激发内生动力。依法治国和以德治国并重，是中华民族 5000 多年总结的有益经验。2012 年 12 月 4 日，习近平总书记在首都各界纪念现行宪法公布施行 30 周年大会上讲话指出："法律是成文的道德，道德是内心的法律。"①道德是提升国家治理效能不可或缺的重要因素，不仅为制度提供价值导向，也为制度执行提供精神保障。城市更新需要多元主体积极参与，在追求利益的基础上，更需要发挥道德示范教化作用，激发行为者的道德欲望、道德情感和道德向往，使多主体共同发力，降低城市更新的执行成本，共同维护城市向好发展。

城市更新治理必须坚持民主协商提高治理效能。中国共产党领导中国特色社会主义的伟大实践中，形成了政党协商、人大协商、政府协商、政协协商、人民团体协商、基层协商以及社会组织协商等多层次、广泛化、制度化的协商民主形式。协商民主能够有效发挥党对国家治理的领导，推动在国家治理中充分实现人民当家作主，有效提升国家治理的效率和效果。城市更新必须构建程序合理、环节完整的协商民主体系，有助于把协商民主制度优势转化为城市治理效能，为推进城市更新治理提供强大合力。

第四节　畅通治理运行：多路径推动城市更新高效治理

我国城市更新理念呈现出更新目标从单一的目标体系转变为综合目标体系，行为特征从"大拆大建"转变为因地制宜的"大小结合"，更新机制从政府主导发展为多元共治，价值导向从物质空间改善转向公共利益的保护与提升的发展趋势。但是，我国城市更新工作长期存在要素统筹困难、政策供给欠缺、部门协同不足、实施成本制约和社会参与不够等问题，亟须多路径推动城市更新，提高治理效能。

治理运行体系解决的是"治理体系采取何种方式、何种路径运转"的问题。常见的有自上而下、自下而上、横向互动三大运行方式。其一，自上而下方式。即通常所说的顶层设计，这是大国治理必须依靠的治理方式，关键在于处理好中央政府与地方政府、上级政府与下级政府之间的权责关系，坚决贯彻落实有益政策，根除"上有政策，下有对策"的对抗性做法，实现政策不走样、不变味。其二，自下而上方式。即通常所说的"摸着石头过河"，诸多领域的改革创新，可依靠地方层面的先行先试，等掌握了规律，积累了

---

① 习近平在纪念现行宪法公布施行 30 周年大会上的讲话[EB/OL]. http://www.gov.cn/ldhd/2012-12/04/content_2282522.htm[2012-12-04].

经验以后，再向全国推行和推广，降低改革风险与成本。其三，横向互动方式。即通常所说的"学习借鉴"，在不同领域、不同主体之间通过互动、走访、学习等过程，可以实现协同效应、整合效应、创新效应。提高城市更新治理效能，必须畅通治理运行路径。

一是加强顶层设计，建立和完善精细化的城市更新制度。国家层面应建立纲领性的指导方针和法律法规。首先，城市更新的制度建设、规划体系衔接和管理体系构建是一个十分复杂的话题，需要从顶层把控城市更新的整体发展大方向。应针对我国城市更新最紧迫的问题，自上而下引导战略方向。同时，针对目前全国各地在城市更新领域面临的问题和难点，应在国家层面建立基本的法律法规，提供支持城市更新高质量发展的规范性政策集合，指导和监督地方开展城市更新相关工作。地方层面应构建精细化的城市更新制度体系。地方应根据国家相关要求，结合当地实际情况，构建一套科学导控、精细管理、有机协同的城市更新制度体系，制定地方性法规和行政规章，提供基本依据和配套政策，为城市更新工作提供行动指南。同时，通过细化技术规范、管理程序、操作指引等规范性文件，明确关键管理要素和实施管控要求，重点突出规划编制技术要求、细化完善更新项目管理要求，以及规范更新项目运作流程等。此外，还应形成城市更新政策动态调整机制，使城市更新制度建设工作在法治过程中实现常态化优化与提升。

二是加强基层治理，以城市体检推动城市更新实践。随着我国城镇化水平的提高，城市规模和人口数量不断壮大，城市的基础设施、人居环境、公共服务等配套资源已接近承载能力的临界点。城市的产业结构、空间布局以及基础配套等方面的欠缺老化，已经成为城市提质增效发展面对的新问题，给城市定期做体检有着非常必要的现实意义。城市体检就是通过对城市发展状况、城市规划及相关政策的实施效果进行监测、分析、评价、反馈和校正，通过计算监测指标、分析体检数据等技术手段，查找和解决城市建设中的短板弱项，及时发现城市问题和风险隐患，寻找"城市病"源头，并高效快速做出反应，提出解决和完善治理相关建议，采取有效应对措施。这可以进一步提高城市的风险防范能力、科学决策水平和资源精准投放，确保城市在转型发展中建立及时发现问题、快速整改和巩固提升的联动工作机制，为城市科学治理决策提供重要参考和依据。参考住房和城乡建设部"样本城市"的体检内容和自然资源部的"城市体检评估规程"，开展城市体检评估既要全面客观地分析城市发展取得的成效，更要着力发现城市在国土安全、生态保护、资源利用、空间开发、民生保障、实施时序、政策配套等方面的突出矛盾和问题。城市体检是考察城市规划建设管理的基础性工作，是提升城市治理能力的创新举措，已成为精准实施城市总体规划的有效抓手。

三是树立城市典范，通过创新示范激发城市更新活力。打造城市更新示范区就是要按照城市空间布局和不同圈层功能定位、资源禀赋，注重分区引导、分类制定政策。加大政策机制改革力度，试点先行、以点带面、项目化推进，探索城市更新的新模式、新路径、新机制，有序开展城市更新行动。从"转变城市发展方式，优化重塑产业布局，提高城市治理能力，提升城市发展活力"的高度对示范区的城市更新行动进行挖潜、赋能和提供智力支持，共同助力示范区的城市更新行动和高质量发展。积极推进城市更新标杆示范项目建设，通过对空间的改造再利用、服务运营的不断深化，创造出更具吸引力的发展环境，落地更加符合区域发展定位的新产业、新业态，使得老旧项目再次焕发生机活力，落实城市高质量发展的目标要求。根据城市形态及发展阶段开展城市更新项目，针对不同区域强化核心商圈功能、旅游功能、宜居生活功能定位，分类施策打造城市更新和基层治理"示范区"，积极探索城市更新与基层治理新路径，打造品质城区，推进全域高质量发展。

第三部分 案 例 篇

11 | 第十一章
钟鼓楼俯瞰街区综合治理提升项目①

钟鼓楼俯瞰街区综合治理提升项目为《北京中轴线申遗保护三年行动计划（2020年7月—2023年6月）》中的"开展钟鼓楼紧邻地区环境综合整治"专项任务。项目于2021年4月启动建设，以钟鼓楼俯瞰视角下的紧邻历史文化街区为治理对象，由东、西城区负责各自辖区内地段综合治理提升工作，西城区工作范围跨越什刹海及北锣鼓巷两处历史文化街区，北起铃铛胡同，南至烟袋斜街，西邻旧鼓楼大街，东抵钟鼓楼，面积约2.21公顷，涉及70余处院落和建筑单元。

第一节 案 例 背 景

为深入贯彻习近平总书记主持中央政治局常委会会议审议《首都功能核

---

① 案例提供：清华大学建筑设计研究院有限公司。案例执笔：庞书经、李明思、谭姝娟、于超奇、常萌。

心区控制性详细规划（街区层面）（2018年—2035年）》时"以中轴线申遗保护为抓手，带动重点文物、历史建筑腾退，强化文物保护及周边环境整治"的重要讲话精神，认真落实北京市委书记蔡奇、北京市市长陈吉宁调研中轴线申遗保护工作时关于"倒排时间表，相关工作环环相扣、压茬推进，抓紧确定三年行动计划，坚持'最小代价'，统筹安排年度重点任务"的指示要求，制定《北京中轴线申遗保护三年行动计划（2020年7月—2023年6月）》。该计划提出"开展钟鼓楼紧邻地区环境综合整治"专项任务，实施中轴线沿街街道环境、第五立面的集中整治工作。

第五立面（指相对于楼宇的前后左右四个立面而言，把屋顶看作是楼宇的另一个十分重要的立面）风貌问题分布于正在经营或居住各种权属类型的房屋，片区屋顶风貌整体改善在于为各种权属类型的房屋制定适应性的整治策略和实施方案。同时考虑沿地外大街在经营、大石碑片区在居住整治对象的实施安全问题，制定应急预案。屋顶及屋顶上架设施的风貌问题集中于违建。片区第五立面风貌问题的改善依赖于拆违成效，其中钟鼓楼鸟瞰的显见违建是屋顶风貌整治的关键。各类型风貌问题相互连带，造成工程组织困难。屋顶本体及屋顶上架设施多为复合性问题，整治实施需要妥善安排先后工序，并与其他屋顶工程统筹计划。

第二节　主要做法

一、具体措施

一是以"第五立面整治"（对于各类建筑楼顶环境开展集中整治行动）为切入点，街区治理多项任务统筹实施。项目地段作为中轴线的重要构成，是北京老城城市生活最有代表性的区域，也是中轴线各段落中历史最久远，真实性、完整性保护最好的片区。该项治理工作借世界遗产保护要求提升工作标准，以第五立面整治为切入点，统筹街区更新、文化织补、民生提质、社区营造等多项工作，继2008年风貌整治和近年老城疏解，开展什刹海街道"首次入院更新"工作。截至2022年上半年，钟鼓楼西北片区项目以"申请式退租"为政策机制，实现公房70%退租，拆除违建约1800平方米，挪移遮饰屋顶上架空调室外机110余处，保留优化生活类棚架30余处，拆除屋顶上架太阳能板 40 余处，由政府出资改为室内电热水器；保留整治院内鸽舍 4 处，实现老城"看得见鸽阵，听得见鸽哨"。以此为基础，对钟鼓楼南北两侧约 140 处屋顶进行修缮及风貌整治，廓清片区院落格局，再现平缓起伏的街区鸟瞰风貌。衔接拆违及屋顶整治，对连带的房屋（包含公、私、自管产房）院落进行整治修缮，完成对东、西轿杆胡同以及铃铛胡同等 5 条历史街巷及公共空间的景观与市政设施双提升；推动了地安门派出所、烟袋斜街 21 号等超高建筑的降层织补和业态更新；完成了地安门外大街北段的空间品质提升，开启了大街功能业态调整的序幕。

二是退租及织补空间"活用"，产业与民生"并举"。结合街区保护更新目标，以"钟鼓远声中的居业共生之所，市井乡愁中的新老互融之区"为定位，对第一批退租的 1800 平方米的房屋及所在院落进行恢复性修建（图 11-1），其中 10% 作为共生居民生活条件改善（厨卫拓展），15% 作为社区公共服务补足，30% 聚焦"七有""五性"，引入自媒体工作室、畅读书屋、非遗手作工坊等老城小微创新产业；40% 作为青年长租公寓。地安门派出所降层织补后，作为街道综合办公使用，配置社区会客厅、党建中心和中轴线申遗展厅。烟袋斜街 21 号降层织补后，作为后海中高端文化客栈使用，填补了片区业态空白。

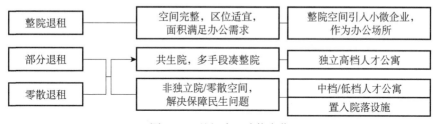

图 11-1　退租片区功能定位

二、亮点措施

一是"专班统筹"工作机制搭建完备。项目实施涉及国、市、区级单位企业，跨越街道，与规划、城管、房管、交通、文化多个责任部门相关，面对该项综合性任务，西城区设立工作专班，建立由指挥部统筹的工作机制，在任务组织推进中最大程度地提高了工作效率。实践形成了指挥部专班牵头，工作组（由街道、城管、房管等部门抽调成员组成）实地工作，前端公司传导保障，设计单位陪伴式服务的"西城街区治理工作模式"。

二是"动态规划"工作模式创新示范。根据该项目要素多、问题杂、关联紧、变化快的复杂特点，改变惯有规划设计思路，创新采用"动态规划"的工作方式，形成了"台账打底，导则指引，一户一案，动态调整"的工作路径和内容框架。首先，通过对街区各要素及呈现问题进行精细化分类摸底，形成以问题为导向的统计台账，明确工作目标和对象；其次，结合在地现状，以历史研究和利用规划为依据，明确各要素分类问题的治理标准，并制定指导实施的城市设计和管控导则；最后，结合申请式退租、拆违、入户工作的动态进展，针对各房各院、各街各巷制定具体的设计方案，并结合居民及经营户需求制定"一户多案"，以备商议沟通，弹性实施。

三是"共同缔造"特色专项定制服务。针对钟鼓楼第五立面整治过程工作中特殊的鸽笼鸽舍进行专项设计，响应北京市委市政府提出的"要保护好古树、鸽哨、老街巷，留住乡愁"的要求，通过专项研究和设计，妥善地留鸽子，看鸽阵，听鸽哨，将北京独特的文化景观传承下来。规划设计采用"预定标准+定制设计"的两段式设计路径，结合历史研究和鬃养技术学习，补位制定鸽舍风貌设计管控导则，并以之为依据，采用共同缔造公众参与的方式，请鸽户参与自己鸽笼的设计，满足不同鸽户的个性化需求，进行一笼一案的定制化设计和住户试版实施。

四是"全局谋划"关联工作有序衔接。在钟鼓楼邻近地区环境综合整治的规划设计工作中，遵循"预先谋划，全周期统筹"的工程推动思路。将孤立的第五立面整治工作与拆违、公共空间整治、院落恢复性修建及退租院落的远期运维工作进行整合，在时序上紧密配合，内容上彼此衔接，构建规划引领、策划先行、方案对标的科学组织模式，最大限度地避免"规划折腾"，降低工程影响和成本浪费。

第三节 主 要 成 效

截至 2022 年上半年，钟鼓楼西北片区"申请式退租"已完成第一阶段工作，实现 70%的公房退租，并以此为基础拆除违建约 1800 平方米；钟鼓楼西北片区约 95 处问题屋顶修缮及风貌整治已完成 50%，院落格局和街区鸟瞰风貌逐渐重现；拆违及屋顶整治连带的房屋（包含公、私、自管产房）院落同步整治修缮工作已完成 30%；地安门派出所降层工作已完成，织补和业态更新工作正在推进中。

随着钟鼓楼西北片区公房申请式退租工作完成，房屋的恢复性修建已逐步开展，其中 4 个院落已在施工。院落的利用方案根据街区更新要求在同步推进中，改造前后及中间效果详见图 11-2～图 11-4。

图 11-2　院落退租前情况　　　　图 11-3　院落退租后更新效果

图 11-4　院落整治过程中效果

钟鼓楼东南、西南片区整治工作，以地安门外大街北段整体空间品质提升工作和第五立面整治为重点先行实施。截至 2022 年 8 月，立面提升工作已完成，实现了街区风貌的恢复，以带动整体公共空间、业态的综合提升；地外大街两侧商铺已完成违建拆违和部分第五立面整治恢复工作，钟鼓楼沿中轴线南望的景观视廊起到了很大的净化作用。

截至 2022 年 8 月，钟鼓楼西北片区已整治鸽舍 4 处，是鸽舍"一户一案"和居民共同参与的整治范例，为实现老城"看得见鸽阵，听得见鸽哨"的目标提供了示范作用，鸽舍整治效果详见图 11-5、图 11-6。

图 11-5　钟鼓楼西北片区鸽舍整治前效果　　图 11-6　钟鼓楼西北片区鸽舍整治后效果

第四节　问题与建议

钟鼓楼紧邻地区是北京中轴线的重要构成，北京城市发展沧桑变迁的历史见证，是助力中轴线申遗的关键要素。钟鼓楼俯瞰街区综合治理提升项目以服务中轴线申遗为前提，赋予街区新的历史责任——提升文化自信，实现老城复兴。

第五立面综合治理下一步以恢复街区历史空间和传统建筑风貌格局为前提，实施综合治理提升工作。钟鼓楼西北侧申请式退租片区综合整治，结合院落恢复性修建，植入社区公共服务、文化展示交流、创意办公等业态，推动街区更新与社区复兴；地外大街两侧片区综合整治，净化钟鼓楼南望视廊景观的同时，开启业态调整和公共空间综合提升的序幕，激发地外大街传统文化商业体验活力；钟鼓楼紧邻地区公共空间品质提升，打造"宜居、乐享"的静巷空间氛围。

12 第十二章
法源寺历史文化街区更新项目①

    法源寺历史文化街区地处首都功能核心区，是北京市第二批历史文化保护区。在探索老城保护与民生改善的城市更新模式中，北京宜房大德置业投资有限公司（简称宜房大德公司）以绣花精神探索，用脚步丈量街区，倾听居民诉求，解决居民痛点问题。通过科学的统筹设计、精细化的管理、创新的材料与先进的技术完成了法源寺片区的市政设施改造提升，为居民居住及业态提升提供基础保障；通过深入挖掘片区历史文化内涵，注重街区文化遗产的传承和复兴及会馆活化利用，利用已腾退共生院落打造片区党建中心——红色会客厅（原江宁郡馆），探索党建引领下的城市更新和居民参与模式；通过"智能应用系统＋智慧运营管理"的模式，研发街区智慧运管平台体系，将法源寺打造成为贴近胡同生活，连接用户、商家、管理者的智慧街区；通过烂缦胡同甲130、91号共生院设计，实现法源寺历史文化街区的建筑共

    ① 案例提供：北京宜房大德置业投资有限公司。案例执笔：吴奇兵、刘红征、王伟、陈庆红、张爽、方天净。

生、新老居民社会共生和文化共生，有效提高原住居民的生活服务设施水平，构建一个互惠互利可持续的共生系统。将法源寺打造为文化彰显、百姓宜居、活力创新、生态绿色、智慧高效、代际传承的历史文化街区。

第一节　案　例　背　景

2019 年 2 月 1 日，习近平总书记视察北京老城时指出："一个城市的历史遗迹、文化古迹、人文底蕴，是城市生命的一部分。文化底蕴毁掉了，城市建得再新再好，也是缺乏生命力的。要把老城区改造提升同保护历史遗迹、保存历史文脉统一起来，既要改善人居环境，又要保护历史文化底蕴，让历史文化和现代生活融为一体。老北京的一个显著特色就是胡同，要注意保留胡同特色，让城市留住记忆，让人们记住乡愁。"①法源寺历史文化街区位于北京市西城区南部，原宣武区正中。"一座法源寺，半部京城史"，这里是北京城的肇始之地，自西周封蓟在此建立蓟城和金国迁都建立中都城，法源寺片区见证着北京城 3000 余年的建城史和 850 余年的建都史。自唐代在此兴建悯忠寺（法源寺前身），法源寺历史文化街区便成为北京城市发展史和北京历史空间特色不可或缺的一部分。这里明清时代士人宅园、会馆、寺观密布，集中体现着宣南文化。但是，老旧胡同年久失修，晴天"扬灰"，雨天泥泞，大雨内涝，居民"出行难、路不平、灯不亮"；胡同内低洼院落积水问题严重，缺乏必要的市政管线，消防安全问题突出，绿化不足，架空线密布。这些问题急需解决。

根据《北京城市总体规划（2016 年—2035 年）》"保护古都风貌，传承历史文脉；有序疏解非首都功能，加强环境整治，优化提升首都功能；改善人居环境，补充完善城市基本服务功能，加强精细化管理，创建国际一流的和谐宜居之都的首善之区"的战略部署，要求在街区改造中科学统筹设计，合理利用空间，完善便民设施，实现街区环境品质与居民自治共同提升，强化古都风韵、时代风貌。在对胡同进行改造的过程中，受平房区空间限制，需要统筹设计规划来协调改造与居民生活出行之间的矛盾，整体改造实施难度巨大。

---

① 习近平春节前夕在北京看望慰问基层干部群众 向广大干部群众致以美好的新春祝福 祝各族人民幸福安康祝伟大祖国繁荣吉祥[EB/OL]. http://v.china.com.cn/news/2019-02/02/content_74437007.htm[2019-02-02].

第二节 主要做法

　　宣房大德公司作为法源寺历史文化街区的实施主体，在《北京城市总体规划（2016年—2035年）》的基础上，科学统筹片区整体设计，分时序开展工作：改善基础设施、修缮还原片区历史风貌、合理利用公共空间、完善便民设施、倡导社区营造常态化，实现街区环境品质与居民自治共同提升，强化古都风韵、时代风貌。

　　法源寺历史文化街区改造强化历史文化保护与文化复兴，做到内外兼修，深入探索双修与街区由内而外的全面提升。统一谋划，协同建设，由线到面，完善市政基础设施，改善民生，为后期院落改造提供支撑；引入相应业态，实现由点及片的更新模式，针对前期腾退零散房屋，借助智慧平台科技力量对资产资源全面统筹、高效运转；同时打造以党建引领为核心，为街区居民提供服务的红色会客厅。在实现街区更新的同时，充分激发片区活力，由量向质转变，提升居民幸福指数，享受更有品质的生活。

一、充分挖掘片区历史文化内涵，彰显文化"金名片"

1. 深入挖掘文化资源，展现文化底蕴

　　"一座法源寺，半部京城史"，法源寺历史文化街区历史悠久、史迹丰富、文化独特、会馆云集。这一地区是北京建城史，尤其是唐幽州、辽南京的重要历史见证。938年，辽太宗将幽州定为"南京幽都府"，辽南京的东城墙就在今天的烂缦胡同一带，逐渐形成了平行城墙的竖向胡同，承载了北京城市空间历史变迁的印记。法源寺历史文化街区是北京市第二批历史文化保护区，宣房大德公司委托专业团队编制《法源寺历史街区核心区保护规划》，对片区历史文化价值进行深入挖掘与梳理，集中研究法源寺地区会馆的历史、环境变迁、名人轶事、建筑格局、在中国革命和社会发展中的价值和意义，形成《法源寺历史文化街区价值挖掘与发展策略研究》报告。通过现场踏勘、走访、查阅历史文献和老照片等资料，挖掘梳理出法源寺历史文化街区的四合院建筑以会馆建筑为主要类型，主要涉及14个省（自治区、直辖市）。在这14个省（自治区、直辖市）中有13个的主馆位于法源寺历史文

街区中。宣南文化在此盛极一时，街区内保留了大量会馆遗迹与历史遗存，有全国重点文物保护单位 1 处（法源寺）、市级文物保护单位 3 处（浏阳会馆、绍兴会馆、湖南会馆）、区级文物保护单位 1 处（粤东新馆）和会馆遗迹 18 处。毛泽东、孙中山、鲁迅、谭嗣同、林徽因、泰戈尔、徐志摩等众多名人皆与此地有着不解之缘，在此谱下一段段流传至今的佳话逸闻。宣房大德公司深层次梳理了街区的历史发展脉络，了解到法源寺地区位于第五批全国重点文物保护单位地下文物埋藏区——金中都城址地下文物埋藏区（二期），且烂缦胡同竖向胡同肌理的形成就是因为受到早期北京城墙走势的影响，同时借鉴了相关著作的研究成果，选择了法源寺后街东段作为考古发掘地点，希望能为北京城市发展史提供新的物证。在考古发掘过程中发掘不同阶段的土层、黄土堆积、夯层、夯窝等迹象和各个历史时期的瓷片、陶片和砖构件等文物。邀请考古学专家对已发现的历史遗存进行鉴定探讨，专家考察后一致认为目前发现的黄土堆积疑似城墙基础部分，且发现地点与清代文献记载的唐幽州城墙在今烂缦胡同一带相吻合。专家一致认为，这是新中国成立以来经考古发掘的唯一疑似北京早期城墙的重要线索，也是目前唯一的实证线索，对探索魏晋至唐时期北京古城乃至早期蓟城具有重要意义。

2. 历史街区景观小品设计，展现历史文化之韵

老城保护不同于拆迁改造，在胡同修缮的过程中，宣房大德公司严格控制大拆大建，坚持修旧如旧，不破坏老城区传统格局和街巷肌理，运用现代设计手法融合片区历史文化元素与在地居民需求，对重要节点进行精心设计，以保留不同历史时期在胡同中所展现的风貌，将文字、图形、标识、符号等元素运用到老北京胡同的石鼓、石墩、空调罩、地面井盖、休闲座椅等景观小品上，形成串联街区景致、文化遗产的线索，充分展现历史文化之韵。

3. 注重街区品牌矩阵建设

宣房大德公司不断加强老城更新服务品牌建设，设计了法源寺历史文化街区标识和烂缦胡同标识（图 12-1），并将其应用于街区导览标识系统及文创产品中；挖掘法源寺"丁香花"文化符号，打造了"花韵·丁香"品牌酒店，由控股子公司自持运营，在携程旅行 APP 上评分高达 4.9 分，获得了良好的经济效益和社会效益；将文化及便民商业植入腾退房屋，培育了 BE YOLO 文创咖啡店、十千&烂缦工坊等文创咖啡网红品牌。2020 年，为传承

法源寺历史文化街区特色文化、提升街区文化自信，启动法源寺历史文化街区及烂缦胡同视觉识别系统（visual identity system，VIS）设计并注册自持商标，依托商标等无形资产拓展业务，开展长期衍生品项目，在文化领域做出新的尝试。2021 年 7 月，烂缦商标在九大类别若干子项已通过初步审定并公告。

图 12-1　法源寺历史文化街区品牌标识

4. 积极弘扬在地文化活动丁香诗会

丁香诗会起源于明清时期。1924 年 4 月 26 日，徐志摩陪同印度诗人泰戈尔到法源寺，参加为泰戈尔举办的赏花会。此后由于社会动荡和寺庙恢复，一直没有举办过大型诗会。直至 2002 年，恢复举办丁香诗会的策划得到了有关部门的认可，当年 4 月 10 日首届丁香诗会隆重举行。现在丁香诗会已成为北京群众文化的重要品牌之一。宣房大德公司积极对接西城区委宣传部、西城区文化和旅游局、属地街道等部门，计划对西城区自有品牌丁香诗会进行整体项目提升，在活动内容、形式及宣传等方面更加精进。近期对标"金融街论坛"与"白塔夜话"，打造西城区文化领域的代表性活动；远期将对标我国的《中国诗词大会》，以及日本濑户内国际艺术祭、德国卡塞尔文献展等国际性艺术盛会，打造顶尖的文化品牌——"丁香诗会文化季"。

二、由线到面，完善市政基础设施，为老城整体更新提供支撑

1. 统筹规划，坚持创新，系统补齐市政基础设施短板

作为法源寺历史文化街区保护提升的重要内容，市政基础设施是提高街区高质量发展的重要基础。宣房大德公司坚持系统治理、精准施策、创新发展的工作原则，立足于城市地下市政基础设施高效安全运行和空间集约利用，将街区作为有机生命体，合理规划各类管线与空间布置。加强地下空间

利用和市政基础设施建设的统筹，实现地下设施与地面设施的协同建设。通过智慧排水模型对街区排水进行评估，提出满足三年重现期要求的雨污水排除方案，并因地制宜地推进街区雨污分流管网改造和建设、上水提级施工，彻底解决低洼院积水顽疾，为后期厨卫入户创造条件；电力、电信架空线入地，亮出街区天际线；设置干式消火栓，为具备条件的胡同引入燃气，消除消防隐患，为引入符合本片区定位的业态创造条件。同时运用信息化、智能化等技术推动街区地下市政基础设施管理手段、模式、理念创新，提升运行管理效率和监测预警能力，提高城市安全边际。

2. 科学交通组织，探索胡同居民自治，打造胡同静生活

在街区交通治理层面，为完善胡同停车综合治理工作，打造文保区胡同的安宁生活空间，实现"静胡同、慢生活"的整体规划目标，遵循人性化、公平性的原则，开展交通专项分析，形成《法源寺历史文化街区核心区——交通专项方案》，并通过西城区交通委员会审批及公示。利用街区北侧边角地建成共有 32 个车位的地下立体停车库，与牛街街道共同推进法源寺东部平房区静态交通综合治理工作，结合周边区域闲置空间，盘活和整合周边各社区的路侧停车资源，让胡同居民共享共用，实现停车自治，推进机动车与非机动车停放有序管理，全面提升静态交通环境品质，后期结合试点地块 A 区项目，规划设置约 100 个停车位，解决法源寺片区居民停车困难问题，力争实现片区内单行禁停目标，打造西城区停车治理示范区，真正实现"唐辽故地"文保区中的"胡同幽情"静生活。

3. 通过街区整理，留白增绿，提升街区品质

在完成顶层设计的基础上，分层次细化胡同设计，开展烂缦胡同、南半截胡同等多条胡同的景观设计工作，设计过程中融合片区历史文化元素与在地居民需求，对重要节点进行精心设计，保留不同历史时期在胡同中所展现的风貌，通过老北京寓意吉祥的绿植及城市家具小品等提升胡同空间品质。推进街区整理工作，将电力、电信设备箱小型化、集中化安放，优化空间环境，利用市政拆违的空间，还绿于民，通过散落在街巷的小微绿地、口袋公园让居民离绿更近，为老城提供一个个充满古韵的歇脚地。通过"留白增绿"，培植更多的生态发展空间，营造更多的绿色屏障，推动城市空间结构和布局向更好地促进人与自然和谐共生的目标转变。

4. 设置街区导览标识，彰显历史文化元素

街区导览标识以会馆文化、丁香花、名人故事等为元素，通过视觉形象设计充分展现街区的独特性、历史性和文化性。本着"原创""系统""适合"的定位规划设计街区导览标识，形成对当地文化风貌、生活状态的延续。由于街区面积小，密集的文化景观与民宅杂糅，观览者很难在外观繁杂的民宅形制中定位地标，因而运用"重概览""轻导向""确认类标识兼具说明功能"的设计原则。依据对街区景观地标的地理分布确定人流动线，依次作为导览标识位置规划的根据。概览类标识设置在街区外围，使初次到访的用户在其头脑中建立概括性空间感知。减少导向类标识的设置，降低复杂信息对游览群众的干扰，仅在胡同相交叉的路径节点，设置关键方位的寻路信息。确认类标识根据地标的重要程度，承载二维码和想象描述等信息，设置在明显位置，形成对景观的确认。

三、由点到片，积极盘活腾退资源，带动片区业态升级

1. 低效楼宇改造提升，变身文化主题酒店，引领街区业态升级

（1）精心设计，注重文化挖掘和风貌保护。烂缦胡同 131 号作为烂缦胡同南口重要的城市空间节点，有着与法源寺历史文化街区同时期的历史沿革。清乾隆年间至民国时期一直作为"常熟会馆"使用，新中国成立后，被改造为北京玩具一厂。1982 年拆旧建新后，成为酒店沿用至今。以修复传统风貌、改善社区环境为目标，宣房大德公司委托了文史及风貌保护专家设计了烂缦胡同 131 号的景观节点方案（立面改造、庭院景观、门头修建），并经规划、住建等部门及属地街道责任规划师审核，景观方案提出通过织补修建门头和因拆违而破坏的门房及围墙等，突出展现常熟会馆苏派园林及庭院文化元素。拆除所有非产权建筑后，结合酒店功能将建筑外观精致化并植入传统元素。以传统的工艺、材料、色彩修复传统门楼，织补街巷历史界面，传达历史信息。以灰砖、坡顶、门楼、内院等传统元素展现北京南城会馆文化的历史信息。在建筑空间上，首先以门楼、景观围墙织补了缺失的传统胡同空间界面，同时根据建筑布局，打造了 2 处院落式花园，院内造园手法结合了北京的地缘特征与历史上南方旅京同乡的审美情趣。将空间利用与建筑材质相结合，辅以自然界的石、树、花、草与水景，使建筑与周边环境建立起有机生长关系。方正的院落以游廊花架环绕，老北京的传统花树配以精致的

假山、盆景，南北结合，大气中不失细腻。花韵·丁香酒店承袭古寺禅意，街区内的国家级文物保护单位——法源寺素有繁花之寺的美称，法源寺的丁香花和已有 600 余年历史的"丁香诗社"闻名遐迩，酒店的名字"花韵·丁香"便由此而来。点点丁香，相拥成簇，香气馥郁，肆意汪洋，丁香的这一特性也是酒店未来发展的美好愿景。从历史文化、会馆文化、风土民情、生活故事等角度，挖掘自身品牌价值，打造特色品牌文化。结合法源寺、会馆集聚、烂缦胡同等优质地名品牌，吸引时尚及现代文化元素，以本地深厚的文化积淀和底蕴为核心吸引力，融合都市现代人文和社区历史文化沉淀，使"花韵·丁香"的品牌价值显著增加。

（2）通过设计创新优化空间布局，践行低碳理念。烂缦胡同 131 号房产原本是老旧的五层小楼，原运营方勉强维持低端住宿业经营。设计从场地规划开始，将建筑、室内、景观、照明进行一体化考虑，充分利用地上空间，改造后的酒店拥有 65 间精致客房，准四星配置，并设有共享阅读空间、免费商务区和早餐自助餐厅；巧妙布局地下空间，健身房、洗衣房、会议室等应有尽有。酒店内植入了智能化客控系统，通过数字化和网络化实现酒店的数字信息化服务技术，可轻松地实现室内语音控制所有电气设备和灯光，进行情景模式调节；依靠云计算、物联网和移动信息等新技术，提供智慧化客房居住、会议办公、餐饮娱乐等服务，提高酒店管理效率，降低运营成本，着力打造现代高科技东方美学风格的主题酒店。通过实施照明、空调、供暖及热水系统的节能改造，2021 年全年节约标准煤 44.46 吨，减排二氧化碳 128.46 吨，综合节能率达到 28.54%，实现了装饰空间美观、大方、新颖、节能，引领街区绿色发展。酒店作为街区的商业服务中心，也带动了街区零散房屋的再利用。

2. 聚焦"七有""五性"，补齐街区服务功能短板

提高零散空间利用效率与聚焦"七有""五性"需求相结合，优先植入便民商业及文化商业服务设施，必有乐咖啡店、烂缦花店、广德楼文化空间相继开门迎客。同时，利用腾退房屋资源，补齐街区服务功能短板。优先对接属地街道（牛街街道）需求，将烂缦胡同 108 号院打造为牛街街道红色会客厅，构建了在地党建和街道党群服务中心；利用菜市口胡同沿街腾退房屋实现"小型消防站"落位，有力地保障了历史文化街区的消防安全。街区人居环境及生活便利性的提升，也带动了街区零散房屋的再利用。大杂院内的零

散腾退空间，一方面植入对接驻区重点企业，打造人才公寓，促进职住平衡，服务中央、服务西城区经济社会发展；另一方面引入设计师工作室等安静的办公业态，与同院居民实现建筑共生、居民共生、文化共生。

四、科技助力街区更新，专项课题研究，探索街区智慧化运营模式

1. 积极突破，探索新材料、新技术的运用

（1）新材料、新技术助力胡同市政改造。通过科技创新，突破平房区空间限制。例如，路面采用树脂混凝土一体成型的线性排水槽，提高路面排水能力，最大承重可达 50 吨，有效增加了道路的汇水面积；尝试使用光伏发电瓦（图 12-2），转化太阳能为电能，为街区景观照明提供能源；采用小型生态化粪池技术收集院内的生活污水，经过生物酶的分解技术，把生活污水转化为景观用水（图 12-3）。

图 12-2　光伏发电瓦　　　　图 12-3　通过生态化粪池技术转化的景观用水

（2）参与历史文化街区提升相关规范修编。因具有丰富的市政实施改造工作经验，宣房大德公司作为第一起草单位参与《历史文化街区工程管线综合规划标准》的编制工作，承担历史文化街区管线敷设的技术规定、安全技术措施等相关内容的调研和编写任务。同时，参与修编北京市《历史文化街区工程管线综合规划规范》（DB11/T 692—2019）的工作，该规范于 2019 年 9 月发布，2020 年 4 月正式实施。

2. 把工作当学问做，把问题当课题解，进行专项课题研究

在法源寺历史文化街区老城更新工作中，宣房大德公司遇到了不少难题，面对困难，宣房大德公司迎难而上，不断研究、不断提升，把工作当学问做，把问题当课题解，攻破了一个个难题。随着城市公共交通网络的迅猛发展，地铁振动和噪声扰民成为轨道交通运营过程中的突出问题，尤其对于

历史文化街区内沿线平房区居民来说，在带来交通便利的同时，这一问题更为严峻。法源寺历史文化街区东部地区受地铁振动及噪声影响较为严重，居民多次上访，政府信访、维稳压力大。2019年，北京市委书记蔡奇对地铁4号线（菜市口站）运营振动信访突出问题专门做出批示"要求各分管市领导认真协调，坚持实事求是，稳妥推动化解"。为系统解决地铁振动问题，提出"一揽子"解决方案，宜房大德公司开展了"地铁振动对历史文化街区的影响和对策研究"课题研究，研究结论表明综合地表横向、纵向振动测试结果，地铁4号线对法源寺历史文化街区地表振动影响区域主要分布在南半截胡同以东区域，课题研究成果给精准实施地铁沿线腾退等工作带来了决策建议。同时，在技术上提出钢弹簧浮置板轨道及周期性排桩综合减振措施，建议针对不适宜居住的地区调整土地及房屋使用性质，为类似的历史文化街区地铁振动问题提供解决方案和实施路径。

共生院落是历史文化街区一个普遍并长期存在的现象，盘活共生院落实现资源活化利用迫在眉睫。2020年，针对老城街区共生院落利用与运营中的难点，历史文化街开展了"历史街区共生院落设计与管理运维研究"课题研究，在法源寺历史文化街区重点零散院落中，归纳总结共生院落，提出与居民和谐共生的方案。聚焦"七有""五性"，以居民的需求为出发点，探索试点共生院落更新改造模式，增加基本生活设施，植入新兴业态，让新鲜血液在院落中与原有居民共生共存、新旧相融，提升居民的生活环境和居住品质，实现建筑共生、居民共生、文化共生，为老胡同注入新的生机和活力。在课题理念下，历史文化街选取烂缦胡同甲130号进行更新，该院落内剩余2户居民未腾退。宜房大德公司对其他房屋主体进行修缮及室内装饰装修，共打造了9套人才公寓住房，并实现了厨卫入户、燃气采暖。同时制定《法源寺历史文化街区人才公寓文明公约》，对接西城区高精尖产业人才，促进了西城区职住平衡。将烂缦胡同91号院打造为文化展示共生院落，目前文化业态已进驻，实现了较好的经济效益与社会效益。该课题成果为老城街区内大量零散院落利用提供了借鉴参考，促进了历史文化街区平房（院落）的有机更新和合理利用。

2020年，针对街区内缺少智慧街区的系统规划，腾退的资产分布零散，无法统一管理等管理问题，历史文化街开展了"法源寺历史文化街区智慧管理试点研究"课题研究，利用"智慧应用系统＋智慧运营管理"的模式，自主研发了贴近胡同生活，连接用户、商家及管理者的智慧运管平台及微信小程序，通过"非接触式"的平台远程管控，实现万物互联——信息发布、无人值守停车、智慧巡更、场地预约等多项落地应用，降本增效，倡导绿色低碳生活，向"碳中和"迈进，荣获全国智能建筑及居住区数字化标准化技术委员会（简称全国智标委）"标准贡献奖"应用实践类奖项。

3. 探索智慧化管理模式

（1）智慧运营平台内容架构。法源寺历史文化街区智慧运管平台，利用"智能应用系统+智慧运营管理"的模式，打造贴近胡同生活，连接用户、商家、管理者的智慧街区，包括一套智慧街区后台管理系统、一套大屏展示系统和一套微信小程序。个人计算机端大屏实现对资产数据、停车位、酒店、智慧灯杆、门禁、智慧巡更、智慧物业及便民服务等数据进行录入、分析、展示，为法源寺历史文化街区智慧化管理提供数据依据和技术支撑。微信小程序具有为居民、游客提供车位引导、酒店推荐、便民服务、街区文化展示等功能，为管理者提供巡更管理、招商运营、智慧设备管理、发布通知等功能。

（2）智慧运管平台建设亮点。从法源寺历史文化街区的街区管理、街区服务、智能应用和新技术落地等方面入手，融合管理理论、服务理念，通过各智慧化子系统的联动对接，建设基于数字地图展示的智慧运管平台（图 12-4），打破"信息孤岛"，构建信息共享库，实现各子系统之间的互联互通、资源共享。

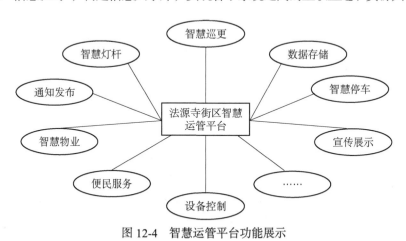

图 12-4　智慧运管平台功能展示

五、以人为本，探索城市更新新模式，实现街区"烂缦"共生

1. 项目建设充分听取民意、民声，为居民办实事

成立"民意会客厅"，邀请居民在规划、施工等各阶段参与座谈，充分听

取民意、民声。对居民关心的、易引起争议的问题，通过"民意会客厅"，做到事前打招呼、事后有商量，将矛盾化解在萌芽阶段，"未诉先办"，有效减轻12345投诉热线的压力。将居民从"不理解、不支持、不信任"的对立面转化到为项目积极献计献策的参与者。

2. 共建共治共享，社区营造常态化

随着老城保护更新的深入，法源寺历史文化街区整治从面到里深化，由胡同街巷向院落拓展延伸，实施"院落式"的老城复兴计划，功能有序置换，建筑分批更新改造。根据院落不同的现状和定位，按照"一院一策"改造提升，在优先改善留住居民的生活条件、补充社区活动等公共空间后，探索结合原有居民的合院共生模式，达到"居民共生""产住共生""文化共生""新旧共生"的目标。红色会客厅作为法源寺历史文化街区更新建设中重要的试点院落，是街区改造提升后亮相的首个公益性共生院落，坐落于北京市西城区烂缦胡同108号院内，此院落在清嘉庆年间曾是江宁郡馆（上江两邑会馆）旧址中的一部分。2019年，宣房大德公司对院落进行了更新改造，院落格局较为规整，为二进式传统四合院。一进院是会客厅的展览展示和活动区域；二进院为民居，居民可享受共生院内改造提升后各类设施的便利。院落改造完成后，宣房大德公司补足街区功能短板，将红色会客厅打造为在党建引领下老城更新的展览体验中心、社区党建中心和社区营造中心等多功能的综合平台。会客厅以"庄重、科技、实用"为原则，规划打造了四大功能分区，分别为"党建厅""城市更新厅""多功能厅""阅读空间"。2019年9月至2021年底，红色会客厅正式运营近3年时间，累计接待日常参观游客2万余人次，开展100多场特色党群活动，为调动辖区各方力量、全面提升区域化党建水平和社区党建工作水平提供了有力的保障。2021年围绕建党100周年举行"重温红色基因 庆祝建党百年"主题党日活动，成功接待50余个党支部，带领广大党员重温牛街地区的红色基因，营造浓厚的颂党敬党爱党氛围。开展党建引领下的社区共建活动共100余场，组织开展的非遗传承剪纸活动，受到了北京卫视的采访播出，受到观众的一致好评，与社区居民共建绿地认养，一同做良好环境的保护者、营造者、受益者。通过活动调动片区党员群众的积极性，多维度激发街区活力；会客厅融入百姓生活，聚焦现实问题，汇集年轻力量，碰撞文化观点，以挖掘历史底蕴、丰富场景内涵、满足文化需求为己任，让老百姓在文化滋养中享受美好生活。

3. 连续四年举办北京国际设计周法源寺历史文化街区分会场活动，掀起老城保护更新热潮

2018～2021 年，街区连续举办四届北京国际设计周法源寺历史文化街区分会场活动。持续借助北京国际设计周平台，以惠民利民为主旨，在宣传法源寺历史文化街区更新经验和成果的同时，汇众力聚众智，聚合各方力量参与到城市更新工作中来。

4. 积极参加西城区"四名"汇智等活动，协同更多社会力量

"四名"（名城、名业、名人、名景）汇智计划是北京市西城区历史文化名城保护促进中心与北京历史文化名城保护委员会青年工作委员会开展的名城保护行动支持计划，旨在支持自下而上的名城保护活动，培育社会力量，推动共识建立，助力名城保护。自 2018 年以来，宣房大德公司作为"四名"汇智的理事单位，每年支持及主办名城保护相关的活动，与公众分享宣房大德公司有关老城保护的经验与创新成果。同时，宣房大德公司以法源寺历史文化街区更新项目作为老城更新的新典型案例，受邀参加 2021 年北京城市建筑双年展，并在展览期间主办"守正创新"——老城更新中的导向标识系统学术交流论坛，参加城市共创主题沙龙活动。通过开展社区营造活动，改善邻里关系，以居民认养、花草种植为媒介，为居民建立有效的邻里交往模式，使居民能够相互交流分享，进而创造社区共享价值，彰显法源寺历史文化街区文化自信。法源寺历史文化街区在做好历史文化保护、传承的基础上，推进微循环渐进式老城更新模式，鼓励居民自发参与房屋改造，比如七井胡同 3 号（图 12-5）、西砖胡同 88 号（图 12-6）居民自行改造居住空间，实现厨卫入户，充分激发片区活力，提升居民在城市更新中的获得感、幸福感、归属感。

图 12-5　七井胡同 3 号改造

图 12-6　西砖胡同 88 号改造

第三节 主要成效

通过三年多的项目改造实施，宣房大德公司始终贯彻《北京城市总体规划（2016年—2035年）》和《首都功能核心区控制性详细规划（街区层面）（2018年—2035年）》。在法源寺历史文化街区市政基础设施的改造中，在统筹规划设计市政管线设施的前提下，科学地运用新材料、新工艺，通过不懈努力，针对区域内低洼院积水、消防安全以及整体环境等问题，补齐了各类短板，解决了各类民生问题，整体提升了胡同内居民的生活品质。

一、获得众多荣誉

参与编制国家标准《历史文化街区工程管线综合规划标准》，承担历史文化街区管线敷设的技术规定、安全技术措施等内容的调研编写任务，同时参与修编北京市《历史文化街区工程管线综合规划规范》（DB11/T 692—2019）的工作。共生院落课题申报的"Coliving·共生院落——法源寺历史文化街区更新改造"项目，被授予德国标志性设计奖·创新建筑奖（ICONIC AWARDS：Innovative Architecture）至尊奖。"法源寺历史文化街区智慧管理试点研究"项目荣获全国智标委"标准贡献奖"应用实践类奖项。

二、打造参与式社区营造模式，激发街区活力

宣房大德公司注重居民参与、社区营造，鼓励居民参与项目全过程，发挥"主人翁"精神，由原来自上而下的管理模式转变为自下而上的参与式治理模式。红色会客厅作为北京国际设计周法源寺历史文化街区分会场的主会场，集中举办了多场活动与论坛。设计周活动围绕"历史传承""城市更新"两大主旨，聚焦"品牌塑造""品牌价值""文化发展""文化活力"四大板块，齐聚城市管理者、研究者、领先企业、媒体及外来游客等人员，充分激发街区活力；同时，北京国际设计周的优质媒体资源对红色会客厅进行了高频次的宣传报道，不断提升党群阵地的影响力与知名度，使红色会客厅这一牛街地区的重要宣传展示窗口得到更多的关注与认可。

三、降本增效，提升街区管理模式

通过智慧运管平台，智慧化管理街区存量资产、联动单体智慧化设备，实现资产高效运转，节省大量人力成本，实现对法源寺历史文化街区资源的统筹，对于新冠肺炎疫情防控常态化工作实现了从"人防"到"物防""技防"的转变，助力区域社会发展。法源寺历史文化街区智慧运管平台受到社会各界高度关注，接受北京电视台专题采访，并受到《北京日报》《北京晚报》等新闻媒体关注报道，成功推广该平台。

四、实现品牌孵化与培育，较好提升街区业态品质

花韵·丁香文化主题酒店实现了建筑外部形象和内部空间优化，从原来体验感比较差的旅店提升为文化主题酒店，软、硬件都进行了很好的提升改造。酒店入住率持续上升，2021 年 7 月份入住率达 95%，口碑良好，携程旅行 APP 评分高达 4.9 分，客人满意度高，并以"品牌故事"为传播途径，打造"花韵·丁香"特色文化品牌 IP，留住了胡同记忆，提升了街区品质。通过塑造独特的品牌形象和街区体验，引导原住居民和游客深度参与体验和传播街区历史文化，引导宣南文化的传承与再生，实现街区文化与品牌价值的深度传播。花韵·丁香酒店的改造提升是西城区住宿业工作专班悉心指导下的样板案例，低效楼宇转型升级成果受到人民网、新华网、学习强国、《北京日报》、西城区人民政府公众号等多家官方媒体关注报道，并被西城区住宿业工作专班列为标杆示范项目，有效地传播了法源寺历史文化街区品牌，助力了城市更新理念的推广。响应政府优化营商环境的精神，为在街区起步的便民商业和文化商业提供了支持：助力 BE YOLO 文创咖啡店、十千&烂缦工坊的品牌孵化和培育，做好协助经营证照办理和员工公寓等配套服务，激发市场主体的活力，促进街区业态品质提升。

第四节　问题与建议

一是老城更新通常以整片区开展退租工作，采取居民自愿原则，承载着人口疏解和改善民生的功能；同时，街区整理、市政基础设施的提升属于纯

公益性投入。从老城更新项目实施成本核算上看，传统的资金平衡方式面临严峻挑战，形成的腾退空间大多为共生院落中的零散房屋，很难引入带来较高收益的业态，反而增加了房屋维修和看护成本，不利于项目的自我"造血"，无法实现资金平衡。二是目前北京市老城街区普遍空间狭小，物业管理部分职能缺失；街区资源"碎片化"零散沉淀，无法高效运营；与居民之间信息沟通不畅，缺乏反馈便捷通道，难以统筹管理。

一方面，建议重新建立新的资金平衡测算结构，将退租与运营分开，区分公益性和经营性，政府承担退租及街区整理等公益性支出；形成的可经营资源，由企业通过市场化运作进行经营管理。另一方面，建议将法源寺历史文化街区智慧运管模式及平台体系向其他老城平房区推广和应用，搭建综合运管平台，形成完善的平房区智慧化管理模式，切实解决老城街区治理共性难题，实现互联互通和资产的高效运转，统筹推进老城区城市更新，实现老城街区智能化、精细化管理，提高城市治理水平，实现可复制、可推广的运作模式，促进北京市智慧城市建设。

13 | 第十三章
真武庙租赁置换项目①

真武庙租赁置换项目是北京市第一例采用租赁置换模式的旧改项目，成为北京市老旧小区改造继"劲松模式"后的又一创新案例。真武庙租赁置换项目的成功落地，实现了让居民获益、产权单位减负、政府放心的共赢局面，同时也为环境与地段"错配"、人群与地段"错配"的老旧小区打造成安全便捷、服务提升、人群结构合理的新型全龄租赁社区提供了行之有效的改造范例。

第一节　案例背景

根据北京市人民政府办公厅统计，截至 2019 年，北京市有直管/自管公房老旧小区 6000 多万平方米，其中相当部分集中在首都功能核心区涵盖的东

---

① 案例提供：愿景明德（北京）控股集团有限公司。案例执笔：袁媛、孙琦。

城区和西城区。直管/自管公房老旧小区一方面区位优势明显，公共服务配套成熟，是周边高净值从业人员就近居住的理想居所；另一方面建成时间久、基础设施老、物业服务缺，老年居民多、困难群体多，基础服务从业人员租户多，由此产生了区域价值的洼地和居住人群的"错配"。因此，加快推进首都功能核心区直管/自管公房老旧小区有机更新，对实现《首都功能核心区控制性详细规划（街区层面）（2018 年—2035 年）》确立的战略目标具有重要意义。

（1）从区位看，真武庙位于西城区月坛街道，紧邻金融街商务区、西单商圈和多个中央与国家机关部委办公区，周边教育、医疗、文化资源丰富。

（2）从规模看，真武庙租赁置换项目包括真武庙五里 1、2、3 号楼与真武庙四里 5 号楼共 4 栋建筑。其中真武庙五里 1、2 号楼建成于 1955 年，3 号楼建成于 1981 年，真武庙四里 5 号楼建成于 1954 年；建筑面积分别为 3756.8 平方米、5908.72 平方米、3135 平方米和 3603.5 平方米，居民户数分别为 70 户、93 户、56 户和 57 户。

（3）从产权看，4 栋建筑均为自管公房，截至 2019 年真武庙五里 3 号楼房屋绝大部分已完成房改和上市。真武庙五里 1、2 号楼和真武庙四里 5 号楼近半数房屋完成房改和上市，剩余部分仍为国家机关事务管理局和中央企业自管。

（4）从现状看，4 栋建筑处于中央企业和辖区管理的交叉地带，存在着楼体老旧破败、设施老化，私搭乱建等安全隐患较多，居民满意度低等突出问题。特别是 4 栋建筑平均自住率仅为 49%，租户客群主要为快递员、餐饮从业人员、小商贩等外来务工人员，管理难度较大。2019 年 11 月，愿景集团选择房改比率最高的真武庙五里 3 号楼作为试点先行推进。

第二节　主　要　做　法

真武庙租赁置换项目自启动以来进行了深度的居民改造意愿调研，了解居民真实的改造需求，针对性地进行小区改造设计工作。在初步完成设计方案后，愿景集团在街道、社区的协调下先后开展了两轮居民调研：2020 年 8 月 4 日，在社区居委会的组织下开展更新改造方案的居民代表意见征询工作，获全体参会居民一致同意，其中晾衣竿、垃圾桶位置等日常高频使用的功能由居民代表投票决定；同年 8 月 13～15 日，进行设计方案的院内公示，项目组成员提供现场讲解及电话答疑服务，同时物业管家通过微信朋友圈线上展示，以确保全体居民知晓并了解改造方案。

2020年10月，项目正式启动整体改造，除了户内的装修改造外，公区改造主要涉及楼本体和院落景观部分，以优先满足居民生活的安全性、便利性为首要原则进行更新改造。具体内容如下。

第一，楼本体部分：屋面防水、外立面修补与粉刷、外立面线缆规整、防护栏更新、空调机位规整、楼体间窗户及单元门更换、楼道内管线规整、楼内公共区域墙面粉刷、楼内公共区域照明设施更换、楼体间宣传栏更换、户内下水管道更换、增设雨水管线、增设无障碍设施（扶手）。

第二，院落景观部分：电力增容增设公区配电箱、增设公区照明、绿植修整与增加、车位画线、增设大门及院落安防系统（道闸与门禁系统）、道路平整修复、垃圾分类站点建设、增设智能充电自行车棚、增设电动汽车充电桩、增设文化宣传栏、增设快递柜、增设居民会客厅。

第三节　主　要　成　效

截至2021年4月，真武庙五里3号楼已完成20户置换签约，完成户内装修和公区整体改造，项目已于2021年5月正式开业运营，截至2022年10月，出租率已达到90%，运营状态良好。通过对真武庙租赁置换项目的收房签约、更新改造、统一出租管理等工作，在促进人口减量、结构优化、职住平衡等方面取得了良好效果。

一、促进了小区人口的减量

截至2021年底，已完成的20套签约房屋中原有居住人口约90人，其中6户为居民自住，14户为出租。出租房屋中有6套为周边餐厅服务人员、快递人员居住的群租房，其中一套居住了10人。通过租赁置换，现20套房屋中常住人口约为50人，减少了约40人，套均居住密度为2~3人，既大大促进了小区人口的减量，也降低了群租的安全管理风险。

二、优化和提升了小区的人群结构

根据业主意愿，采取租金置换、改善置换、养老置换等不同方式对自住客户进行了妥善安置，有 6 户自住居民外迁，其中包含 2 户共 3 位 65 岁以上的老年居民。现引入租住人群平均年龄为 35 岁，较多租户学历为本科及以上，置换后小区老龄人口数量降低了 14%，优化和提升了小区的人群结构。

三、促进了片区的职住平衡

真武庙租赁置换项目通过租住产品的升级、公共环境的提升以及便民功能的完善，有效地增加了长期性品质租赁房源供给。同时开展与北京金融街服务局等企业客户的深度合作，通过渠道打通、产品定制等方式，优先服务于辖区人才，实现就近居住、就地居住，增加人才对区域的归属感。目前在住租户 80% 为周边金融街白领及医疗从业者，20% 为家庭陪读人员，在降低了居住密度的同时促进了片区的职住平衡。

四、提升了基层社区的治理水平

规模租赁企业的入驻，有利于协助辖区加强流动人口服务管理，降低群租的安全管理风险。特别是引入专业化物业服务企业，有利于增强社区治理力量，增进和谐邻里关系，统筹推进平安社区、完整社区、韧性社区等建设。在属地政府的带领下，真武庙租赁置换项目通过基础物业服务叠加公寓专业管理的双重服务体系，为在住居民和新租客提供了完善的服务内容，在保证社区安全、便利的前提下，通过举办"亲子""敬老""健康""创意"等主题系列活动，增强了邻里感情，激活了社区文化，提升了基层社区的治理水平。

五、撬动了老旧小区改造社会资金

支持和引导企业进行租赁置换等新模式的探索落地，既可以增强企业投资参与城市更新的动力，主动向"长期性低利润"商业模式转型，又可以减小政府财政压力，促进实现"六稳""六保"目标，提高所在区域的经济活跃度。真武庙租赁置换项目作为创新试点，由愿景集团自投，目前总投资为 600 万元，其中公区改造投资 300 万元，户内改造投资 300 万元，整体运营周期为 10 年，资金回收期约为 8 年，保证了项目的"微利可持续"，实现了"改管一体"的长效服务，提高了所在区域的经济活跃度，撬动了老旧小区改造社会资金。

六、提升了社区居民的获得感、幸福感

企业在提供租金、养老、改善等多样化置换方式基础上，通过进一步提供定制化找房、搬家等专业贴心服务，满足了居民长期以来无法通过个人实现的居住改善需求，提升了社区居民的获得感、幸福感。

第四节 问题与建议

租赁置换是愿景集团参与老旧小区改造和助力租赁住房供给侧结构性改革的一种创新模式。作为紧密围绕党和国家重大决策的政策性业务，租赁置换模式具备多项优势，一是全程管理可控，从策划、改造到落地运营的全过程均在辖区及相关委办局的管理下进行；二是落地范围可控，业务主要布局在老旧小区集中、居民改造需求强烈、租赁需求未被满足的区域；三是资金安全可控，租赁置换业务通过与中国建设银行下属子公司建信住房服务（北京）有限责任公司合作，为收房端提供资金支持，实现了"长付短收"的稳定运营方式，更好地保障了业主和租客的权益。为了更好地复制推广，需要政企双方在以下方面共同努力。

一、加强直管/自管公房出租政策支持

老旧小区当中仍有相当数量的直管/自管公房，《中央国家机关公有住宅出租管理暂行办法》（国管房地字〔1997〕第 261 号）和《关于加强直管公房管理的意见》（京政办发〔2018〕20 号）等文件均规定，经产权单位许可后，直管/自管公房才能出租。因此，建议研究公房转租等方面的政策支持，释放明确的政策信号，对于以租赁置换模式开展直管/自管公房老旧小区有机更新业务的社会资本，支持和鼓励产权单位向其授权。

二、加强与政府主导老旧小区改造工作协同

在实施租赁置换模式过程中，企业投资强度与业主签约率挂钩、动态调整，主要对小区的提升类、完善类改造内容进行改造，但对于抗震加固、节能改造等投入较大的基础类改造难以承担。加之，为避免市场化改造与政府

为主体实施的老旧小区改造工程难以同步推进，造成资金浪费和"拉链工程"，建议研究将租赁置换中企业投资与政府财政资金或产权单位改造资金相结合的方式路径，提高各方面资金的统筹使用效能，实现老旧小区有机更新效果最大化。

三、推动建立政府、产权单位、居民代表和社会资本多方联动工作机制

租赁置换模式中涉及违章拆除、施工改造、物业服务等相关工作，都离不开政府、产权单位和社区、居民的支持。因此，建议推动建立街道、职能部门、产权单位、社区、居民代表和企业共同参与、多方联动的工作机制，明确各方权责边界，围绕社区善治目标促进各尽其责，实现项目在各方监督和支持下高效落地实施。

四、适度给予保障性租赁住房政策补助

依据相关政策，集体建设用地租赁社区项目等享有一定资金奖补。租赁置换模式同样属于微利可持续商业模式，有利于实现房住不炒等政策目标。因此，建议在有效监管的同时，参照集体建设用地租赁社区等政策适当给予补贴、税收等政策扶持。

14 | 第十四章
崇雍大街街区更新与综合整治提升项目①

在北京崇雍大街街区更新过程中，中国城市规划设计研究院提出了在街区更新城市设计的实践经验中如何体现文化引领、以人为本、系统施治、长效治理的理念，为老城街区走向有机更新与可持续治理提供了一种实践新范式。

第一节 案 例 背 景

擦亮首都历史文化的"金名片"，是《北京城市总体规划（2016年—2035年）》提出的要求。在此背景下，北京开展了"疏解整治促提升"等一系列工作，随着工作的不断深入，逐渐形成了从"街巷整治"走向"街区更新"的理念。北京崇雍大街位于天坛、地坛之间，南起崇文门路口，北至二

---

① 案例提供：中国城市规划设计研究院。案例执笔：钱川。

环路，沿线文物史迹众多，大街两侧分布有 7 片历史文化街区、24 处全国重点文物保护单位，是北京老城的文化精华地段，历史文化价值极高，老北京生活氛围浓郁，是除中轴线外，最能展现北京老城历史文化底蕴的空间次轴。

更新实施前，大街面临的问题极为复杂，如建筑风貌杂乱、公共空间低质、文化缺乏彰显、交通出行不便、民生欠账较多等。北京市委书记蔡奇在 2018 年 8 月调研时指出，要以崇雍大街和什刹海地区为样本推进街区更新，崇雍大街的更新要整体谋划、分步实施、作出示范，项目由此开展。作为北京市委提出的街区更新样本，崇雍大街街区更新以城市设计为指导，以大街整治提升工程为抓手，担负起探索研究下一步工作系统方法和实施路径的双重责任。在崇雍大街城市设计的总体指导下，崇雍大街分段实施、压茬推进。2018 年 6 月开始动工，历时三年逐步完成雍和宫大街、东单北大街、朝阳门内大街、东四南北大街的整治提升，并在共同缔造、文化传承、系统施治、人居改善、机制创新方面取得了创新，推动了北京老城走向可持续、精细化的有机更新，也为首都城市更新探索了新的范式。

第二节　主要做法

一、创新总体工作机制

崇雍大街城市设计提出了老城保护与更新"六个一"的工作机制和方法。①体现一个中心。体现党的十九大提出"打造共建共治共享的社会治理格局"。完善党委领导、政府负责、社会协同、公众参与、法治保障的社会治理体制。因此，崇雍大街街区更新与综合整治提升项目中通过"崇雍议事厅""崇雍公众号""崇雍工作坊""崇雍小程序""崇雍展示厅"五大计划体现以人为本的规划理念，回应城市治理观念转变要求，创新规划方法。②坚守一把尺子。一把尺子量到底，一个标准严到头，对于严重破坏街道风貌、缺乏合理依据的各种违法建设应严格予以拆除，还路于民，还绿于民，还安宁环境于民。在合规的前提下充分考虑合理性，保障居民的基本权益。③把握一个整体。从遮挡走向展示，从立面走向环境，从通行走向体验，从街面走向院落，把崇雍大街的 U 形面以及其两侧的背街后院作为一个整体对象来进行设计，不局限于以往的"一层皮"的做法，综合施策，系统解决老城保护与发展问题。④搭建一个平台。搭建一个多专业协同、多部门联动的工作平台，通过城市设计统筹建筑、景观、交通等专业团队，通过设计单位、城市管理委员会、规划分局、街道办等多部门联动，形成合力。综合施策，系统解决老城保护与发展问题。⑤探索一套机制。注重规划实效，远近结合，分期实施，提出大街发展的长远目标，整体采用统规统建与统规自建结合的实施机制。明确近期综合提升的具体工作，以示范工程带动其他区段实施。通过编制院落、建筑和公共空间设计导则，将设计意图通过导则进行传导，指导实施不走样，实现长效管控。⑥实施一段示范。崇雍大街城市设计选取历史文化底蕴丰厚的雍和宫大街作为崇雍大街的示范工程，在示范中进行探索，为全段实施积累经验，同时也对崇雍大街城市设计的传导机制进行不断校验、修正和完善。

二、创新规划构思

①整体性保护更新的理念。首次采用"街区更新"理念。从遮挡走向展示，从街面走向院落，把大街U形道路断面以及其两侧的背街后院作为一个整体对象来进行设计。②系统性多专业协同的理念。提出了城市设计统筹建筑、景观、交通、照明多专业以及"政府统筹、专业协作、部门联动"的"1+N"协同平台。③可持续性长效管控的理念。编制街区、院落、建筑、公共空间四套设计导则，以及《张自忠路北历史文化街区风貌保护管控导则》等区段导则，将设计意图进行有效传导，为地方持续长效管控提供技术依据。④践行以人民为中心的共同缔造理念。项目采用多种方式，在规划编制的全过程开展丰富多彩的公众参与活动，提升崇雍大街街区更新与综合整治提升项目的社会影响力。

三、创新更新内容

项目在内容上，实现了包括"系统施治，搭建专业协同一个平台；共同缔造，坚持人民群众一个中心；擦亮'金名片'，探索文化引领一条主线；以人为本，坚守民生改善一颗初心"在内的四大特色。

四、项目特色

1. 系统施治，搭建专业协同一个平台

项目搭建"政府统筹、专业协作、部门联动"实施平台，通过城市设计统筹历史保护、建筑、交通、景观等八大专业团队，全技术视角系统施策（图14-1）。横向联动城市管理委员会、规划分局、市政、交通、公安等30多个相关管理部门，凝心聚力协同推进。通过大数据综合研判功能、交通和行为特征，多视角研判大街"文风京韵、大市银街"的总体定位。从城市设计层面提出了功能布局、交通系统、业态提升、建筑风貌、景观环境、文化展示的系统性方案。通过总控方案一张蓝图协调多专业系统工程的同步实施。编制一整套多维度的城市设计导则。为院落、立面、公共空间工程设计提供了系统性引导和长效管控的技术依据。搭建平台，创新"开门做设计"，集合全社会改造智慧；联合书法家协会和广告设计公司，对400余家商户牌匾进行了一对一设计；联合责任规划师团队，开展橱窗设计，提升人文关怀；联合中央美术学院侯晓蕾教授团队，植入小微城市公共空间公共艺术品，提升街道艺术气息。

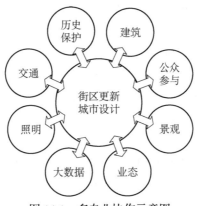

图14-1　多专业协作示意图

2. 共同缔造，坚持人民群众一个中心

在项目设计、实施、管理全过程开展多形式的公众参与（图14-2）。动员社会各界力量，众筹智慧。多次召开跨行业专家研讨会，举办"认领街道"工作营和公共空间设计竞赛，吸引百余家团队参与。开创了统规自建的工作方法，通过数十种"菜单式选择"的方式，让居民、商户参与到个性化方案设计中。研发了一款小程序，召集了十余场社区座谈会，一家一户地登门沟通，设身处地了解居民的情感和生活需求。项目组高效联动街道办事处、社区，成立提升工作专班。深入居民商户，驻场基层开展共同缔造，创造了"4+2+N"全过程陪伴工作法。实现从"我给你设计"到"一起来设计"的

基层治理方式转型。协助街道开展绿化认养活动，推动共建、共管、共享的全过程共同缔造。设立和运营了崇雍客厅实体空间，长期驻地参与社区营造。

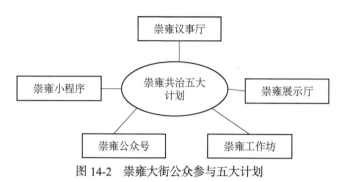

图 14-2　崇雍大街公众参与五大计划

3. 擦亮"金名片"，探索文化引领一条主线

以文脉传承为内核，从时空双视角对历史沿革与文化脉络进行了全面梳理，深入挖掘崇雍大街历史文化价值特色，并以价值彰显为目标，分区段提出了点线面串联的保护和展示结构，如图 14-3 所示。示范段以城市设计为指导，充分尊重历史的真实性，从"慢街素院""儒道禅韵"到"贤居雅巷""文旅客厅"，展现了从古朴向现代、从居住向商业过渡的多元历史风貌，因地制宜地应用了传统、近代、新中式、现代全类型基础立面风格，展示了大街全景脉络。实施中坚持严格采用传统的营造工艺，修缮和恢复了一批历史建筑和院落，复兴了一批承载着胡同记忆和情感的老字号、老国营店铺。去伪存真，发掘历史建筑，项目系统梳理文化资源，研判建筑风貌，规划提出17 栋历史建筑公布新增建议，在拆除层叠多年的大量超规的牌匾后，这些老建筑真容得以显露。创新老城更新中的旧材利用方法，对 55 万块旧砖、13万块旧瓦及大量木构件等进行了回收再利用。示范段重点塑造了"雍和八景"文化景观节点，"儒道禅韵"在雍和宫地铁口展现国学文化，如图 14-4 所示；"宝泉匠心"通过历史建筑恢复和地面铺装展现宝泉局造币及机械制造文化渊源，如图 14-5 所示；"翠帘低语"织补了胡同天际线，成为居民喜爱的活动场所。绣花功夫、精心打磨，小到每一处树池、栏杆、砖雕、门牌、旗杆盒等建筑细部和城市家具也处处体现出崇雍大街的文化底蕴和特色。项目充分挖掘胡同口的标识作用，通过胡同地图、文化雕刻等个性设计引导人们探访胡同文化。

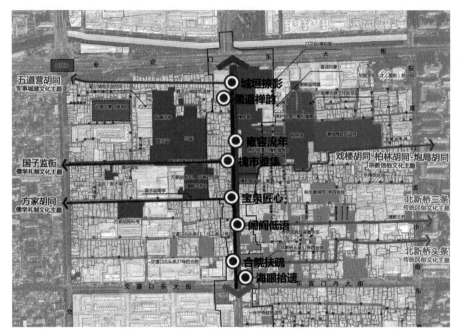

图 14-3 "文风"段文化展示线路及主题图

图 14-4 "儒道禅韵"文化墙

图 14-5 "宝泉匠心"文化铺地

4. 以人为本，坚守民生改善一颗初心

项目以民生为基点，摒弃"一层皮"的做法，从街面走向院落，提升人居环境品质。全面梳理街区院落特征与问题，分类制定实施策略。选择示范院落先行改造，修缮危房，拆除违法建设，修整铺地及上下水系统。完善五分钟便民服务生活圈，利用示范院落保留和植入永安堂、同日升粮行、崇雍客厅等便民设施和文化设施，保留社区记忆，再造社区活力。街道空间从"以车优先"转变为"以人优先"。优化道路断面，打通多处"断点"，人行道变得宽阔畅通。利用铺装变化合理分配路权，完善无障碍设施，贯通盲道，

优化胡同口转弯半径和放坡设计。保障行人和非机动车的通行空间品质。针对多头管理的街道市政设施进行了集约化、智能化探索。通过北京首次"多杆合一"工程，将893根杆件精简为345根，大街杆件林立的场景成为历史。通过"箱体三化"，为每一个电箱量体裁衣，设计独特的隐形方案，让出了宝贵的公共空间。

第三节　主要成效

在城市设计的指导下，崇雍大街示范段（雍和宫大街环境整治提升工程）2018年6月动工，2019年10月竣工亮相。在总结提升示范段经验的基础上，持续向南推动，东四北大街—崇文门内大街环境整治提升工程2019年8月启动，2021年8月竣工，至此，崇雍大街全线完工，取得了较好的实施效果。

一是历史风貌得到整体保护与展示。在规划阶段对建筑和院落格局风貌进行逐栋摸底，建立保护要素底图底账，提炼历史文化价值。实施中，确保各类保护要素保存完好，去伪存真，拆除过去整治的"一层皮"，为街道"卸妆"。保留风貌的多样性，邀请东城书法家为两侧商户题写匾额和对联。拆除部分影响街区风貌的违章建筑。选取景观节点建设"雍和八景""东四八景"，重塑街道文化认同感。创新探索了老旧建材回收利用的方式，共使用旧砖141万块、旧瓦31.2万块，旧材回收利用约占65%。对各类雨水口、砖雕、门墩，甚至小到空调机罩、旗杆盒、古铜色门牌等物件都进行了单独的精细化设计。

二是人居环境品质得到显著改善。改造更新从"立面"走向"院落"，总计大修危房65处，极大地改善了居住条件。道路交通环境从"以车优先"转变为"以人优先"，优先保障行人和非机动车的通行空间和路权，调整路幅断面，消除瓶颈点，弱化小路口。通过区分铺装，将街道空间划分为设施带、通行带、过渡带三部分，保障街道空间的有序、集约、丰富。市政设施实现了集约化设计，对大街的电箱设施进行布置和隐藏。通过"多杆合一"工程，大街的杆件由893根杆件减少为345根。

三是街道功能得到完善与提升。按照城市设计提出的区段定位，形成人文精华、胡同生活、多元商业、现代都市的特色区段功能，突出老字号的活化利用和保护，永安堂、同日升粮行等老字号迎来了"老店新生"。增设了崇雍客厅社区中心等各类便民文化服务设施，打造五分钟便民服务生活圈，实现了传统功能和现代生活的有机融合。

四是社会经济综合提升。网格案件发生率大幅降低，极大地减轻了地方行政管理支出。通过空间更新逐步引导高品质业态升级，"丰年灌肠"老字号、"稻香村"零号店、"亮点·雪莲"文创园、"联合设"展厅、"图吉纳"咖啡美术馆、"来呀东四"家居生活馆等业态逐渐入驻，更新了原有家居、电动车等低端业态，加强了文创产业集聚。带动了片区文化旅游热度，节庆期间市民以多种方式打卡东四南北大街，老居民普遍反映"年轻人更愿意回来了"，并成为婚纱摄影的取景地。进一步提升了沿街商铺的租金水平，使周边群众共享更新成果，出租均价从改造前的每平方米8000元，提高到每平方米12 000元，并在与相邻的交东大街、平安大街租金对比中，跃升为所在片区的高位租金水平。

五是实施成效得到社会各界的广泛好评。项目的实施得到了两侧居民、商户和社会各界的一致认可，被中央电视台、北京电视台等多家媒体集中报道，市区两级领导多次考察并给予充分肯定，人民群众获得感得到了显著提高，街道和社区的治理水平得到了提升。

第四节　问题与建议

因街区更新的理论体系、配套政策还未成型，在实施过程中仍遇到跨部门协调力度不足，功能置换部门瓶颈较多、"统规自建"缺乏成熟资金配比机制、传统风貌营建缺失奖励机制、腾退资金难以保障、后续长效化监管更新成果难度较大等方面的问题。建议各级政府和业内相关组织与机构进一步加强政策机制创新，积极探索解决街区更新中遇到的上述瓶颈问题的创新途径。

15 第十五章
石油共生大院项目①

一座"四不管"的平房（院落），生活环境杂乱、公共服务功能不足；一处现代工业风的共生大院，咖啡馆、书吧、老年日间照料中心、儿童游乐设施一应俱全……在海淀区学院路街道 8700 平方米的土地上，"前世今生"迥异的空间展现着完全不一样的城市面貌，这里就是"石油共生大院"。

第一节 案例背景

石油共生大院位于学院路 20 号院（石油大院）内，该项目总用地面积 8700 平方米，建筑面积 2222 平方米。石油大院始建于 1953 年，原为"八大学院"之一"北京石油学院"的所在地，也是我国石油行业的重要研发聚集地，集教学、科研、办公、居住于一体。院内有中国石油化工股份有限公司

---

① 案例提供：北京市海淀区人民政府学院路街道办事处。案例执笔：王进、解娜。

石油化工科学研究院、中国石油勘探开发研究院、中化化工科学技术研究总院有限公司、中国石油大学（北京）4家单位，以及2个社区（石科院社区和石油大院社区）。

由于历史原因，石油大院西侧平房区域成了"四不管"地带，汽修、喷漆、快递、小餐饮等业态扎堆，垃圾无人清运，环境秩序脏乱。有的单位和租户甚至搭起了围挡，盖起了违建，安全隐患突出。大院内的4家产权单位、2个社区、2所学校，缺乏共商机制，产权纠纷混乱，导致许多问题拖到最后都不了了之。3万余名单位职工、原始居民、外来人口隶属不同系统，人员结构复杂。人与人之间少有往来，矛盾纠纷凸显。公共设施不足，缺乏交流空间，居民的小区归属感差。这些问题都是典型的"大院病"，大院不再像过去包办一切，随着时代的发展和进步，与城市的割裂和管理的缺位导致了乱象丛生，群众幸福指数低。

学院路街道最终创新性地提出了"石油共生大院"概念，秉承"共建、共融、共治、共享"的建设理念，以人为中心进行地区更新，最终达成共生大院"六区一站"功能模块共识，满足周边基层党建、科技创新服务、居民议事、文化生活、安全稳定、便民服务等需求。石油共生大院在持续孕育地区文化、促进地区品质提升、增强居民幸福感与满意度方面具有重要价值，也成为以大院改造为基础的城市更新成功示范。

第二节 主 要 做 法

从2018年到2020年，学院路街道通过"深入体检，谋求共识""拆迁腾退，精耕方案""制度设计，活动赋能"三个步骤，逐步对大院进行升级改造。

一、深入体验，谋求共识

促进坦诚对话是多元参与更新建立社会信任的基础，通过不同的会议方式，提升沟通效率，激发更多人思考，实现有效对话。学院路街道坚持"需求导向、问题导向、群众导向、结果导向"，多次与产权单位、商户、居民代表沟通协商，召开协调会、座谈会、论证会、推进会，集思广益，让各方为了一个共同目标坐到了一起，共商共议，逐步成为"老熟人"，激活了石油大院内部单位与单位之间、职工与居民之间的关系网络。

街道邀请责任规划师、社区营造师、社会组织、媒体、各领域专家、居民等，从基础设施、安全、功能等方面，为大院进行了 12 次"体检"。大院的资源优势、存在的问题被一一列出，并创新性地提出"石油共生大院"的概念。通过街道党建工作协调委员会联系各产权单位党委，决定各方"各让一步"，把空间拿出来，由街道统一建成公共空间，职工、居民共享，最终达成共生大院"六区一站"功能模块共识。

二、拆迁腾退，精耕方案

在达成共识的基础上，各产权单位积极配合，学院路街道积极落实《北京市人民政府关于组织开展"疏解整治促提升"专项行动（2017—2020 年）的实施意见》工作要求，疏解腾退小、散、乱业态，凝心聚力治脏治乱，先后拆除违法建设 500 余平方米，消除安全隐患，为后期优化提升提供可能。共生大院现有的 2000 多平方米建设量全部由原有合法建筑改造而成。

学院路街道聘请专业机构进行设计改造，并邀请相关单位、责任规划师团队、社区居民、社会组织等为方案设计出谋划策，共同推动以共治共建共享为理念的规划实施，促进基层社会治理。

新的设计方案秉持充分利用石油大院旧风貌、旧文脉的原则，强化空间自身特色，凸显环境、建筑、室内的石油工业特征，以形成具有群体记忆的独特文化意向。在利用原有建筑更新实现城市肌理的自然生长的同时，注入新功能、新元素，重新整合闲置空间与无序空间，对原有工业、居住空间再定义，实现石油大院与现代审美的生动对话，实现社区与园区、居民与职员、大院与市井文化的和谐共生。

三、制度设计，活动赋能

为推动各单位深度合作，维系长效运行机制，石油共生大院积极倡导"政府+单位+社会+居民"四方共建，采取"院委会+督导组+顾问团+社会组织+志愿者"五方共管的模式，还组织大院单位签订了《大院文明公约》，建立组织共建、议事决策、信息共享等一系列工作机制。这赋予石油大院新动能，提升新品质，展现新生机，迸发新活力。

学院路街道通过将文化作为街区治理工具，吸引更多个体与社会力量参与街区更新过程，搭建多元参与的平台，培育街区核心价值和集体认同。街道与责任规划师共同搭建城市设计平台，通过设计竞赛、特色沙龙、公众参与、特色展览等多样活动传导共建共治共享理念，取得了非常好的社会反响，并通过举办北京国际设计周活动，进一步扩大了影响力。

第三节 主 要 成 效

多年的努力造就了"石油共生大院"的新生，使其成为颜值与功能兼具的共享空间。昔日"大杂院"影像留在了历史的记忆里，如今的学院路"石油共生大院"为居民提供了生活便利和时尚感十足的休闲文化场所，促进大院由"生人社会"到"熟人社会"的转变，通过单位和居民深度参与，重塑邻里关系；探索大院单位治理新模式，通过各家让一步、扩大同心圆，实现"共商共治共享共升"，破解基层治理的难题，打造学院路新地标。

除了硬实力，共生大院的软实力同样可圈可点。大院引入专业社会机构运作模式，努力提升"全生命周期服务"水平，从出生3个月的婴儿托育到学龄儿童的托管辅导，再到为大学生准备的就业双选会，为单身青年举办的联谊活动，为职场精英组织的阅读分享会，为各个年龄段居民准备的古琴、茶艺、合唱、书画等文体活动，可谓应有尽有。此外还有洗衣、理发、助老、家政等服务。大院的活动场所每天都开放，采用"免费＋部分低偿"的模式为居民服务，切实体现社区服务的公益性、便捷性、共享性和可持续性。

通过低效公共空间的整体升级，"石油共生大院"的服务可以辐射到周边多个社区，有效提升公共服务水平，满足周边基层党建、科技创新服务、居民议事、文化生活、安全稳定、便民服务等需求，为首都以大院改造为基础的城市更新提供了典型范例。

第四节 问题与建议

虽然现在"石油共生大院"的名气越来越高，成为网红打卡地，但对于大院的总运营方——北京和合社会工作发展中心来说，如何度过将商业模式引流到社区的"阵痛"阶段，如何引导"大院生态"可持续发展，依然是一道难题。总运营方仍然存在亏损问题，需要街道给予一定的补贴。由于受新冠肺炎疫情影响，共生大院尚未完全释放"软实力"，很多公益活动仍在筹备阶段，大院也思忖如何满足更多居民的需求。

在学院路街道的指导扶持下，总运营方也在积极探索以有偿服务带动无偿服务，在完成大院的公益属性后再进行商业属性的尝试，在满足更多居民需求的同时逐步提高社会组织的"造血"能力。

第十六章
北京小微城市公共空间改造提升的探索与实践①

小微城市公共空间面积虽小，却与百姓的日常生活息息相关。看似不起眼的街巷边角地、住区闲置地、零散腾退空间一经"变身"，便可成为居民喜闻乐见的休憩、健身、交往、活动场所。自 2017 年以来，在北京市发展和改革委员会等部门的大力支持、各区和街道乡镇政府的积极推动以及社会力量的共同参与下，北京市先后开展了多个小微城市公共空间项目试点。项目建设以提升质量为核心，以完善功能为重点，以便民服务为关键，让公共空间更加有效地为民所用，并成为传承历史文脉、提升文化品质的城市橱窗。作

① 案例提供：北京市发展和改革委员会、北京市规划和自然资源委员会、北京市城市管理委员会、北京城市公共空间提升研究促进中心、北京城市规划学会街区治理与责任规划师工作专委会、北京城市规划学会城市共创中心、北京工业大学、北京市城市规划设计研究院、北规院弘都规划建筑设计研究院有限公司、北京市工程咨询有限公司、中社社会工作发展基金会社区培育基金。案例执笔：牛淑莹、胡倩、陈志娟、张健、冯斐菲、黄文军、赵幸、惠晓曦、王虹光、曹志玮、陈相相、夏龙、李婧、王也、李晓佩。

为公共空间改造提升工作的一部分，小微城市公共空间建设既是盘活存量空间资源、推动城市更新的重要抓手，也是深入落实高质量发展要求、促进基层治理创新的重要途径。在这一过程中，各级政府、高校、社会组织、专业机构、社区等形成工作合力，周边居民可以充分发表意见和建议，与基层政府、社区工作者和规划设计人员共同绘制空间更新蓝图，推动"人民城市人民建，人民城市为人民"的城市治理新格局建设。本章以"建党百年·服务百姓·营造属于您的百个公共空间"和"微空间·向阳而生"等试点项目为例，梳理小微城市公共空间环境提升在当下阶段的价值与难点，总结实践路径与经验，探讨平台搭建、多元协作、公益支持、公众参与等模式在城市更新与基层治理工作中的作用，为后续城市精细化治理探索提供参考。

第一节　案　例　背　景

随着北京城市发展已进入存量更新为主的阶段，城市规划建设重点逐渐向人们身边空间环境转移，更加强调对建成空间的优化提质。社会公众对于城市环境的需求逐步丰富、精细，广大居民的休闲、社交、文化、审美需求日益增加，弱势群体的需求进一步受到重视，对公共空间的品质和功能提出了更高的要求。其中，小微城市公共空间面积虽小，却分布广泛，与日常生活息息相关。小微城市公共空间的改造提升不仅有助于改善百姓的生活环境，更是城市更新的必经之路。在减量提质的城市更新工作背景下，推进小微城市公共空间更新实践，对促进土地集约化利用、提升城市精细化水平、带动基层治理创新具有重要意义。与此同时，小微城市公共空间项目虽然规模和投资有限，但与百姓生活密切相关，且涉及不同部门、单位、居民等诸多参与方，在项目实施与维护管理中存在部分难点，如多部门协同、高品质设计、维护管理主体及资金来源和标准等，也需要在实践中摸索解决。

第二节　主　要　做　法

从 2017 年开始，在北京市发展和改革委员会、北京市规划和自然资源委员会、北京市城市管理委员会等部门的支持下，北京市启动了北京城市公共空间改造提升示范工程，小微城市公共空间是其中的工作重点之一。在 2017～2020 年入库的市级示范试点项目中，小微城市公共空间类型或与小微城市公共空间相关的项目占到相当比例。与此同时，区级政府、街道、乡镇和社会力量也积极探索小微城市公共空间建设的新途径。2019 年，朝阳区与中社社区培育基金、北京工业大学合作启动"微空间·向阳而生"项目征集活动，包括提案筛选、团队培力、方案设计、方案评审和落地实施 5 个阶段，共筛选出 5 个区级项目，并于 2020 年实施完成。同年，北京工业大学、北京市工程咨询有限公司在北京市发展和改革委员会的支持下成立北京城市公共空间提升研究促进中心，联合各方力量推进包括小微城市公共空间在内的城市公共空间营造。

为在全市范围内进一步推动小微城市公共空间建设，北京市发展和改革委员会、北京市规划和自然资源委员会、北京市城市管理委员会在北京城市公共空间提升研究促进中心、北规院弘都规划建筑设计研究院有限公司等单位的协助下，于 2021 年联合发起"建党百年·服务百姓·营造属于您的百个公共空间"小微城市公共空间项目征集活动。面向城六区及通州区征集占地面积 500 平方米左右的小微城市公共空间项目，共收到 425 个项目申请，按照项目征集、设计师志愿者招募、项目辅导、需求调研、居民与党员志愿者参与、项目孵化与方案设计、方案比选（包括公众投票和专家评审）的完整程序，从中遴选出 100 个项目纳入市级试点项目库。活动成功动员 100 余家设计单位、200 余名责任规划师、20 余家高校团队以及相关专家志愿参与，30 余家企事业单位及相关社会组织支持，27 万余人次参与方案评选公众投票，也得到了中央电视台、人民网、中国新闻网等在内的多家媒体的广泛关注，共发布新闻报道 20 余篇，网络媒体转载近 1000 次，充分传播了小微城市公共空间理念，在社会层面、专业层面、政府决策层面形成了全民参与的氛围。第一批 44 个小微城市公共空间项目已于 2021 年全面启动实施，并于 2022 年建设完成。

经过多年的探索与实践，北京市将小微城市公共空间建设作为探索多元参与、创新基层治理与带动城市更新的重要途径，取得了显著成效，并总结出较为成熟的经验做法。在北京市发展和改革委员会 2017 年牵头启动的市级示范试点项目中，北京市就将居民需求调研、公众参与作为城市公共空间项目推进的前提条件，鼓励以方案比选的形式征集优秀项目方案。进而通过"建党百年·服务百姓·营造属于您的百个公共空间"和"微空间·向阳而生"等公益行动，利用公共空间项目自身的跨领域、跨专业、跨部门特色，汇集高校、专业机构、社会组织、责任规划师等各方力量，各区政府相关部门、街道、乡镇、社区大力配合，将项目征集、设计师招募、居民参与、党员志愿者参与、项目孵化、方案比选等作为引导内容，进一步探讨搭建平台、多元协作、公益支持、公众参与等模式在城市更新与多元治理中发挥的作用，以小微城市公共空间营造为切入点，探索将基层治理格局建设与居民身边环境提升相结合的城市更新路径。具体经验做法如下。

一、以多元主体协商合作为小微城市公共空间建设提供机制保障

一方面，搭建政府、高校、社会组织、专业机构与责任规划师的协商合作平台，是推动制度探索、项目孵化和资源共建的重要前提。其中，政府主体推进部门协作，进行制度探索，提供资金保障；高校、社会组织、专业机构等主体连接社会资源，推进工作落实；责任规划师发挥上传下达、基层协作的职能，推动公众参与、方案深化与落地实施。另一方面，搭建专家智库平台，有助于把控小微城市公共空间发展方向，提升方案设计水平与效果，及时发现问题和总结经验，促进工作方法提炼与理论转化，从而逐渐形成小微城市公共空间的工作路径与标准，为后续实践提供指导。

二、以多元资金为小微城市公共空间更新试点实践"破冰"

政府投资与公益基金共同支持，有效地撬动了社会各方的资源，如街道/乡镇自筹、居民众筹等，可持续投入到小微城市公共空间试点项目中，给予责任规划师和基层政府可见的实施保障，从而促进基层协作、方案深化，吸引更广泛的政府、社会资源参与，形成一批有示范性的工作案例，为小微城市公共空间更新领域的制度创新探索了方向。

三、以公开征集的模式带动社会各方广泛参与城市更新

项目采用公开征集的方式，吸引有需求的社区、有情怀的责任规划师、有创意的设计师共同关注小微城市公共空间更新议题，促进"想做事的人"和"值得做的事"相互对接，带动基层政府、社区、责任规划师、党员志愿者、居民代表、设计、施工以及物业自发联合，形成小微城市公共空间实践团队。

四、通过公众参与发挥公共空间建设的基层治理创新效用

项目采用需求调研、座谈会、工作坊等培力形式，提升实践团队的社会治理意识与能力，促进小微城市公共空间方案策划、设计、实施、长效运营阶段的公众参与实践；将"公众参与深度"纳入方案评审指标，促进实践团队在各个环节主动征集居民意见，开展社会宣传；采用"公众投票"方式，广泛征集本地居民、社会公众对改造方案的意见建议；责任规划师、居民、物业公司、社区共同参与项目实施和后续维护管理。

第三节 主 要 成 效

一、以公益行动方式带动小微城市公共空间示范项目实施建设

"建党百年·服务百姓·营造属于您的百个公共空间"和"微空间·向阳而生"活动以"公共空间、公益资金、公开征集、公众参与"为特点，截至2021年末，已分别推动100个市级示范试点项目启动建设，5个区级项目落地实施。同时，在2017～2020年启动的北京城市公共空间改造提升示范工程前三批62个试点项目中，小微城市公共空间类型或与小微城市公共空间相关的项目占约1/5。

上述小微城市公共空间示范试点项目通过应用参与式设计与先进设计理念，以新颖的形式和功能推动全龄共享、复合利用、全民健身、环境友好、文化复兴、共享共治等示范性公共空间发展理念落地，激发居民自治力量，提高空间精细化治理水平，探索各级政府、社区、市民、社会力量、责任规划师、设计师志愿者等多元主体共同参与城市更新的"城市共创"模式，为城市高质量发展、规划实施和精细化治理积累了创新经验。例如，在参与式设计方面，各项目通过组织社区居民需求调研、开展设计工作坊、与居民合作进行设计模拟搭建、开发公众参与设计工具等途径展开了积极探索。在全龄友好和全民健身方面，通过组织儿童工作坊、实施无障碍改造、增加适老性或儿童游戏设施、提供运动健身场地和老幼、亲子共享空间等方式满足不同年龄段市民的使用需求。在创新空间利用方式方面，充分挖掘小微城市公共空间潜力，采取功能复合、错时使用等方法为市民提供各类多功能生活交

往场所。在文化属性方面，利用所在地区的传统或近现代文化特色营造具有归属感的特色小微城市公共空间。在大数据应用方面，部分项目应用大数据精准研判空间潜在使用需求，对比分析改造前后人群活动状态。在社区治理方面，不少项目重视空间的共享共治，预留居民种植空间或议事空间，建立维护管理制度并制定治理公约。

二、通过小微城市公共空间试点探索多元治理新路径

通过公益行动尝试，小微城市公共空间建设形成"政府引领、社会参与、责师出智、居民共建"的实施路径，带动了长效的多元治理协作。在试点项目推进过程中，一方面发挥市级工作专班的组织协同作用，另一方面充分调动高校、社会组织、专业机构积极参与，基层政府、不同部门、社区、责任规划师、党员志愿者、居民与社会合作方形成良好的协作状态，自上而下与自下而上形成合力。例如，"建党百年·服务百姓·营造属于您的百个公共空间"活动将项目推进作为党员深入基层社区"学党史、办实事"的一项实践活动，强调党建在城市治理创新中的引领作用，面向政府部门、高校、专业机构等参与单位开展党员志愿者征募，充分发挥基层社区党支部的作用，倡导属地党员积极带头参与，以志愿服务方式与市民群众一同投入身边的小微城市公共空间试点项目建设，将党员服务基层真正落到实处。朝阳区在"微空间·向阳而生"活动中将责任规划师制度、社区伙伴计划等各部门的创新工作理念深度融合，园林、交通、水务、电力等各部门积极提供支持，多家设计机构、施工单位、物业单位以公益、半公益形式提供技术与服务支持，多元参与形成合力，为项目实施创造条件。

三、倡导公众参与，推动公共空间营造与基层共治相结合

充分贯彻以人民为中心的发展理念，特别强调项目选点的开放性、可达性、便利性，重点打造市民身边随处可及、喜闻乐见的小微城市公共空间，并将多元主体参与作为方案设计的前置条件和示范项目的评选标准，充分调动属地居民、社区、企事业单位、基层政府等各方主体的参与积极性，聚焦主要使用人群，重视从需求调研、方案设计到维护管理的全过程公众参与机制建设，以公共空间营造为抓手推动基层共治。例如，在"建党百年·服务百姓·营造属于您的百个公共空间"项目中，朝阳区南磨房地区的南新园小

微城市公共空间项目将中青年居民作为公众意见征集的重点人群之一，在社区内征募中青年居民代表与老年居民、儿童家长代表一道参与方案讨论，规划全龄共享公共空间，吸引中青年回归并参与社区事务。又如，海淀区甘家口街道、朝阳区太阳宫地区的小微城市公共空间项目重点关注社区儿童活动空间匮乏这一问题，通过举办"儿童工作坊"，以生动活泼的方式有针对性地征求社区居民中家长及小朋友对空间改造的意见，了解使用者实际需求，打造儿童友好公共空间。

四、坚持高质量发展，通过"微改造"促动城市更新

项目征集和选取紧扣存量更新背景下的百姓需求，重点关注以历史文化街区、传统平房区、老旧小区、一般生活居住区为主的城市建成地区的有机更新议题，突出设计的人本性、适用性、文化性和艺术性，杜绝过度设计与形式主义，合理控制建设成本，倡导通过"微更新、微改造""小成本、高收益"的方式改善市民生活环境品质。例如，东城区龙潭街道的小微城市公共空间项目对周边小区居民自发形成的健身场地进行升级改造，引入篮球场、儿童活动区等适应不同年龄段居民需求的运动休闲场地或设施，将全民健身与全龄共享理念进行完美结合。丰台区宛平街道、海淀区清河街道的小微城市公共空间项目则分别对桥下空间、屋顶空间进行改造活化，推动现有城市"消极空间"的集约、复合利用。

此外，小微城市公共空间试点充分发挥了示范引领作用，撬动了一系列"微更新"后续实践。部分街道、乡镇或借助小微城市公共空间项目经验，形成社区治理工作新模式，持续推动老旧小区整体改造；或通过自筹资金，陆续推进后续小微城市公共空间改造计划；或参考小微城市公共空间改造提升经验，以社区公共空间营造为触媒，带动回迁房小区、老旧小区的配套设施和环境建设。石景山区、通州区、大兴区等也陆续启动不同范围内的区级小微城市公共空间更新平台搭建、组织动员与落地实施工作，推动小微城市公共空间实践的不断深化。

第四节　问题与建议

我国小微城市公共空间改造提升工作仍处于起步阶段，通过公益行动带

动的实践探索，在取得良好成效的同时，也发现了一些尚待解决的问题和挑战，并在一定程度上为下一步的探索提供了可参考的方向。

首先，除处于城市公共区域内、完全开放的小微城市公共空间之外，居住小区、商业设施与办公楼宇用地范围内也存在着不少"半公共"或"半商业"属性的开放空间，同样可能承担着部分居民或社会公众的公共活动功能，也可作为城市提质发展的一部分。未来可以考虑建立业主自筹、政府补贴或奖励的发展模式，鼓励以往的封闭或半封闭场地对外开放，有效增加公共空间数量与改善公共空间品质，并加强政府对"半公共"空间的统筹利用与管理。

其次，小微城市公共空间的建设和维护管理仍主要依靠政府资金，社会资金的参与处于起步阶段，参与机制有待丰富。未来如能实现公共环境提升的社会"造血"模式，如公益捐款、企业自建、慈善挂牌、社会组织和资本参与运营等，将是对城市精细化治理的效率与可持续性的有力推进。

最后，小微城市公共空间项目的设计和建设标准有待进一步明晰，个别项目存在过度设计的倾向，追求鲜艳的色彩、夸张的造型，对周边环境的协调关系、建设材料的持久性、后续维护的便利性缺乏考量，为后续基层政府、社区居民使用和维护公共环境带来问题。此外，按照现行设计取费标准，小微城市公共空间项目由于单个项目投资额较小，影响了高水平设计团队的长期投入。在后续实践中，如能持续总结倡导现有经验，在实际工作中注重经济性、适用性、艺术性的平衡，对空间设计、施工、运维环节和公众参与过程进行有针对性的指引，将有利于小微城市公共空间模式的复制推广和城市环境的精细提升。

第四部分　借　鉴　篇

第十七章
英国：城市更新让伦敦成为全球典范城市

作为欧洲最大的城市，英国伦敦在 16 世纪进入城市高速发展期。虽然 1666 年的"伦敦大火"使伦敦整个城市几近摧毁，但也为伦敦提供了一个遵循近代城市功能要求来改进城市的机会。这一事件让伦敦建设者们认识到了城市更新的重要意义，此后伦敦进入建设与更新双轨并存的状态。通过城市更新，伦敦彻底改变了原区域的陈旧形象，城市环境得到改善，市民生活更加便捷，城市功能更加完善。经过多年发展，伦敦作为城市更新的典范，在现代城市的规划、建设、更新、发展四个维度，成为世界各国城市更新的参考样本。

第一节 城市更新历程

"伦敦"全市俗称"大伦敦"，其空间自小至大分为三个部分：伦敦城、内伦敦和外伦敦。从二战后伦敦的城市更新进程来看，城市更新主要集中于伦敦内城。作为最早实现工业化的地区，伦敦在 20 世纪初是当时世界上用地规模最大、人口最多、国际化程度最高的世界性城市。二战后，累积的一系列城市问题导致中心城区逐渐衰败萧条。从 20 世纪 60 年代开始，政府以改善社会福利和环境卫生为目的，实施一些专门针对内城问题的政策。到 21 世纪 20 年代的当下，伦敦城市更新共经历了福利色彩的城市住房重建和城市环境改造时期、市场导向的旧城开发和公众参与复兴并重时期、政府规划日渐占据更新主导地位的后工业时期和以创新、文化、多元、生态为主调的后奥运时期四大阶段（表 17-1）。

表 17-1　伦敦内城城市更新历程表

阶段划分	重大事件及法规名称	典型案例
第一阶段（二战后至 20 世纪 60 年代末）	《巴罗报告》（1940 年）、《大伦敦规划》（1944 年）、《新城法》（1946 年）、《新城开发法》（1952 年）、《大伦敦发展规划》（1969 年）	● 斯皮塔菲尔德商业区 ● 罗斯蒙特三角地块 ● 伦敦可茵街社区
第二阶段（20 世纪 70 年代至 90 年代末）	《内城法》（1978 年）、《地方政府、规划与土地法》（1980 年）、《住房法》（1980 年）、《住房协会法》（1985 年）、《战略规划导引》（1986 年）	● 考文特花园 ● 卡姆登市场 ● 道克兰地区 ● 金丝雀码头 ● 国王十字街区 ● 泰特现代美术馆 ● 伦敦金融城
第三阶段（2000～2012 年）	重新成立大伦敦政府（2000 年）、《走向伦敦规划》（2001 年）、《伦敦规划》（2004 年）、《规划和强制收购法》（2004 年）、《大伦敦空间发展战略——住房供应、废弃物、矿物资源的调整》（2006 年）、《规划更美好的伦敦》（2008 年）、《伦敦规划：大伦敦空间发展战略》（2011 年）、《伦敦规划：基于 2004 年的变化调整》（2011 年）、《伦敦地方法案》（2012 年）、伦敦奥运会（2012 年）	● 巴特西电站 ● 伊丽莎白女王奥林匹克公园
第四阶段（2012 年之后）	《伦敦规划 2015》（2015 年）、《伦敦滨河机遇区规划框架（OAPF）2015 草案》（2015 年）、《大伦敦规划 2021》（2021 年）	● 红砖巷 ● 潮汐公园

资料来源：笔者根据公开资料整理，统计时间截至 2021 年

一、第一阶段：福利色彩的城市住房重建和城市环境改造时期（二战后至 20 世纪 60 年代末）

二战后，随着"日不落帝国"殖民地纷纷独立，大量的海外移民涌入伦

敦，导致产生中心城市过于拥挤、城市环境恶化和社会两极分化等一系列的城市问题①。早在 1944 年，阿伯克比（Patrick Abercrombie）主持的大伦敦规划采用了环形扩散的空间模式，用以分散伦敦城区过密的人口和产业，确定设立"城市绿带"来限制城市无序蔓延，即在伦敦周边地区建设 32 个工作和居住功能相协调的新城，将伦敦城市中心的人口和工厂疏解到绿带以外的新城镇中。60 年代中期，伦敦在编制新的大伦敦发展规划过程中，还基本顺应这种发展理念。这一时期，为缓解中心城区环境恶化的问题，伦敦市政府实施了一系列住房与城市建设领域的政策，以改善社会福利和环境卫生状况。但是，这种由政府包揽投资与实施的"福利性"做法因市场参与较少、资金压力大、协调成本高，导致其政策实施的范围和规模不大，成效和影响有限②。

二、第二阶段：市场导向的旧城开发和公众参与复兴并重时期（20 世纪 70 年代至 90 年代末）

20 世纪 70 年代，受全球范围内的经济下滑和全球经济调整影响，大量的制造业企业转移或倒闭，新兴中产阶级迁居郊区，内城持续衰落，政府开始着力考虑中心城区的复兴问题③。在随后的内城再开发中，政府逐渐在城市建设中引入市场机制，与开发商对各自代表的公共利益和私人利益进行谈判和交易后，通过协议确定各自的权利和义务，将公共、私人权利纳入同一机制——城市开发公司，建立"公司合作伙伴"的更新模式④。1978年，英国政府推出以《内城法》为重点的一系列政策后，城市建设重点全面转向内城更新⑤，此时的城市建设以市场投资为主导，其中最著名的更新项目为道克兰地区的更新。1997 年布莱尔上台之后，提出"第三条道路"的政策导向，试图通过更新与复兴，保障城市对全球商务和投资人持续的吸引力以

---

① 关烨. 城市更新的战略性研究——以大伦敦规划为例[C]//城市时代 协同规划——2013 中国城市规划年会论文集. 中国城市规划学会, 2013.

② 高雅，杨兵. 规划赋能下伦敦东区科创驱动式城市更新实践[J]. 国际城市规划, 2020, 35（6）: 135-143.

③ 高雅，杨兵. 规划赋能下伦敦东区科创驱动式城市更新实践[J]. 国际城市规划, 2020, 35（6）: 135-143.

④ 高雅，杨兵. 规划赋能下伦敦东区科创驱动式城市更新实践[J]. 国际城市规划, 2020, 35（6）: 135-143.

⑤ 关烨. 城市更新的战略性研究——以大伦敦规划为例[C]//城市时代 协同规划——2013 中国城市规划年会论文集. 中国城市规划学会, 2013.

及通过社会融入政策减轻因结构变化带来的各种社会问题。同时，公、私、社区三方的合作伙伴关系随着可持续发展观和人本主义思想被广泛接受而开始加强，政府将多方伙伴关系中的社区能力构建和鼓励公众参与作为更新政策的新方向，城市更新开始转型为目标多样化、保护历史环境、注重公众参与的社会改良和经济复兴①。

三、第三阶段：政府规划日渐占据更新主导地位的后工业时期（2000～2012年）

2000年以后，英国的政治格局发生了转变，城市的建设与发展也更加注重规划，此时新的大伦敦政府成立，并逐渐建立了完整的伦敦规划体系与内容，从这一时期开始，伦敦的城市更新更加强调规划的作用，形成了以《伦敦规划：大伦敦空间发展战略》为核心的完整规划体系，并且在方法和理念上有很多创新，此时最突出的更新实践是以奥运会为推动的东伦敦复兴②。其中，巴特西电站、伊丽莎白女王奥林匹克公园等更新项目成为这个阶段伦敦城市更新实践的杰出代表。伦敦2004年发布《大伦敦空间发展战略》（简称《大伦敦规划》）确立"集约紧凑"和分级分类进行城市更新引导的战略。2012年，借助举办伦敦奥运会的契机，伦敦大力推进城市更新与复兴运动，在经济社会和文化发展方面取得了一系列成就，大大提升了伦敦作为全球城市的竞争力③。

四、第四阶段：以创新、文化、多元、生态为主调的后奥运时期（2012年之后）

自2014年"创新城区"概念提出以来，在创新驱动发展的全球大背景下，伦敦市经济社会在发展转型的同时，伴随着城市空间的更新。随着全球创新空间从"园区"走向"城区"的趋势显现，科技创新公司的选址开始从大都市区的郊区地带，转向基础设施开发完备、城市氛围浓厚的城市地区，

---

① 杜坤，田莉. 基于全球城市视角的城市更新与复兴：来自伦敦的启示[J]. 国际城市规划，2015，30（4）：41-45.

② 关烨. 城市更新的战略性研究——以大伦敦规划为例[C]//城市时代 协同规划——2013中国城市规划年会论文集. 中国城市规划学会，2013.

③ 杜坤，田莉. 基于全球城市视角的城市更新与复兴：来自伦敦的启示[J]. 国际城市规划，2015，30（4）：41-45.

其中最突出的案例之一便是以"硅环岛"为中心的伦敦东区。经过几十年的城市更新历程，伦敦东区已从历史上的欠发达地区一跃转型成为充满活力的科创中心①。

2015 年，伦敦市政府制定了《伦敦滨河机遇区规划框架（OAPF）2015草案》，以功能混合开发和产业可持续为导向，通过住房、就业、交通、生态和公共设施等相关举措，加快推进机遇区从潜在增长状态转变为实际高增长状态。根据《伦敦规划 2015》，滨河机遇区通过交通和其他基础设施的投资，使该区域形成能居住 2.65 万人和提供 1.6 万个工作岗位的区域②。

2021 年，在全球"碳中和"行动的背景下，为应对气候变化，大伦敦地区议会审议并正式发布《大伦敦规划 2021》，创新性地提出了"机遇发展地区"的概念，为城市更新的未来发展指引了方向③。

第二节　典　型　案　例

一、伦敦可茵街社区更新

（一）城市更新背景

可茵街社区地处伦敦泰晤士河南岸、滑铁卢桥与布莱克法尔斯桥之间。到 20 世纪 70 年代，这块 13 英亩④的土地仍然废弃。70 年代后期，多家开发商企图在可茵街社区附近兴建观光旅馆及办公大楼，但可茵街社区的居民们担心，一旦房地产被征收，将转型为观光旅馆和拥有河景的高级公寓，原住家庭只能离开可茵街，搬到郊外居住。而且过度的商业开发会破坏当地的家庭生态，泰晤士河南岸的社区氛围、家庭与社会脉络必将消失。为此，居民及其自组织成立的"可茵街社区营造者"（Coin Street Community Builders，CSCB）与开发商展开了长达 7 年的抗争⑤。

① 高雅，杨兵. 规划赋能下伦敦东区科创驱动式城市更新实践[J]. 国际城市规划，2020，35（6）：135-143.

② 屠启宇，苏宁，张剑涛，等. 国际城市蓝皮书：国际城市发展报告（2016）[M]. 北京：社会科学文献出版社，2016.

③ 2021 年伦敦计划正式生效，500 多页的报告规划了哪些重点？[EB/OL]. https://www.sohu.com/a/457950625_468661[2021-03-30].

④ 1 英亩≈0.004 平方千米。

⑤ "社会企业"的大作为——伦敦可茵街社区更新实践初探[EB/OL]. https://www.163.com/dy/article/GCII03L80518V7QB.html[2021-06-15].

在 20 世纪 80 年代初期，开发商已取得可茵街一半的土地以及开发权，另一半则仍属于大伦敦市议会，政府也准许了可茵街居民提出的地区保护申请，居民与开发商各自拥有同一地段上不同的物业，势均力敌，僵持不下。直至 1981 年大伦敦市议会的新一任议长肯·利文斯通（Ken Livingstone）上任后，才强烈压制开发商的拆除计划。开发商抵不住压力，终于在 1984 年放弃可茵街的更新案，并将手上持有的地产卖给大伦敦市议会，市议会再以超低价（100 万英镑）半卖半贷款给了 CSCB，进行"不以营利为目的"开发信托，可茵街的命运由此改写。

1984～1988 年短短 4 年间，CSCB 对可茵街的改造取得了瞩目的成就。他们拆除了部分废弃的旧工业厂房，完成了南岸首批河堤步道改造，建设新的河堤公园，此后还兴建了伯尼史宾公园以及加百利码头。

（二）主要做法

1. 治理主体

CSCB 的定位是一个"社会企业"，采取社区信托发展基金的模式营运。所有公司成员都必须是本地住户。CSCB 的设想是将可茵街建成一个集居住、工作、社区设施和开敞空间于一体的混合型社区。一些有远见的社会活动家成为主导者，他们募集了 10 万英镑以进行详尽的可行性研究与规划设计，并随即展开长达两年的公众咨询，CSCB 与开发商同时获得了规划许可，但最终 CSCB 得到了来自肯·利文斯通和大伦敦市议会的支持并获得了所有权，他们提出的社区开发计划也获得了通过。

CSCB 也做了很多工作以提升地区的知名度，如年度的节庆等。在社区营造的早期阶段，节庆活动不但能提升社区知名度，还能将社区人群有效地聚合在一起。他们还动议成立了"南岸雇主协会"，汇集了本地知名的雇主（如壳牌、IBM 和当地医院等），为社区营造的公共空间、公交线路、标志系统和地方营销等内容提供资金等方面的支持。

CSCB 一直努力保持资金的自我维持。在获得这块废弃土地之初，CSCB 向各银行与房屋协会申请补助金借贷作为建设资金，然后慢慢通过商业收入还清数笔贷款，例如将旧工厂或荒废的场地出租当作收费停车场。CSCB 也不错过其他跨领域的小额资金，包括儿童机构补助、伦敦开发局奖助、综合更新预算（single regeneration budget，SRB）基金、新机会基金等。

2. 更新策略

一是留住原居民，守护"烟火气息"。一个更新案不能只有光鲜亮丽的新建筑而没有本质上的涵养，不能只计算商机而缺少人气。更重要的是，不能只有消费者而没有稳定居民。一块地再怎样被开发、被经营，终比不上居民的悉心照料、原汁原味的"烟火气息"，以及守护家园的心来得恳切殷勤。因此，可茵街建设不只追求新社区或新门面，更重要的是建立新家庭和稳定居民。二是尤其关注低收入群体。通过与房屋互助机构合作，可茵街提供了约220户福利性集合住宅。整个集合住宅以中庭广场为中心，家家户户面对中央花园的设计，不但使各住户方便地进出中庭，同时寓意着凝聚力、向心力。通过选用本地材料和可持续的建筑技术，降低了低收入群体的住房负担，使他们愿意留下来，成为和地方共生共长的居民。三是开办社区教育推动社区文化整合。社区教育也是可茵街地区复兴的重大课题，2007年，史坦佛街社区中心落成，其内设置了补习班、育婴房、才艺及音乐教室，并提供就业指导和职业培训，强化社区整合。在社会教育方面，除了Oxo画廊定期展览新锐艺术以拓宽当地文化视野外，一年一度的可茵庆典也为市民提供了便捷的艺术教育交流平台，使文化创意不再高不可攀，而成为切实丰富居民生活、提升社区格调的有效办法。

可茵街社区更新的成功，得益于有清晰的社区愿景、较大的社区自主性，以及良好的资金运转。CSCB活用了公共部门与产业界的各项资源，达成多层次参与的整合机制。在多方诉求不同、相互博弈的背景下，可茵街社区更新的成功在英国城市更新史上树立了难能可贵的里程碑，在其所处的人文法治背景下，证明了社区主导的城市更新可以比政府主导的更为有效，也让其他为了保卫家园而正与开发商角力的小社区树立了信心。

二、伦敦道克兰地区更新

（一）城市更新背景

道克兰曾经是世界上最繁忙的港口之一，该港口一直以传统港口产业（包括船舶修理、食品加工、抵押和分配等）为发展基础，工业发展依赖烟草、木材等原材料的进口。19世纪30年代中期，道克兰的发展达到了顶峰，有10万余人在这里工作，其中3万余人直接受雇于港口①。然而，随着经济社会的发展，港口需要更多掌握复杂技术和拥有管理经验的高素质人才，该地区因不能满足需求而逐渐衰落。

20世纪60～70年代，道克兰的衰落开始加剧，环境破坏，人口流失，交通条件落后，住房条件恶劣。人们开始研究探讨道克兰的未来，但提出来的相关计划与建议都没能提供具体的落实策略。特别是到70年代，道克兰的衰退导致企业关门停业、缺乏投资，衰退开始加剧。英国政府于1977年颁布《内城政策》白皮书，重点关注内城问题，但由于缺乏资金，一些城市更新的重大项目实施起来较为困难②。

1981年，伦敦道克兰城市开发区成立，开发区陆地面积达22平方千米，水域面积达162平方千米，滨水岸线达88.5千米，分属当时伦敦最为衰落的三个区：哈姆雷特塔（Tower Hamlets）、纽汉姆（Newham）和索斯威克（Southwark）。此外，在道格斯岛内另设有一片独立的企业区；同年6月，英国成立伦敦道克兰开发公司（London Docklands Development Corporation，LDDC），以其作为道克兰城市开发区的开发主体，开始了其长达17年的工作③：将一个几近废弃的老区改造成伦敦一个全新的金融商务区。

（二）主要做法

1. 引入治理主体

1979年撒切尔夫人领导的保守党上台执政后，政府对城市建设的政策转向以市场为主导的城市更新，鼓励私有资本介入城市开发④。次年，《地方政府、规划与土地法》获得通过，该法授权环境部部长建立城市开发公司来负责城市开发区的工作，并明确指出城市开发公司的主要目标是"复兴该地区，使土地与建筑发挥使用效益，创造一个吸引人的环境，确保住宅及社会服务设施齐全以吸引人们来该地区居住与工作"。为确保实现以上目标，英国还赋予城市开发公司一系列权力，其中，最有争议的是该法第141项关于土地归属顺序的规定，即城市开发公司经国务大臣和有关部长批准后，可以不经公众质询，强制获得属于公共部门的土地。于是，LDDC在这种背景下应

① 王欣. 伦敦道克兰城市更新的实践与启示[J]. 城市，2004（3）：61-63.
② 王欣. 伦敦道克兰城市更新实践[J]. 城市问题，2004（5）：72-75，79.
③ 王欣. 伦敦道克兰城市更新实践[J]. 城市问题，2004（5）：72-75，79.
④ 王欣. 伦敦道克兰城市更新的实践与启示[J]. 城市，2004（3）：61-63.

运而生。LDDC 由英国政府牵头成立，直接隶属于中央政府，凌驾于地方政府之上，主导道克兰区域的开发工作。为了帮助 LDDC 顺利开展工作，英国政府授予了其史无前例的权力。LDDC 的权力包括：①当地的自治市政府保留规划制定权；②英国财政部每年通过环境部门向 LDDC 提供六七千万英镑的财政拨款；③LDDC 可以通过专门的议会程序从公共部门手中快速获取土地，包括强制征用土地的权力；④英国政府授权 LDDC 向全球市场营销和推广码头区域。LDDC 的资金来源有两条主要的渠道，一为中央政府每年的财政拨款，另一为公共基金。该公司的目标是有效利用土地和建筑物，鼓励现存的和新的工商业发展，创建一个更具吸引力的环境，确保优质的住房和社会服务设施以鼓励人们在此工作和居住（图 17-1）。

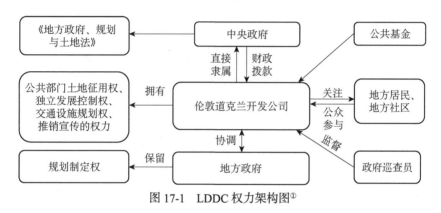

图 17-1　LDDC 权力架构图①

为了帮助伦敦码头区迅速复苏，英国政府授权 LDDC 在码头区的道格斯岛上设立企业特区。在道格斯岛设立企业特区的目的是将投入伦敦其他比较富裕地区的各类资源转到码头区来，为此政府提供了一系列优惠政策，如在企业特区内没有规划控制。道格斯岛企业特区的经营期为 10 年，虽然开发初期进展缓慢，但经过 10 年的发展，道格斯岛企业特区在各个方面都取得了突出的成就，其中就包括一个世界级的金融中心——金丝雀码头。

2. 不断创新更新策略

伦敦码头区在开发之前，各行各业发展日益衰落，人无定所，土地也被废弃。因此，LDDC 的开发战略核心是利用政府力量来调节市场失灵。为了

---

① 城市更新系列二十三　伦敦道克兰城市更新，让"金丝雀"再起飞[EB/OL]. https://www.sohu.com/a/367395169_120209831[2020-01-27].

满足商业和住宅社区发展的要求，LDDC采取了多种灵活的规划措施，这些措施不仅体现在空间上，而且体现在时间上，即在规划过程中整合各个时期不断变化的要素，这是追求规划理念纯洁性的传统规划技术所无法接受的，而LDDC认为这有利于促进伦敦码头区的动态发展。LDDC的总体战略是以改善基础设施为载体，建立区域内外紧密联系的交通，通过灵活开发、多元化开发和集中开发，形成区域振兴的长期模式。LDDC的开发计划主要包括以下几方面。

（1）机制设计。LDDC在大规模建设之前，首先设计了区域内开发的两大机制——开发协议机制、开发控制机制，并且成立了咨询机构——城市设计顾问组，以确保码头区的重建品质。

（2）社区营造。LDDC在伦敦码头区建立了中小学和大学，鼓励学生参加学校教育和培训，完善当地的培训和教育设施。另外，LDDC花费了7%的总预算投入社区公建基础设施和活动中，其中一半资金投入教育和培训中，另一半投入健康和其他社区活动中，为当地社区氛围营造做出了大量的工作。

（3）产业引入。LDDC鼓励码头区原有企业回迁，并建设大型工业园区以吸引外部企业落户。除此之外，LDDC还支持报纸、印刷和通信等配套商业的进入以发展多样化经济。O&Y金丝雀码头投资公司与LDDC签署了总造价30亿英镑的国际金融中心总体建造协议。金丝雀码头已经成为伦敦新的金融商务中心，汇丰银行、花旗银行等著名银行以及《每日电讯报》、路透社及《每日镜报》等著名媒体机构均落户在此地。

（4）住宅和基础设施建设。到1998年为止，LDDC共获得了9.3亿英镑的资助用于交通基础设施建设。这使得伦敦码头区的交通路网发展程度达到甚至部分超越了伦敦其他发达街区，为码头区的改造提供了关键支撑力。交通基础设施建设为道克兰创造了2万多个就业机会，也使交通状况得到大大改善。同时，LDDC鼓励房地产开发商购买日后开发的土地，并通过多个开发商共同参与的方式降低风险。1981年，LDDC对道克兰分批进行了改造，最终LDDC的房地产市场大获成功，1981～1998年，伦敦码头区的存量住宅从15 000套增长至38 000套。

道克兰地区更新的成功，核心在于建立以市场为基础，政府辅助指导的城市更新体制，鼓励私有资本介入城市开发。推动建立城市开发公司和企业特区，促进地区经济发展。推动自上而下的社区规划，让公众参与到城市更新过程中，变被动为主动，调动老百姓的积极性。城市更新不仅仅是解决衰退问题，更重要的是如何协调好经济利益、社会利益和环境利益三者之间的关系，从而有力地促进城市更新与城市的可持续发展。

三、巴特西电站改造项目

（一）城市更新背景

巴特西电站位于泰晤士河南岸，1933 年投运，为当时的伦敦供应全城 1/5 的电力。此外，作为伦敦的地标建筑之一，巴特西电站也出现在诸如《国王的演讲》《神探夏洛克》《速度与激情》《蝙蝠侠》等电影中。巴特西电站以其屋顶的四个烟囱而知名，与大本钟、白金汉宫等一并成为伦敦地标。1983 年，因为设备老化与清洁能源需求巴特西电站停止运作。

2012 年，在巴特西电站停止运营近 30 年之后，来自马来西亚的投资财团收购了电站与周边地区的土地，并提出了一套综合更新方案，将累计 42 英亩的土地更新为集住宅、办公楼、商场、餐厅、活动区域和酒店于一体的城市综合体。其中，大约有 19 英亩的土地为公共用地，包括在电站门前的 6 英亩公园。整个项目将于 2028 年完工，其中，巴特西电站主楼部分在 2021 年首次向公众开放，该地区也成为伦敦最大的办公、零售、休闲和文化区之一。这个项目最为重要的一点是"场景营造"，为此，巴特西电站主张土地的混合使用，保证地区不过度依赖于某种城市功能，让社区可以真正地蓬勃发展。这使得巴特西电站周边地区成为一个新兴的商业区的同时，还是一个著名的高端社区。除了苹果公司外，著名的国际共享办公空间品牌"No.18"也在电站租用大约 40 000 平方英尺①的写字楼空间。此后，还会建设更多的办公区域，2012 年伦敦奥运会闭幕时，巴特西电站曾作为"最能代表伦敦的六大建筑"亮相。

（二）主要做法

一是创新更新主体。巴特西电站项目由实达集团（S P Setia）、森达美集团（Sime Darby）、马来西亚雇员准备基金（Employees' Provident Fund）等构成的马来西亚银团共同投资。该项目总投资 100 亿英镑，目标是将巴特西电站周边地区打造成一个可持续的、活力四射的社区，提供约 17 000 个就业岗

---

① 1 英尺＝0.3048 米。

位，有力地带动了周边地区的更新改造。项目完成后，预期在 20 年内每年可为英国贡献 1 亿英镑的生产总值。项目得到了英国中央政府、伦敦市政府、伦敦旺兹沃思区（London Borough of Wandsworth）、英格兰遗产（English Heritage）组织、英国设计委员会建筑与建筑环境委员会（Design Council CABE）等各政府、官方机构的大力支持①。

二是引入高端产业项目。整个巴特西电站项目分为八期，世界知名建筑师拉菲尔·维诺里（Rafael Vinoly）负责项目的总体规划，在曼彻斯特城市重建中战绩卓然的伊恩-辛普森事务所（Simpson Haugh & Partners）和 dRMM 建筑事务所（de Rijke Marsh Morgan，dRMM Architects）共同负责巴特西电站项目的一期设计，主导项目二期设计的是著名的威尔金森·艾尔建筑事务所（Wilkinson Eyre Architects），三期则由建筑界赫赫有名的福斯特建筑事务所（Foster+ Partners）勾勒，被《名利场》杂志奉为"当代最伟大的建筑师"弗兰克·盖里（Frank Gehry）创立的盖里建筑事务所（Gehry Partners），为项目量身定制展望大道。截至 2021 年，西环村的第一期已经建成，95%的区域已经售出，拥有超过 1000 名住户以及一系列的餐厅、商店、酒吧和咖啡厅。

三是推进文化、艺术与商业创新集聚。文化与艺术是巴特西电站建设策略中的重要一环，电站周边的开阔地段可以举办各类活动，也可以增强当地居民与本地历史之间的纽带。在已经完成的第一期西环村项目中，就包含一个常年举办的艺术活动 Powerhouse Commission 以及一个小剧场。零售业也是西环村的一个重要发展部分。在这个有超过 1000 人居住的区域内，规划者着重强调别处难以找到的独立商店和餐厅，或者是在伦敦只有小规模布局的企业。此外，巴特西电站还提供了从国际品牌到新潮品牌在内的一系列零售商店，以及一个供应海外与英国风格餐饮的美食大厅。

四是保护本地历史与古迹。巴特西电站的四个烟囱原本已经年久失修，工作人员决定使用原有技术重新建造，最终重新安放到发电站顶端。其中一个烟囱内部装有玻璃电梯，游客可以直接搭乘电梯来到 109 米的高空 360 度俯瞰伦敦。发电厂内部的控制室也被修复保护，内部的各种仪表也对外公开展出。电站的轮机房曾经用来装载大型发电设备，现在则即将变成伦敦最受欢迎的新零售天堂。

---

① 欧洲曾经最大的砖式建筑——巴特西电站魅力重生[EB/OL]. https://www.sohu.com/a/156056193_264056[2017-07-10].

第三节　经　验　启　示

一、设立专门的管理机构、法规和指南

从英国政府到伦敦市政府，针对不同模式的存量用地再开发都建立了一套严格的法律政策体系，详细规定实施的内容、目标、程序、各方的责任义务等相关内容。在调整城市空间结构、调动存量资源、提升城市质量方面，有一套完整的体制机制，将刚性的约束与弹性的管理结合起来。

在国家及区域层面，英国在 20 世纪 90 年代后成立了英格兰合作组织和区域发展机构作为城市更新的指导和协调机构，并出台《城市文明法》（Civic Amenity Act）、《地方政府、规划与土地法》等涉及城市更新的法规。在项目层面也有更为详细的政策和措施，如 1978 年威斯敏斯特市政府针对科文特花园更新，出台《科文特花园行动计划》（Covent Garden Action Plan）、《科文特花园保护与管理指南》（A Conservation and Management Guide）、《商业用途规划指南补充说明》（Supplementary Planning Guidance for Entertainment Uses）等，提出重点保护科文特花园区域的城市肌理和历史特性，在不破坏历史建筑的前提下，鼓励与新型商业业态混合使用，包括历史建筑的日常维护、公共空间复兴、经济振兴等方方面面，为项目更新操作提供了有力的指导。

二、平衡政府、企业和民众三方需求

政府是城市更新的规划决定者，企业是主要实施者，民众是最重要的受益者，成功的城市更新要形成三者共同参与的机制。例如，英国新地标伦敦巴特西电站项目，在 2012 年该电站的更新规划过程中，政府总体指导、企业提供方案、民众充分发表意见，在经历长达 20 多年一轮轮的规划、修改后最终得以落地。政府实现保护历史遗产和城市更新的双重目的；投资者获得规划的认可并取得了较好的收益；民众充分表达意愿并取得了令他们满意的效果。最终，该项目实现多方共赢，进程得以推动。

更新决策不是由一方的利益决定的，而是需要政府、社区、企业相互协调平衡。虽然效率相对降低，但却可以获得共识和共赢，具有长久的历史价

值。在城市有机更新过程中，政府的积极作用不可替代，一方面要运用激励性政策吸引私有部门参与城市更新工作，另一方面要维护公众利益，为社区创造改善条件，在三方伙伴关系中起到协调、引导、监察和调解的作用，确保社区利益不为商业利益所吞没。

三、设立多政策优惠的更新特区制度

鉴于城市有机更新的复杂性，针对城市中某一具有特别价值的地域（如城市中心区、重点开发区、特色功能区以及历史文化街区等），通过"目标＋手段"组合，出台一系列优惠和鼓励措施。例如，伦敦市在道格斯岛内设立的独立企业区，在该企业区内可以享受各种政策优惠：对建造、改善或扩建商业或工业建筑的建设给予100%的税收减免；对工业和商业楼宇免征营业税；简化规划程序；免征工业培训税；快速处理公司关于仓储免关税的申请；政府减少对统计信息的要求；等等。其中三个最重要的政策工具是免征地方税、实行资本补贴、放宽有关土地使用的规划控制。

四、构建成熟的多主体合作更新模式

多主体合作更新开发主要采用 PPP 模式，即在城市更新中采取政府与私人组织合作的方式，以特许权协议为基础，通过签署合同来明确双方的权利和义务，以确保合作的顺利完成，最终使合作各方达到比预期单独行动更为有利的结果。此外，伦敦市城市更新实践中还充分发挥社会捐助、公益基金的作用，而不是政府包办。此外，成熟的金融体系（如房地产投资信托基金）也为城市更新提供了有力的支持。

18 第十八章
日本：城市更新让东京持续保持竞争力

21 世纪初，日本开始在国家层面推进城市更新政策，试图通过城市更新刺激经济复苏、提升城市竞争力和人民生活质量。作为日本政治、经济、文化、交通等众多领域的中心，东京城市更新的实践非常成功，在 2155 平方千米的辖区内吸引了约 1350 万人口，成为全球人口最多的城市之一。虽然日本人口已经出现负增长，但东京的人口仍在增长。究其原因，就在于东京是一座持续更新的城市，城市结构、天际线和城市景观一直处于更新建设之中，面貌日新月异，使得东京能够持续焕发新的活力，持续保持一流的国际竞争力①。

---

① 肖锦成，马志宇，郭丽丽. 日本东京城市更新经验及对我国的启示[J]. 中国房地产，2020（36）：56-62.

第一节　城市更新历程

纵观日本东京城市更新的发展历程，东京在面对战后重建、大规模人口迁移、泡沫经济崩溃、地震灾害等一系列挑战的过程中，都市营造和都市更新的主题始终贯穿其中，逐渐发展出一套都市更新计划体系和都市更新制度。在特征上，主要表现为两个转变：一是逐步形成由中央政府向地方政府不断分权的规划体系；二是逐步形成由政府包办主导向利益相关者自我组织协调转变的更新路径和制度体系①。在城市更新发展历程中，东京城市更新的主题随着时代的发展而不断变化，自19世纪20年代日本《城市规划法》出台至今，东京城市更新主要经历了以住宅建设和城市重建为特征的城市更新前夜期、以制度建设和实践繁荣为特征的城市更新黎明期、以地域价值提升和城市竞争力提升为特征的城市更新白昼期三个阶段，如表18-1所示。

表 18-1　二战后日本都市营造和都市更新的阶段特征及制度变迁②

年代	特征	主要开发类型	法律颁布/修订	
			《都市计划法》	都市更新相关
20世纪50年代	战后经济恢复期	● 再开发 ● 团地	1919年颁布	● 引入地域地区、土地区划整理 ● 土地及建筑物征用制度 ● 受益者负担制度	● 《土地征用法》（1951年） ● 《土地区划整理法》（1954年）
20世纪60年代	高速经济增长下的人口集中	● 站前广场 ● 大规模住宅再开发 ● 绿地和公园 ● 新城建设	1968年新法颁布	● 城市规划行政权下放 ● 市民参与程序 ● 区分城市化促进区域和城市化控制区 ● 开发许可制度 ● 容积率作为控制指标	● 《市街地改造法》（1961年） ● 《都市再开发法》（1969年）
20世纪70年代	高速经济增长期的都市营造的反省	● 密集市街地整备 ● 社区营造 ● 灾后复兴计划 ● 复合机能			● 《都市再开发法》第一次修订（1975年）

① 日本城市更新背景、方法及借鉴价值[EB/OL]. https://www.sohu.com/a/340023317_828724?qq-pf-to=pcqq.c2c[2019-09-10].
② 【城市更新】重识日本都市更新之系列一：更新历程[EB/OL]. http://www.guihuayun.com/read/2126[2015-07-22].

续表

年代	特征	主要开发类型	法律颁布/修订	
			《都市计划法》	都市更新相关
20世纪80年代	从量到质的转变，"地方时代"的都市营造	● 都市交通 ● 站点周边据点整备 ● 公共空间设计 ● 社区营造条例	1980年修订	● 增设"地区规划"作为法定规划的内容 ● 地方行政机构负责起草规划方案，但必须采纳市民意见	● 《都市再开发法》第二次修订（1980年） ● 《都市再开发法》第三次修订（1988年） ● 《都市再开发法》第四次修订（1989年）
20世纪90年代	调整、合作、联合下的都市计划系统的摸索	● 地域管理 ● 大规模民间复合开发 ● 持续型新市街地	1990年修订	● 细化土地使用分区 ● 增设"地区规划"种类 ● 首次引入总体规划概念 ● 设立促进转换利用闲置土地地区制度	● 《都市再开发法》第五次修订（1995年） ● 《都市再开发法》第六次修订（1996年） ● 《都市再开发法》第七次修订（1997年） ● 《都市再开发法》第八次修订（1998年）
			1999年修订	● 城市规划作为地方政府的"自治事务" ● 地方议会参与规划内容审议 ● 市町村决定的规划内容增加至75%	● 《都市再开发法》第九次修订（1999年）
21世纪头10年	以地域价值提升为目的的可持续都市营造和都市经营	● 水和绿的构造 ● 沿线大规模新城	2002年修订	● 增设"城市规划提案制度"，允许一定规模以上地区中的土地所有者（超过2/3）或非营利团体，向地方政府提出规划方案	● 《都市再开发法》第十次修订（2001年） ● 《都市再开发法》第十一次修订（2002年） ● 《都市再生特别措施法》（2002年）

资料来源：笔者根据公开资料整理

一、第一阶段：以住宅建设和城市重建为特征的城市更新前夜期（20世纪20年代至40年代末）

1919 年日本政府颁布的《城市规划法》第一次将土地区划整理写入法律，随后在 1923 年的关东大地震后重建中，土地区划整理成为日本东京开展大规模援建、复建以及更新的重要途径。现在东京中心城区内相当大比例的路网都是这次灾后重建建成的，依据日本相关土地法规开展的关东大地震灾后重建，对东京中心城区从呈现江户时代特征转变为当代城市特征具有重要意义。1945 年，东京遭遇二战后期的空袭，再次沦为焦土。战争结束后，东京开展战后重建。虽然曾提出过理想化的规划方案，但由于经济等方面的原因，这轮城市重建仍主要按照土地区划整理法规开展，东京的城市路网和街区建设逐步完善，形成接近于今天的城市格局①。

二、第二阶段：以制度建设和实践繁荣为特征的城市更新黎明期（20 世纪 50 年代至 90 年代末）

20 世纪 50 年代中期，随着经济社会恢复发展，日本进入了长达近 20 年的经济高速增长期。1955～1965 年的 10 年间，处于经济高速增长期前期的东京，虽然已从战争的废墟中恢复重建，但是交通设施、公共建筑等城市基础设施尚未完善，存在许多房屋低矮老旧、街道狭窄的地区，城市功能和人居环境亟待改善。同时，城市快速发展带来的各种城市环境问题也逐渐引起社会各界的关注。1954 年，日本政府正式颁布了《土地区划整理法》，为日本土地区划整理各环节的合法运作提供了法律依据。在这样的时代背景下，依据"特定街区制度"打造而成的日本第一栋超高层——霞关大厦，于 1968 年竣工并投入使用，成功开启日本超高层建筑时代。此后，以霞关大厦为蓝本，东京开展了多个城市更新项目的建设。

以 1969 年出台的《都市再开发法》为契机，日本城市更新得到迅猛发展。这一时期，东京依托城市轨道交通（主要是地面铁路）网络建设而迅速发展扩张。由于轨道交通网络发达，东京在经济高速增长期的前 10 年里就奠定了以公共交通为主的大众出行方式，而私人汽车的普及则到 20 世纪 60 年代才开始，这对城市发展的影响深远。20 世纪 50 年代中期以后，在东京中心城区的大手町、有乐町、日本桥、新桥和虎之门等重要区域，包括银行、总部办公楼和面向中小企业出租的商务楼在内的各种商务办公楼开发项目全面开展。

该时期典型城市更新项目实践包括：从 1965 年制定规划到 1991 年东京都政府迁入，新宿副都心区域的一片净水厂用地转变为超高层建筑街区；20 世纪 80 年代起，在六本木、赤坂和大琦等地出现的大规模建筑综合体城市再开发项目；20 世纪 90 年代后，对原日本国有铁路持有的车辆检修和货运车站等用地，进行更新形成的品川和汐留等新的商务商服办公聚集地。

---

① 同济大学建筑与城市空间研究所，株式会社日本设计. 东京城市更新经验：城市再开发重大案例研究[M]. 上海：同济大学出版社，2019.

三、第三阶段：以地域价值提升和城市竞争力提升为特征的城市更新白昼期（21 世纪至今）

进入 21 世纪后，受泡沫经济影响，日本政府为拉动经济发展、解决城市问题，于 2002 年制定《都市再生特别措施法》，开始注重地域价值提升的可持续都市营造。东京城市更新中的城市再开发项目向务实转变，更加注重城市发展实际需求，而选址则集中在城市重要区域[均为公共交通导向型发展（transit-oriented development，TOD）模式]，并将开发建设、运营和维护相结合，确保实现能长期持有的优质社会资产。在丸之内地区，在原址上拆旧建新的超高层建筑丸之内大厦（2002 年竣工），以及随之带动的丸之内主要街道——仲道，沿街商业改造项目是这个时期的典型更新项目。2012 年，东京站历史建筑复原修缮工作完成，也为这一地区增加了活力和标志性。以 2020 年东京奥运会为契机，东京将持续推进城市更新，包括丸之内、大手町、八重洲、日本桥和京桥等在内的东京中心城区，其很多建筑都将进入重建时期。东京市内的单个及跨越多个地块的再开发，包括交通、能源设施等城市基础设施建设的一体化综合设施开发，成为人们关注的焦点，通过务实和高质量的城市再开发项目，东京城市更新将持续发展，城市综合能级也将持续提升。

第二节　典型案例

一、东京汐留站更新

（一）城市更新背景

汐留地区位于日本东京市中心，地理位置优越，紧邻银座、筑地、新桥、日本桥等大型商业区以及滨松町、丸之内、霞关、虎门等重要办公区，其东南侧倚靠滨离宫恩赐庭园，与隅田川、东京湾邻近，联系着市中心和滨水地区，属于东京最繁华的核心地带①。

汐留这一地名起源于江户时代初期，此前，汐留地区只是海边的一片滩

---

① 秦虹，苏鑫. 城市更新[M]. 北京：中信出版社，2018：177-182.

涂地。进入明治时代后，政府接管了汐留地区德川直系大名的宅邸，并在此处建造火车站。1914 年，新桥站的客运交通功能被新建成的东京站所取代，原日本国有铁路山手线上的鸟森站被改名为新桥站，原新桥站则被改做货物专用车站，并更名为汐留站。二战初期，由于铁路货运发达，汐留站成为当时物流运输的重要据点，为战后日本经济复苏和增长发挥了重大作用。1959 年，从汐留站到大阪梅田站的日本第一列集装箱货运列车开通。自 1964 年起，汐留站逐渐成为通往名古屋、大阪方向的货运列车枢纽站。同时，由于毗邻被称为"东京厨房"的筑地水产市场，这里也是重要的物流中心①。随着公路货物运输的发展，铁路被公路取代，同时，由于铁路货运改为以集装箱列车为主，而汐留站面积有限，难以堆放大量集装箱。1986 年 11 月，汐留货运站也正式废止。

为恢复城市活力，汐留地区亟待更新。1987 年，汐留站周边地区综合整备计划调查委员会正式成立，标志着该地区进入更新发展的新时期。1992 年，汐留地区土地区划整理事业与再开发地区计划获得通过，成为东京城市更新规划项目之一。1999 年，城市更新项目正式开工，并于 2002 年 10 月建设完成首栋建筑——电通公司总部大楼。2002 年 11 月，都营地下铁大江户线与新交通百合鸥号在汐留站通车，使汐留站成为重要的交通枢纽。2002～2006 年，各大企业机构（如日本电视台、松下电工、资生堂、共同通讯社）相继入驻。经过近 20 年的更新和再开发，汐留地区已经由一个废弃的货运站，逐步转变成为东京新的金融、商业和文化副中心，城市发展焕发出新的生机和活力②。

（二）主要做法

1. 注重多主体协作

汐留城市更新项目采取官民合作的经营模式，注重多主体协同，在有效发挥政府作用的同时，更加强调民间主体和社会资本的引入。在此基础上，各参与主体根据各自的职能范围合理分工，协同推进更新工作顺利进行。在土地整备规划方面，政府起主要作用。例如，由日本当时的国土厅、运输省

① 同济大学建筑与城市空间研究所，株式会社日本设计. 东京城市更新经验：城市再开发重大案例研究[M].上海：同济大学出版社，2019.

② 秦虹，苏鑫. 城市更新[M]. 北京：中信出版社，2018：177-182.

和建设省①进行汐留及其周边地区的土地调查，继而经决议通过汐留地区土地区划整理事业与再开发地区计划，确定更新城市职能和恢复市中心居住功能的更新理念。土地整理由东京都政府负责，由原土地所有者——日本国有铁路清算部门逐渐将土地所有权出售。新业主则组成"汐留地区城市联合协会"，在参考各方意见的基础上，逐步开展街区规划，成为规划的主要负责方。

2. 坚持多元化土地利用

汐留地区开发由东京都和都市再生机构负责制定规划方案，日本设计作为都市再生机构的支持力量也参与其中。根据土地区划整理事业相关法规，规划将31公顷的基地划分为11个大地块，在对道路及其他公共基础设施统一进行规划的基础上，再划分项目建设用地，分别出让给多个民营企业进行开发。基于项目基地的优势条件，经与多方反复协商后，最终确定进行办公、商业、文化、酒店、住宅等复合功能的开发建设，将开发目标定位于打造总部办公、五星级酒店和高档公寓。

3. 打造宜人的城市环境

通过优化公共道路、建筑等，构筑开放的公共空间，提升城市活力和氛围。通过对建筑的指导控制，营造和谐有特色的城市空间，如在某功能区内规定建筑密度、建筑高度和容积率。要求建筑设计应与建筑户外的主体相协调，以营造一座优美绿色的城市。另外，还通过控制建筑的高度使城市天际线与更新和建设理念相一致，最终创造和谐宜人、与自然和谐相处的城市生活环境。对旧新桥站建筑的保护、重建和再利用不仅体现出汐留地区整体开发的特点，也提升了该地区公共空间的品质。

4. 打造立体交通系统

汐留地区立体化交通体现在步行、车行和轨道交通系统的分离上。汐留地区可以十分便捷地到达东京其他重要地区，是市中心重要的交通节点。汐留地区交通系统以轨道交通为主，以公共汽车交通为辅，地铁线路主要有都营地铁、营团地铁、日本铁路公司（Japan Railways，JR）京都线、新交通等8条轨道交通线，此外还有京滨铁路、昭和大街、首都高速都心环状线

---

① 2001年日本中央省厅再编中，运输省、建设省、北海道开发厅和国土厅等机关合并组成国土交通省，负责制订全国国土计划，以及河川、都市、住宅、道路、港湾、铁路、航空、政府厅舍营缮的建设与维持管理等。

（C1）、海岸大街和竹芝大街等交通干道，12 条公共汽车线路和若干条来往成田国际机场的巴士线路，交通便利。此外，还有着多样化和人性化的步行系统，实行人车分流，打造无障碍步行平台等。

二、大丸有地区更新

（一）城市更新背景

大丸有地区由紧邻东京站的大手町、丸之内和有乐町 3 个片区组成，该地区地理条件优越，内有 JR 东京站，7 条地铁线纵横交叉，交通便捷，邻接行政、立法中心的霞关，是日本最重要的 CBD[①]。

大丸有地区的发展起源于明治维新后的 1890 年，随着当时《东京市区改正条例》的实施，这片原属于日本陆军省的用地出售给民营企业，日本第一个商务办公区建设由此开始。早期建成的办公楼主要是马场先大街沿线的西洋风格红砖建筑。20 世纪 60 年代，日本经济高速发展，大丸有地区迎来了城市更新热潮，进行大规模更新改造，规整城市路网，整合原有小规模地块以建设大规模商务办公楼。这一轮的更新形成了现代化的商务办公区，也是亚洲第一个具有当代意义的 CBD。日本泡沫经济结束后，城市竞争力下滑趋势明显，大丸有地区作为日本最重要的 CBD 开启了规模空前的第三轮建设，致力于打造国际商务中心。2002 年，伴随着《都市再生特别措施法》的出台，大丸有地区被指定为城市更新紧急建设区域，采取与政府合作的模式，放开开发建设的限制条件，出台配套政策，最大力度地激发民营资本的积极性，以促进经济振兴。

（二）主要做法

1. 政府与民营资本合作

根据大丸有地区的城市更新经验，在利益相关者众多、权力关系复杂的大型项目的推动中，政府与民营资本合作的机制不可或缺。为了提振大丸有地区的竞争力，1988 年成立了由 80 名土地权利人组成的"大丸有地区再开发协议会"。1996 年，该协议会又与东日本旅客铁道（JR East）、东京都政

---

① 同济大学建筑与城市空间研究所，株式会社日本设计. 东京城市更新经验：城市再开发重大案例研究[M]. 上海：同济大学出版社，2019.

府、千代田区政府共同设立"大丸有地区城市建设恳谈会",建立了地区再生的多方对话协商机制。1998 年制定出针对大丸有地区再开发的初步导则,并在 2000 年推出《大丸有地区城市建设导则》(2014 年再次修订),为这一重要地区的再开发项目提供统一指导文件。

2. 多主体社会力量参与

2002 年,该地区由居民、业主、土地所有人等方面联合组成了区域管理组织——大丸有区域管理委员会。该组织是日本第一个由本地力量组织建立的参与区域管理的民间组织,负责协调推进大丸有地区的发展,包括组织各种交流活动、导览、社区巴士运营支持等,旨在发掘展示大丸有地区的魅力,促进公共空间的活化利用。大丸有区域管理委员会配合大丸有社区营造协议会、环境共生型社区营造推进协会,于 2007 年提出"大丸有地区可持续发展愿景",在区域内推广环保节能减碳设施,2014 年又推出"公的空间活化项目"。在国家战略的持续扶持下,不断推动道路活化利用,减少区域内机动车的使用,鼓励充分利用街道空间。例如,丸之内仲通的景观提升,将商务区转变为具有活力的会展区域,持续推动区域的可持续更新①。

3. 施行一系列政策激励

东京都政府先后发布的一系列政策激励是促成大丸有地区城市更新的基本动力。这些激励政策包括:1997 年颁布的《地区中心建设指导方针》提出将大丸有地区由原先单一的 CBD 升级为宜人的商务核心区;1999 年的《危机突破战略计划》和 2001 年的《东京新城市建设构想》进一步引导该地区向商业和文化交流功能充实、人气聚集、充满魅力的高品质城市空间转型升级,缔造顺应经济全球化的国际商务中心;2002 年出台的《都市再生特别措施法》规定,大丸有地区属于特定城市更新紧急建设区域,获得容积率、审批手续、税收和城市配套基础设施等方面强有力的支持,对推进该区域城市再开发起到重大作用。可以想象,如果没有这种自上而下的政策推动,很难实现大丸有地区这样高度成熟的城市区域。在政策激励下,民营资本、民间资源、民间力量的积极性和优势得以充分体现,取得仅由政府部门主导所无法实现的、创造性的更新业绩。

---

① 国际观察 047 东京都市更新之一:大丸有地区活化,谁来为古迹保护买单? [EB/OL]. https://www.sohu.com/a/242323359_651721?_trans_=000019_wzwza[2018-07-20].

第三节　更　新　模　式

一、土地区划整理事业

由于历史原因，需要更新的区域普遍存在街道狭窄曲折、土地划分零碎、形状不规整、土地归属复杂等问题，为此需要同时对路网等公共设施和住宅、办公等建筑物进行混合改造更新①。土地区划整理事业的规划和实施，就是对整个更新区域重新规划路网、划分土地功能，并结合规整路网建设增加公园等公共设施。除了街道和公园等公共设施用地以外的土地，则被重新划分为更为规整的形式，交由土地所有人各自建设。在土地权属方面，除了城市公共设施，重新划分后的土地仍归私人所有。

整个区域改造更新后，因为道路和公园等公共设施用地增加，土地所有人持有的土地面积减少，但改造更新提升了整个区域的土地利用效率和经济价值，土地所有人重新持有的土地市场价值并未减少，反而会因土地形状规整和容积率提升等因素而升值。此外，既有土地所有人减持的土地除了用于公共设施建设外，往往还会专门形成一部分所谓的"保留地"，可以转让给第三方（新的土地所有人），这部分土地的转让资金将用于该区域更新，尤其用于建设整个区域的公共设施和服务。

二、市街地再开发事业

市街地再开发事业主要针对城市中老旧木结构建筑集中区域，整合细碎土地，重新规划建设耐火等级高、复合功能的公共建筑，同步建设街道、公园和广场等城市公共设施，使整个区域的土地得以高效利用，大幅提升城市功能和能级。这种城市更新模式不仅适用于早期城市防灾街区和轨道交通车站站前重点区域的开发，也适用于现在附带商业设施的公共住宅、大型办公楼、酒店等综合体再开发项目。

与土地区划整理事业相同，市街地再开发事业的实施基础是确保土地所有人在城市更新前后的资产实现等价交换，且都必须统一规划。不同之处在

---

① 同济大学建筑与城市空间研究所，株式会社日本设计. 东京城市更新经验：城市再开发重大案例研究[M]. 上海：同济大学出版社，2019.

于，市街地再开发事业是整体化建设，即城市更新范围内的城市公共设施和建筑物同步建设，由一个项目实施主体自始至终推进建设实施，土地所有权将转变为共同持有。

在市街地再开发事业项目中，虽然因城市公共设施用地增加，开发建设用地减少，但通过城市更新激励机制，建设项目的容积率上限通常会大大提高，确保原土地所有人获得各自的建筑面积所有权后，仍有较多剩余的建筑面积，通常这部分面积会转让给第三方，以获得部分城市更新项目建设资金。

第四节　经 验 启 示

一、拥有完善的城市更新制度体系

东京城市规划的一系列法规和制度，对东京城市形态演变和城市更新具有至关重要的作用。东京城市规划主要由以行政区划为单位的土地利用规划、城市基础设施规划，以及为推进城市更新而产生的土地区划整理事业和市街地再开发事业三方面组成。在此基础上，为了实现某些范围内土地用途转换或改变容积率、高度等限制条件，还设立了"地区规划""特定街区""城市更新紧急建设区域"等规划法规和制度。在日本城市规划管理体系中，容积率奖励是政府推动城市更新建设所采用的最重要的激励手段。日本的《建筑基准法》和《城市规划法》规定，对提供公共空间等改善的建设项目给予容积率奖励。容积率奖励的制度化，对刺激民营资本积极参与城市建设、减轻政府财政压力发挥了重要作用①。

二、以多方利益平衡为城市更新前提

土地私有制是影响日本城市开发和城市演变的重要因素。在日本，城市更新涉及的主要利益主体有土地权利人、政府和项目实施主体。土地权利人包括土地所有人和租户，项目实施主体可分为有政府背景的开发机构和民营资本开发商。在城市更新过程中，土地权利人通常会追求土地效益最大化，

---

① 肖锦成，马志宇，郭丽丽. 日本东京城市更新经验及对我国的启示[J]. 中国房地产，2020（36）：56-62.

与土地权利人达成一致意见的沟通谈判是一个漫长且艰难的过程。对于政府而言，主要是完善城市基础设施和公共服务，并有效激发城市的经济活力。虽然日本大型城市更新项目会有多位甚至多达一两百位土地权利人参与，但大型城市更新项目仅靠土地权利人的自有资金和技术力量很难实现，这就需要寻求可靠的项目实施主体参与项目。因此，日本城市更新项目的确立必须以三方达成共识为前提。

三、充分利用民营资本参与城市开发

20 世纪 80 年代后期，日本政府面临巨大的财政压力，为了解决城市更新所需的资金问题，日本政府充分发掘其社会管理职能，通过制定激励政策，尤其是容积率奖励，来刺激民营资本进行大规模的城市开发。以东京大丸有地区为例，该地区原本就是高度成熟的城市区域，为刺激经济振兴，打造亚洲第一个具有当代意义的 CBD。大丸有地区被确定为城市更新紧急建设区域，但要实施大规模的城市更新难度极大，为此政府破例追加了更大力度的支持政策，包括放宽土地利用限制、缩短项目审批时间、给予特殊金融支持和税收优惠等，最终促成政府与民营资本合作，并以民营资本为主导推进城市更新。在东京汐留站地区，由于当时日本国有铁路的大量赤字亟待清算，政府财政十分困难，之后日本国有铁路的土地出售给了民营企业，民营资本成为汐留地区整体开发的主力。东京实践证明，在利益方众多、权力关系复杂的大型城市更新项目中，政府与民营资本合作的机制不可或缺。

四、给予项目公共补助金和税收优惠

日本国土交通省为了促进城市更新的推进，建立公共补助金制度，对城市更新项目实施主体予以经济支持，还为权力变更手续中的交易建立减免税金制度。日本法律规定，市街地再开发事业项目费用中的部分内容可获得公共补助金，包括调查和规划设计费用、建筑物拆迁和场地平整费用、建筑施工费用、住宅项目范围内的公共开放空间的建设费用等，这些项目的公共补助金可达到城市更新项目总开支的 20%。在市街地再开发事业项目中，城市道路建设通常较多，根据"公共设施管理者负担金"制度，由城市更新项目实施主体代替政府部门进行道路建设，但实施所需的一切费用均由对应的政府部门负担。在税收优惠制度方面，市街地再开发事业项目中的权力变更环节，如变更后的物业使用功能与城市更新前相同，可免除转让所得税、注册执照税和合同印花税等。此外，城市更新项目竣工后的 5 年内，可享受固定资产税和城市规划税的减税政策。

五、采用 TOD 模式主导城市开发

在东京，几乎所有的城市更新项目都位于轨道交通站点区域，简称 TOD 模式。这与大众的出行偏好密切相关，东京上班族和学生乘坐轨道交通的比例高达 86%。因为私家车出行容易受到道路交通状况影响，且中心城区停车位紧张、停车费昂贵，而日本企业通常会为员工提供公共交通费，所以东京人更倾向于能够准确把握时间的轨道交通。由于东京城市轨道交通具有绝对主导地位，房地产开发项目选址更加趋向于轨道交通站点位置，距离轨道交通站点的步行时间和周边可利用的公共交通资源情况，成为市场评判开发项目最重要的因素之一。

六、历史建筑保护与城市更新并重

对于历史建筑与近代建筑的保护和利用问题，日本城市有着鲜明的态度。对于传统建筑，日本人偏于恪守古法，强调保存和加强日本文化的独特性，这与日本人坚守和服、寿司和相扑等传统文化相一致。对于近代建筑，日本人则体现出明确的再利用原则，强调城市景观和功能效用最大化，通过近代建筑再生，带动周围城市环境复苏，并满足经济利益要求。这种观念在 20 世纪 90 年代初的日本就已经达成共识，对近代建筑没有纠结于"原真性""修旧如新""修旧如初""原汁原味"等问题。在东京，日本桥地区的改造具有一定的代表性，这里汇集了多家百年老店，又集聚了日本银行、东京证券等近代重要金融机构，古朴典雅的历史建筑被保留至今，与相邻地块上高达 195 米的具有当代风格的日本桥三井大厦连为一体，促进了历史与现代、厚重与高耸、商业金融与文化、东西方气质等的和谐相融，是东京极具历史渊源和传统特色的繁华商业街区和金融商务功能区。

19 | 第十九章
德国：城市更新让柏林更加可持续发展

    德国将城市更新的任务定义为，经过有意识的策略引导城市改善经济、建筑、功能和社会等方面的结构。柏林坚持"谨慎城市更新"的策略，开展大规模城市更新，使城市功能日趋合理，绿色发展理念深入人心，公共基础设施愈加完善，居民生活质量得到显著提高。尤其在1990年联邦德国和民主德国合并之后，柏林城市复兴逐渐走上了一条极具特色的旧城更新之路，以持续稳定的投资和谨慎精细的改造方式，结合完善的法律法规体系，最终获得了巨大的成功。现阶段柏林正借由城市更新手段，积极构建能够适应后工业化社会、具有可持续性和包容性的城市①。

---

① 易鑫."尊重现状的城市发展"——当代柏林的城市更新实践[J]. 建筑与文化，2014（5）：146-151.

第一节　城市更新历程

德国首都柏林自二战后就开始了大规模的城市更新活动，作为曾经因纳粹政权而分裂的城市，动荡的历史沉积在其城市结构之中，也记录在柏林的建筑之中。经过 80 多年的发展与探索，柏林积累了深厚的城市更新经验。纵观柏林自二战结束至今的城市更新发展史，依据各阶段主要行动特征，可分为以拆除重建为主要特征的雏形期、城市结构更新与维护并重的反思探索期、注重传统城市空间和城市文脉延续与保护的成熟期三个阶段（表 4-3）。

一、第一阶段：以拆除重建为主要特征的雏形期（二战结束至 20世纪 70 年代末）

和西方其他城市一样，在工业化进程的推动下，柏林经历了第一次城市拓展，直到二战前柏林的住宅建设都是以增加数量为目标的，因此聚集了大量的产业工人，1900 年柏林人口已达 188.8 万人[①]。

二战结束后，结合战后重建，柏林开始了大规模的城市更新，并一直持续到 20 世纪 70 年代末。这一时期城市更新的特征就是大拆大建，当时对于城市更新任务的主要认识还仅停留在城市整修的范畴，强调解决城市建筑、功能、交通、产业和社会结构的不合理之处。因此强调采取交通导向型发展措施，并对城市空间实行现代化改造，有的时候甚至会完全拆除老的街区[②]。柏林的"城市推光式改造"使中心旧城区面临基础设施、环境、交通等问题，而城市郊区拥有良好的环境，同时低廉地价、郊区城市化导致的人口外迁致使城市中心区住宅需求下降，生活服务设施萎缩，城市公共财政日益缩减，出现大量无人居住使用的城市消极空间，这引发了居民大规模的抗议活动[③]。

---

① 杨涛. 柏林与上海旧住区城市更新机制比较研究[D]. 同济大学硕士学位论文，2008.
② 易鑫. "尊重现状的城市发展"——当代柏林的城市更新实践[J]. 建筑与文化，2014（5）：146-151.
③ 杨波，陈可石. 谨慎城市更新策略及其实施保障——以柏林施潘道郊区为例[J]. 国际城市规划，2015，30（S1）：94-99.

二、第二阶段：城市结构更新与维护并重的反思探索期（20 世纪 80 年代）

在中心城区问题日益严峻的背景下，德国城市更新的政策开始改变，保留和维护城市历史街区，传承历史文化越来越得到重视，对具有保护价值的历史建筑整修提升的探索逐步加强。与此同时，由居民、住宅、邻里环境共同组成的社区单元成为旧城改造的重点，城市更新开始向保留原有城市结构、维护和更新旧有住宅、重新恢复市中心活力等方面转变。

1984 年，德国举行了以"在内城中居住"为主题的"柏林国际建筑展"（Internationale Bauausstellung，IBA），并针对旧城区提出了"谨慎城市更新"概念，探索如何改变欧洲城市在二战之后的城市更新中大规模破坏旧城区的状况。"谨慎城市更新"是指，以全面综合的行动解决无法满足现代城市功能需求的旧城区中所存在的城市问题，持续改善该区域的经济、自然、社会和环境条件，使其全方位复兴，并走上可持续发展道路。"谨慎城市更新"强调：①物质空间的改造，旨在谨慎处理历史建筑，避免大规模拆迁，以循序渐进的改造过程为目标；②社会环境的维护，旨在谨慎处理原有房客，避免影响改造区域现有社会结构，避免新旧置换；③规划政策的跟进，旨在扩大群众参与，避免与大众意愿产生太大分歧。整个改造进程强调社会民主政策，所涉及经费完全由政府预算资助，目的是为快速增长的人口提供住房，同时强调居民的参与①。1989 年柏林墙拆除，民主德国人口开始大量迁入联邦德国，原属于民主德国的城市旧区更新就变成了亟待解决的问题。

三、第三阶段：注重传统城市空间和城市文脉延续与保护的成熟期（1990 年之后）

随着 1990 年两德统一，以建设新首都为主题的新一轮城市更新开始，共有 22 个区域被列为改造区域，其中大部分为原民主德国地区。这一时期，保护历史中心区被视为工作重点，原民主德国地区很多历史城市景观的保护工作得到加强。在总结 IBA 时期"谨慎城市更新"的经验后，柏林新"谨慎城市更新"强调城市更新是物质改造与社会统筹的统一体，物质改造过程中应尽量运用生态技术和当地的材料，社会统筹过程应创新公众参与的组织形

---

① 杨涛. 柏林与上海旧住区城市更新机制比较研究[D]. 同济大学硕士学位论文，2008.

式，改变原有更新机制模式，鼓励私人投资、房产所有人参与、自助式改造。

柏林长期分裂，形成了东部和西部两个中心区。东部中心区作为议会、政府、经济管理部门和文化与科技机构的所在地，在整合过程中获得了更加重要的地位。相比之下，西部中心区在历史上只是承担休闲、购物等部分中心性职能，因此必须进行相应调整。面对东部地区内城衰退、基础设施落后等一系列问题，城市更新的主要措施是：修缮城市历史地段、建设文化体育设施、解决住房短缺问题、改造和利用现有建筑和废弃工业用地、避免城市过度扩张、保护自然环境，以及通过城市功能混合使用增加住区活力①。2007～2009年，柏林城市规划部门组织了一系列的讨论，提出大量振兴项目。在计划中首先强调的就是当地公共空间所具有的步行友好品质，特别是柏林最重要的商业步行街——陶恩齐恩大街、库当大街。在"谨慎城市更新"原则的引导下，柏林城市复兴逐渐走上了一条非同寻常的旧城更新之路，以持续稳定的投资和谨慎精细的改造方式，结合完善的法律法规与社会政策支持，最终获得了巨大成功（表19-1、图19-1）。

表 19-1　二战结束之后德国城市更新相关立法一览表

发展阶段	名称及颁布年份	备注
20世纪50年代，战后重建时期	《联邦住宅建设法》（1950年）	《联邦住宅建设法》的颁布使二战后的住房短缺问题迅速得到缓解
20世纪60年代，城市恢复、新城建设时期	《联邦建设法》（1960年）、《联邦建设（修正）法》（1967年）	《联邦建设法》是联邦德国成立后的第一部全国性的城市规划法
20世纪70年代，城市更新时期	《城市更新和开发法》（1971年）、《城市建设促进法》（1971年）、《特别城市更新法》（1971年）、《文物保护法》（1972年）、《联邦建设法补充条例》（1976年）、《自然保护法》（1976年）、《住宅改善法》（1977年）	《城市建设促进法》与《文物保护法》的颁布表明城市的发展重点已经由二战后新建、重建转移到城市改造改建、内城更新和对城市问题的治理上
20世纪80年代，城市改建时期	《城市建设促进法补充条例》（1984年）、《建设法》（1987年）	《建设法》奠定了德国城市规划的基本法律框架。这一时期的城市建设以旧房改造为主，被称为"生态改造"时期
20世纪90年代之后，两德统一后的城市更新建设时期	《过渡时期条例》（1990年）、《减轻投资负担和住宅建设用地法》（1993年）	两德统一后，由于民主德国的特殊条件，德国立法机构以联邦德国的法律为基础制定了《过渡时期条例》，以有利于整个德国的和谐有序发展

资料来源：阳建强. 西欧城市更新[M]. 南京：东南大学出版社，2012

---

① 秦虹，苏鑫. 城市更新[M]. 北京：中信出版社，2018.

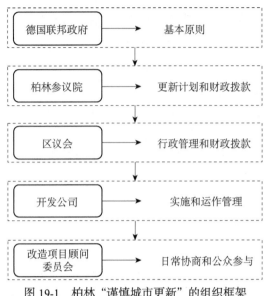

图 19-1　柏林"谨慎城市更新"的组织框架

第二节　典型案例

一、普伦茨劳贝格区更新

（一）城市更新背景

普伦茨劳贝格区是柏林工业化大发展时期的知名区域，相比市中心有较多的工业旧厂房和产业用地，这里有早先的各种工厂，诸如啤酒厂、面包厂等。到 1990 年，普伦茨劳贝格区已经成为柏林老城外最密集的居住区之一，居住环境品质极差。那些早先的酿造厂驻地，以及水塔、储水库和提升管道塔楼是这个住区的典型特征。由于历史原因，很多小型的工业作坊甚至位于街区中央，被住宅所包围。因此，如何利用这些工业厂房、如何置换对居住有影响的工业用地，以及如何恢复部分产业以增加就业机会，是"谨慎城市更新"亟待解决的第一个问题①。

（二）主要做法

潘科区共有 7 块更新改造区域，其中 5 块位于普伦茨劳贝格区。改造后

---

① 杨涛. 柏林与上海旧住区城市更新机制比较研究[D]. 同济大学硕士学位论文，2008.

的普伦茨劳贝格区以文化、居住、休闲娱乐、酒吧等著名，吸引了大批青年人入住，与柏林其他区域人口减少形成极大反差，普伦茨劳贝格区人口持续增长，其在住宅改造和公共设施改造方面主要采取以下措施。

（1）引入政府和社会资金。普伦茨劳贝格旧住区改造资金来源有政府推动资金和社会资金两类。其中，政府推动资金主要由各种促进计划与基金组成，如联邦促进就业计划、社会城市基金，以及欧盟资助基础设施建设的结构基金等。社会资金主要来源于两类：私人资本的投入和居民的自助改造。居民的自助改造通过居民实际参与到建造活动中来，以此抵偿应该交付的费用。在普伦茨劳贝格区的旧住区改造中，社会资金比例达到 39%，政府资金比例为 61%，社会资本投入超过 1/3，体现了社会化的发展趋势。

（2）鼓励居民自助式改造。首先，政府为了鼓励自助改造设立了自助改造促进基金——"万马克计划"。公开化的基金形式，使自助改造的资金补助成为可能，并且申请的途径和方式也透明化，有力地促进了自助改造。其次，作为开发公司起到了承上启下的作用。一方面，负责调研统计自助改造资金的需要量，并向政府申请；另一方面，负责自助改造与相关公共机构等的协调，并监督改造过程。最后，居民自助改造有组织化，成立"自助改造注册合作社"（SelbstBaue. G.），以及为社区和本案旧住宅服务的"现场工作室"。

二、施潘道郊区更新

（一）城市更新背景

施潘道郊区位于柏林市中心米特区、哈弗尔河和施普雷河汇流处，紧邻亚历山大广场，因中世纪时位于柏林城市郊区而称"施潘道郊区"。其建筑多建于 19 世纪末至 20 世纪初，二战期间部分被破坏，战后由于东柏林政府对该地区的重建工作并不重视，造成大量建筑失修而空置。1990 年改造前，这里 25% 的店铺和 20% 的住房处于闲置状态，两德合并后仍是一个被忽视、破坏严重且很少有人居住的旧区，但施潘道郊区的旧城肌理和风貌格局仍保存较好，较为完整地保留了柏林中世纪时期的城市历史风貌①。

施潘道郊区"谨慎城市更新"的过程基本可以分为前期调查、研究规划

---

① 杨波，陈可石. 谨慎城市更新策略及其实施保障——以柏林施潘道郊区为例[J]. 国际城市规划，2015，30（S1）：94-99.

和实施三个阶段，且三个阶段相互影响，进行了数轮次的"调研评估—规划—实施"的循环，并且公众参与各个阶段的全过程，确保更新的可持续性并保护公众的基本权益。

（二）主要做法

1. 多渠道资金筹措

在德国柏林，城市更新的资金主要来自政府和各级职能部门的专项基金、私人自筹资金和开发商、企业投资这三个渠道。其中，政府和各级职能部门的专项基金是城市和建筑遗产保护的主要来源。与此同时，部分历史建筑或者有价值的老建筑的私人拥有者也可申请基金支持，且私人对所拥有的旧建筑进行销售、改建、摧毁、更新都必须申请规划部门的许可证。德国文化保护基金会资助了大量的资金，使柏林历史建筑得到保护，避免了因个人原因对历史建筑造成的破坏。柏林政府还建立了现代化的基建股份制度，并运用杠杆效应，吸引私人投资，用来升级基础设施和提升公共空间。

2. 健全完善法律法规

德国的城市规划法律法规实施"联邦–州–地区"三级互联的规划体系，分别为联邦层面的空间总体规划、州层面的州规划法及城镇子空间规划。其中联邦层面进行遗产保护和更新开发的主要是《德国建筑法》（1960 年）和《特别城市更新法》（1971 年颁布，1986 年正式并入《德国建筑法》）；各州层面上的法律主要是各州的建筑法规和各州遗产保护法。以柏林为例，其保护法由 23 个部分组成，涉及历史建筑的登记、保存、利用、相邻环境保护与利用等各个方面；在州以下，各地区制定地区发展规划，指导下属市镇具体项目的实施。

3. 注重社会政策制定与公众参与

为了协调城市更新过程遇到的社会问题，柏林政府提出了社会整合策略，该策略主要是通过对居民的授权和更新中的交流行为来稳固旧城区的邻里关系。从公共政策和公众参与两个方面确保有一个稳定的更新投资环境，进而保证城市更新中多方利益团体的诉求得到考虑和解决，稳定更新改造的进程和保障其收益。其具体组织就是每个项目都会成立一个邻里评委会，该评委会主要由当地活跃的社会组织（如教会）、目标和利益集团的代表（如青少年、老年人、房地产公司、租户）、社区管理人员和居民组成，其中本地居民所占比例不得小于51%。

第三节 经验启示

一、完善立法制度体系，找准城市更新目标

法律制度是城市更新健康协调运转的首要保障。德国之所以能够有序地推进城市更新，很大程度上是因为德国具有系统的法律制度和完善的规划体系，在城市更新过程中给予当地政府部门审批、收购以及优先购地等多项权利。德国实施"联邦-州-地区"三级规划体系，明确各区域、各部门的职责和义务，畅通各级联动机制。德国城市更新管理结构的层级清晰透明，以柏林为例，其相关的组织机构主要涵盖城市发展规划局、州文物保护局、普鲁士宫殿和园林基金会三级[①]。柏林市政府提出了新"谨慎城市更新"原则，主要基于空间形态逻辑清晰、公园交通流线设计简洁、注重对场地历史和人文遗产保护这三个更新原则，依据区位和所有权实行多样化的政策，并致力于将一些闲置的制造业用地和旧基础设施用地规划为自然保护公园。

二、加强城市基础设施更新，倡导可持续发展

由于土地面积的限制和人口的快速增长，城市基础设施落后等历史问题亟待解决。德国政府意识到必须坚持可持续发展，加快城市更新。柏林市政府在全市范围内加大投资力度，倡导可持续发展的创新规划理念，通过对试点街巷的空间改造、空间重塑和空间回归，逐步改变居民的生活环境。同时，柏林强调数字媒体设计的发展理念，有效地满足了公众对创意设计衍生品的跨区域需求，提升了柏林设计的国际影响力。在城市更新规划中，柏林市政府没有采取简单的推翻重建的方式，而是在保护历史建筑的基础上，着眼于商业、住宅、办公等方面的融合，对70%的老旧建筑进行改造升级，并注意新建筑在外观和高度方面与旧建筑统一协调，从而形成了旧城商住混合住宅区的空间更新和使用模式。

---

① 王振坡，张安琪，王丽艳. 德国城市更新之镜鉴[J]. 团结，2019（5）：32-35.

三、秉持绿色发展价值理念，全面推动绿色城市建设

柏林重点强调绿色发展的价值导向，全面推进绿色城市建设，并结合实际情况，采取政治与经济相结合的发展方针，从两个方面提出柏林绿色城市建设规划。柏林将城市森林建设作为绿色城市建设的重点发展领域，致力于通过多样化的造林方式，打造小面积多种林分结构，从而提高现有林地质量，更好地满足群众需求，推动城市更新绿色建设。柏林制定相应的政策，主要是针对绿化面积实施有针对性的减税优惠和财政补贴措施，引导市民对公务建筑的垂直墙壁、平屋顶和闲置角落等进行绿化。同时，在利用城市社区周边的公共空间时，柏林市政府允许市民以低价出租，并致力于将其打造成花草、蔬菜混合种植的绿地，通过城市绿地建设促进城市更新，能够更大幅度地提升城市精细化、生态化水平①。

---

① 王磊. 德国柏林是如何实现城市更新的[J]. 决策探索（上），2021（9）：78-79.

20 | 第二十章
法国：城市更新让巴黎重塑城市吸引力

　　作为一座拥有 2000 多年建城史和 1300 多年建都史的古老城市，巴黎因长期以来对历史遗产和传统风貌的精心保护而始终保持着独特的传统城市魅力。在长达数千年的城市发展进程中，为适应人类社会经济的不断发展变化，巴黎从未停止过对自身建设的更新改造。20 世纪中期以来，为了顺应城市化进程加速发展和社会经济结构调整的新变化，巴黎在大力建设新区和新城的同时，不断积极推进旧城的更新改造，在提升城市机能、改善物质环境、提高生活品质的同时，也使其传统城市风貌得以继承和发展，城市吸引力得以重塑，从而在全球化竞争浪潮中始终保持着强劲的竞争力。

第一节　城市更新历程

　　和改革开放以后的大多数中国传统城市一样，始于二战之后的新一轮大规模城市更新也曾在巴黎引发了比较严重的利益冲突，并且导致传统城市风貌急剧衰退，进而促使法国政府及时调整城市更新政策，尝试通过建立更加合理的实施机制解决相关问题。纵观巴黎城市更新历程，从 20 世纪初至今巴黎共历经了以住房改造和建设为重点的起步时期、以提升城市竞争力为重点的高潮时期、以解决"城市病"和社会问题为重点的平稳时期等三个时期（表 4-4）。

一、以住房改造和建设为重点的起步时期（20 世纪初至 60 年代末）

从 20 世纪初到第一次世界大战爆发前，巴黎的住宅存量中有相当一部分是中世纪遗留的产物，房屋建设密度高，通风采光条件差，住宅内部缺乏必要的配套设施，居住环境十分恶劣，由此滋生各种流行疾病并不断蔓延，其中尤以历史中心区最为严重。一直到 20 世纪 60 年代，巴黎以缓解住房短缺、改善居住环境为目标，以不卫生街区和闲置土地为城市更新主要对象，以城市建成区内既有住房的改造和设施配套以及新的住房建设为重点，特别是对上水、下水、供暖等各种设施进行改善。其中，在历史中心区以住房改造为重，比较重视对巴黎传统城市风貌的保护；尽管因房屋改造和设施配套的需要，原有住宅内部的墙体被大量甚至全部拆除，平面被重新分隔，但建筑沿街立面通常会被千方百计地完整保留下来，并有机整合到修缮改造以后的住宅建筑中去，由此确保巴黎的传统城市风貌得以继承和发展。在历史中心区之外则多以新的住房建设为主[①]。

这个时期，为解决战争遗留下的住房短缺和居住环境恶劣的问题，法国政府开始推行积极的城市建设政策，通过立法途径实施修建性城市规划，并以城市更新区制度和优先城市化地区制度为工具，对城市建设进行直接干预。其中，前者主要针对既有房屋的修缮和改造，后者则主要针对新的住房建设，无论是城市更新区还是优先城市化地区，各级政府特别是中央政府，均可根据城市建设发展的需要，通过强制手段征用土地，并在统一规划的基础上进行开发。这一制度下的城市更新大多以城市道路围合的

---

① 刘健. 注重整体协调的城市更新改造：法国协议开发区制度在巴黎的实践[J]. 国际城市规划，2013，28（6）：57-66.

里弄街坊为单元，并不涉及新开城市道路、配套市政设施、划分建设地块等问题。

二、以提升城市竞争力为重点的高潮时期（20 世纪 70 年代至 80 年代末）

20 世纪 70 年代石油危机以后，巴黎地区开始进入从工业社会迈向后工业社会的转型发展时期，随着城市经济结构的全面调整，巴黎部分街区，特别是位于东部和北部的传统工业区，开始出现衰败迹象。面对新的变化，同时也为了应对日趋激烈的世界城市竞争，巴黎开始越来越重视城市生活环境综合质量的提高，并将衰败街区的城市复兴视为巴黎城市发展政策的首要内容，也是当时巴黎城市更新的主要目标。在 70 年代巴黎实施城市复兴政策以后，部分出现衰败迹象的城市街区，特别是位于城市外围的工业、仓储和铁路的废弃用地，逐渐成为城市更新的主要对象。

在这个时期，城市生活质量和环境质量逐渐成为社会关注的焦点，城市更新不仅涉及居住环境的改善，也包含了推动经济发展、促进社会整合、调整空间结构、提高运行机能、美化环境面貌等方面的内容，巴黎市政府于 1987 年制定的《巴黎东部发展计划》即是新时期这些城市更新内容的具体体现。与此同时，伴随着法国社会民主化进程的不断推进，民众更加希望能以平等协商的方式，广泛地参与到城市更新实践之中，也因此在塑造崭新城市街区的过程中，更加重视继承和发展巴黎的传统城市风貌，重视从政府强力干预向各方平等协商转变。

三、以解决"城市病"和社会问题为重点的平稳时期（20 世纪 90 年代之后）

1991 年法国通过的《城市指导法》关注居民的生活质量和城市的服务水平，公平参与城市管理等方面内容。1993 年，政府发起了城市规划行动，目的在于恢复衰败区域的活力。1995 年和 1996 年颁布有关住宅发展和重新推动城市发展的多项法律文件，鼓励住宅发展的多样化，扭转社会住宅不断集中的趋势，避免居住空间的分化。2000 年颁布的《社会团结与城市更新法》以更加开阔的视野看待土地开发与城市发展问题。在探讨城市规划的同时，还涉及城市政策、住宅以及交通等内容，意在对不同领域的公共政策进行整合①。

2008 年法国政府推出"大巴黎计划"，目的是解决交通、生态环境和社会融合等"城市病"。"大巴黎计划"的要点：一是打破城市中各种有形、无形的边界；二是在老建筑中引入节能环保的理念，许多城市项目改造了老建筑的供暖设施，将之并入城市集中供暖系统中，让垃圾焚烧和节能降耗形成良性循环；三是倾听更多民意，使城市更新满足市民需求。"大巴黎计划"旨在让巴黎迎来第三次大变身（表 20-1）②。

表 20-1　法国城市更新相关立法一览表

发展阶段	法律法规	备注
1944～1954 年：战后重建时期	《地产法》（1953 年）	《地产法》的颁布方便了公共机构对新建建筑群体的选址和布局的直接干预
1954～1967 年：工业化和城市化快速发展时期	《城市规划和住宅法典》（1954 年）、《分区保护法》（1960 年）、《马尔罗法》（1962 年）、《保护历史地区法》（1967 年）、《土地指导法》（1967 年）	城市基础设施建设和有计划开发是这一时期城市更新的重点，《土地指导法》的颁布成为国家政府尝试与地方集体合作的转折点
1967～1982 年：国家计划性规划时期	《布歇法》（1970 年）、《城市规划法典》（1972 年）、《建筑与住宅法典》（1972 年）、《行政区改革法》（1972 年）、《土地改革法》（1975 年）、《自然保护法》（1976 年）、《权力下放法》（1982 年）	20 世纪 70 年代是法国城市化管理的关键时期，国家结束了大规模建设时期并开始检讨和思考过失，《权力下放法》的颁布为这一时期画下了句号
1982～1999 年：权力下放和社会住宅政策时期	《城市指导法》（1991 年）、城市规划行动（1993 年）、《规划整治与国土开发指导法》（1995 年）	这一时期，环境方面的价值取向得以强化，"市镇群共同体"的建立使城市发展突破原有行政限制，促进了国家-地方的团结和整合
2000 年之后：整合各种公共政策，推广新型城市发展更新模式时期	《社会团结与城市更新法》（2000 年）	《社会团结与城市更新法》的颁布标志法国城市规划法治建设迈入新阶段

资料来源：阳建强. 西欧城市更新[M]. 南京：东南大学出版社，2012

---

① 秦虹，苏鑫. 城市更新[M]. 北京：中信出版社，2018.

② 纽约、伦敦和巴黎如何玩转"城市更新"？[EB/OL]. http://www.guihuayun.com/read.php?id=31315 [2017-06-27].

第二节　典型案例

一、巴黎贝西地区更新

（一）城市更新背景

贝西地区位于巴黎东部、塞纳河右岸，与左岸地区隔河相望。18 世纪以来，这片地区逐渐被葡萄酒仓库和交易所占据，成为巴黎重要的酒码头和仓库，各地的葡萄酒源源不断地从水路运来，又从这里分发到巴黎及其他各地。由于存储技术的发展，瓶装酒得到普遍推广，酒仓的功能逐渐萎缩继而被完全废弃。贝西地区的葡萄酒批发业自此没落，大批的酒仓被拆除，这个地区便逐渐衰落[①]。

20 世纪 70 年代，随着城市逐渐向后工业化社会转型，贝西地区迎来转机。法国政府以贝西地区更新改造为起点，开始了持续、审慎的城市开发历程。除了先期建成并投入使用的贝西体育中心，后期又相继建成贝西公园、居住社区、经济中心和其他各类商业文化服务设施，使贝西地区转变成为一个大型的城市复合开发区；地区内所保留的葡萄酒仓库等也因此赋予了贝西地区历史与现代交融的新特质，使其重新散发出迷人的魅力，成为新的城市名片。

（二）主要做法

（1）调整产业结构，激发经济活力。通过调整产业结构，转换城市功能，带动周边地块的空间结构调整和功能布局优化。贝西地区从码头仓库区转型为以居住、商业、娱乐、休闲、商务办公等为主的新兴城市功能区，大力发展服务业和第三产业，激发经济活力，促进就业，带动区域经济发展。同时，伴随全球文化旅游的兴起，贝西地区吸引了巴黎乃至全世界的游客。

（2）明确开发框架，整体有序推进（图 20-1）。项目伊始，贝西地区就明确整体开发框架。以延续地区个性和保护历史遗迹为原则，在总面积约 50 公顷的城市用地内，更新规划将贝西地区划分为三个整治与开发片区，即塞纳河沿岸的贝西公园、临近贝西公园的住宅街区、贝西公园以东以第三产业为

---

① 汤艳. 巴黎贝西地区城市更新及其启示[J]. 华中建筑，2020，38（6）：17-20.

主的经济中心。三大片区相互渗透、相互融合。在随后的开发建设中，以公共空间和基础设施更新为先导，通过社区开发积聚人气，有序推进地区更新，持续渐进，水到渠成。

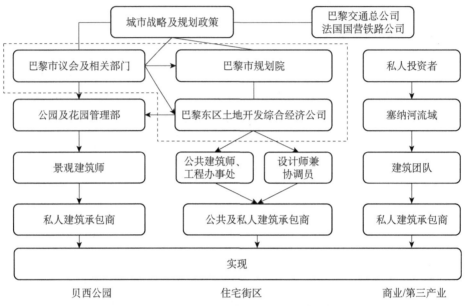

图 20-1　贝西地区更新改造的开发模式①

（3）新建社会住宅，融合社区关系。贝西地区的社区营建计划从一开始就努力消除社会隔阂，解决贫富分化带来的社会矛盾。住区通过建筑整合与更新，实现商品住宅和社会性住房混合开发的社区，旨在体现各阶层平等毗邻而居，避免弱势群体的过分集中带来的社会问题。

（4）更新公共空间，完善基础设施。为了延续塞纳河两岸的公共空间，在 1977 年的城市总体规划中，将贝西地区沿塞纳河片区改造成一个新的城市公园——贝西公园，带动该区域的发展，满足周边社区和休闲商业空间的需求。同时，完善本区的城市基础设施，提升地区竞争力，如地铁 14 号线的开通，贝西体育中心（巴黎最大的室内体育设施）、贝西商业中心等公共设施的兴建，使本地开发逐渐融入城市整体之中，带动周边土地价值不断提升。

---

① 城市洞察：法国协议开发区制度下的巴黎城市更新改造[EB/OL]. https://baijiahao.baidu.com/s?id=1649240676246006479&wfr=spider&for=pc[2019-11-04].

贝西案例使我们有机会重新思考当前中国城市更新的模式。首先，在开发与运作层面，大型城市更新项目既是经济战略，也是文化战略，涉及城市身份的认同，因此必须重视历史文化的保护与公共空间的再生，促进公共利益，激发公共生活和地区活力。巴黎贝西地区以历史衰败地区的更新为契机，整合历史文化片段，推进地区再生计划，显现出以文化为导向的物质空间和社会结构的整体转型。其次，在规划与设计层面，通过多样性来创造有活力的城市。在总体明晰的开发框架下，贝西地区的多样性不仅意味着建筑形式，还代表了多元化的社会阶层、多样性的生活方式和多彩的城市生活。

二、巴黎左岸地区更新

（一）城市更新背景

巴黎塞纳河左岸即巴黎东部塞纳河南岸地区（俗称巴黎左岸），位于巴黎十二区。19 世纪时，巴黎东部沿塞纳河两岸地区的工业较为发达。自 19 世纪中期开始，奥斯特里茨火车站和托尔比亚克火车站综合楼建成，整个左岸地区逐渐变成铁路、仓储、物流用地[①]。二战以后，随着现代化发展及产业更新进程加速，传统工业日渐衰落，加之法国国营铁路公司对私有铁路进行整合，此地区逐渐荒落，成为工业废弃地。同时，巴黎在二战后的发展中，将绝大多数的政府部门及金融机构设置在城市的西部，政治、经济活动多集中于西部地区，造成巴黎东部和西部地区发展不均衡。巴黎长期存在居住环境差、工商业萧条、人口老龄化等严重问题。

20 世纪 70 年代，巴黎市政府开始考虑发掘此地区整治改造的潜力和可行性，并进行总体规划研究。为提升巴黎东部和西部地区发展的平衡性，20 世纪 80 年代巴黎市政府将振兴东部地区计划提上日程，财政部大楼和国家图书馆等大型城市建设项目在东部落成，促进了区域开发的进程。1987 年，巴黎制定的《巴黎东部发展计划》提出以下规划目标：治理废弃用地，为发展第二、第三产业提供用地；完善公共基础设施建设；发展社会住宅和中产阶层住房。1991 年，巴黎市政府委托巴黎整治混合经济公司 SEMAPA 牵头运作，对左岸地区进行开发，组建塞纳河左岸协议开发区（ZAC Seine Rive

① 秦虹，苏鑫. 城市更新[M]. 北京：中信出版社，2018.

Gauche），1996 年更名为巴黎左岸协议开发区（ZAC Paris Rive Gauche）①。

（二）主要做法

1. 分区规划组成综合更新计划

巴黎左岸项目用地划分为四个区块分段开发，每个区块围绕一个中心展开规划。四个分区分别为：以奥斯特里茨火车站为中心的奥斯特里茨区、以国家图书馆为中心的托比亚克区、以巴黎第七大学为中心的玛森纳区和环城立交桥两侧的布吕内梭区。四个分区规划在总体规划的指导下，工程建设分别围绕各自核心项目展开，并顺延各自不同的发展方向，进行有步骤的整体改造建设，形成集教育、文化、休闲、居住等功能于一体的综合片区。

2. 创建协议开发区模式

巴黎左岸项目是以协议开发区的方式运作的。对于已建成区的复杂开发，协议开发区是一种较标准的运作方式，它搭建了公私合作的平台，并允许地方政府在长期范围内保持对国土配置的控制。由公共组织或机构对待开发项目进行规划研究并制订详细的开发计划，然后将土地建造和经营权出让给公共或私人开发者。项目主要发起者为巴黎市政府和土地拥有者法国国营铁路公司，委托巴黎市规划院制定总体规划研究，SEMAPA 为开发实施者。SEMAPA 的主要职责为获取开发土地，组织开展规划研究，建设基础设施，再将土地和建造权出售给公共或私人开发商。

3. 开放街区和历史建筑更新改造

在玛森纳区，规划实践了建筑师克里斯蒂安·德·鲍赞巴克（Christian de Portzamparc）的"开放街区"理念。每个街区内部规划庭院花园等活动空间，通过建筑底层缺口、架空，上部退台、切角、扭转等方式打破围合的形态，为街区内部空间提供更多的阳光，提高内部空间对街道空间的通达性和共享性，同时为建筑提供更多的景观视野、通风、光照以及露台空间。规划注重混合社区的营造，居住、办公、商业、文化活动、公共绿地等功能形态都在整体规划中考虑。在历史建筑更新改造方面，规划区内遗留有众多废弃的铁路用房、工业加工及仓储用房。对历史建筑进行更新利用，在城市改造

---

① 邹天宇. 巴黎左岸协作开发区规划经验与启示[J]. 中外建筑，2016（12）：104-110.

过程中具有节约资源、节省投资的积极意义。在文化方面，具有保留场所的历史记忆、保持城市风貌的丰富性和形态多样性的意义。

第三节　经验启示

一、城市更新注重从细微处入手

2014 年，巴黎市启动了一项名为"巴黎创新计划"的竞赛，指定过去被忽略的地下室、屋顶和环城道路等 23 个"城市死角"，让世界各国的建筑师、城市规划师出谋划策，将之改造成未来巴黎的典范。巴黎第六大学的朱西厄（Jussieu）校区坐落在巴黎市中心，是典型的 20 世纪 70 年代建筑风格，校区本身较为封闭，严谨的几何外形和钢筋水泥结构给人冰冷的感觉。建筑师在改造过程中，对周边的环境进行综合考虑，通过增加绿化带等方式增强了大学和城市的关联。

二、城市更新注重解决社会问题

巴黎北郊的拉库尔讷沃是著名的"孤岛"，移民问题、犯罪事件频发，一条高速公路将居民区和乔治瓦尔邦森林公园分隔开来。城市更新项目组实施的"大巴黎的中央公园"计划以公园为切入点，兴建多条跨越高速公路的空中通道，将居民区与公园连通，同时在公园附近兴建部分住宅，吸引较高收入人群入住，实现该区域不同社会阶层的混居。在老建筑中引入节能环保的理念也是巴黎城市更新规划的重头戏，在法国广播电台大厦的改造项目中，设计师在中央塔楼与外围长廊的玻璃外墙均使用新型节能材料，可以显著提高建筑节能效率。而原本的地暖系统也被进一步优化，将冬季取暖用水循环利用作为夏季空调冷却用水。

三、城市更新注重倾听更多民意

在"大巴黎计划"中，共有 15 个专家策划团队负责不同的子项目，基本都由建筑师牵头，团队里还有社会学家、经济学家、哲学家等。团队成员的任务并非做决策，而是通过与地方政府、居民等利益相关方沟通，收集信息进而给予建议。更新计划在策划、立项阶段就充分咨询社区居民意见，这些例子不胜枚举，如巴黎左岸改造、二十区轻轨延伸等。其实巴黎市内还有很多不显眼的更新项目，如住宅、公园、街区……让身在其中的居民能够感受到生活品质的变化。

第五部分 对 策 篇

21 第二十一章
首都特色城市更新的政策体系

　　坚持和完善中国特色社会主义制度、推进国家治理体系和治理能力现代化，是关系党和国家事业兴旺发达、国家长治久安、人民幸福安康的重大问题，制度的成熟和定型、治理体系和治理能力现代化需要一以贯之地健全完善。法治、激励、协作是保障城市更新的三大基本制度。首先，法治体系。即在政党建设、经济建设、社会建设、文化建设、生态建设等领域，适时更新和建立成套的法律体系，把所有的政治活动、经济活动、社会活动、文化活动、生态活动纳入法律框架体系之下，严格执法，严厉杜绝非法犯罪活动的产生和蔓延。其次，激励制度体系。通过制定科学、有效的激励体系，最大限度地调动所有领域的多元化主体，在合法前提下，激发和释放内在潜能和活力，促进国家各领域主体"从一般走向优秀、从优秀走向卓越"的纵向流动，协同推动个人和国家不断走向进步。最后，协作制度体系。在强调各领域、各条线依法高效运转的同时，强调纵横交叉协作，是国家治理体系的根本要义。为此，大到全球治理、次区域治理，小到主体功能区治理、地方治理、城市治理、特定问题治理等，需要一套完备的国际化、政府间、部门间、公私间的跨界协作制度体系，化解冲突和矛盾，在互动合作中寻求整体利益最大化。

第一节　首都城市更新制度演进及存在的问题

制度优势是一个国家的最大优势，制度竞争是国家间最根本的竞争。由于传统城市建设管理规则的制约，城市更新项目在实践中常常陷入种种困境，如功能改变困难、资金来源单一、利益协调不足、审批流程复杂、部门协同缺失、文化传承断裂、规范标准难以适用等，从而造成更新行动的停滞不前或价值偏离，制度建设由此成为当前城市更新变革的关键领域，人们也在不断探索城市更新政策与制度建设。

一、首都城市更新制度发展演进

党的十八届三中全会将"推进国家治理体系和治理能力现代化"作为全面深化改革的总目标。城市建设须担负起推动和优化社会治理的相关责任，通过城市更新实践促进城市精细化治理。2013 年 12 月，中央城镇化工作会议提出："严控增量，盘活存量，优化结构，提升效率""由扩张性规划逐步转向限定城市边界、优化空间结构的规划"。2020 年 5 月，中共中央政治局常委会会议提出：在全球化经济总体下行和新冠肺炎疫情的影响下，推进国内国际"双循环"相互促进的新发展格局。城市建设需要通过城市更新实现空间品质提升的同时，拉动经济发展动力。2020 年 10 月，党的十九届五中全会提出：对下阶段城市建设工作的战略性部署和方向指引，明确城镇化过程中解决城市发展问题，制定实施相应政策措施和行动计划，走内涵集约式发展的具体举措。国家层面不断引导城市更新，在老旧小区、老旧厂房改造等方面出台了一系列方向性和引导性的专项政策，成为地方开展城市更新的依据。2021 年 6 月，北京市发布《北京市人民政府关于实施城市更新行动的指导意见》，标志着北京市正式开启城市更新工作。2021 年 8 月，北京市政府出台《北京市城市更新行动计划（2021—2025 年）》，明确了 2021～2025 年北京城市更新的目标和方向，聚焦城市建成区存量空间资源提质增效，不搞大拆大建，推动六类城市更新项目的发展，建立起良性的城市自我更新机制。2021 年 11 月 4 日，住房和城乡建设部发布《住房和城乡建设部办公厅关于开展第一批城市更新试点工作的通知》，公布了北京市等 21 个城市为首批试点城市，预示城市更新工作将会出现"新政策""新模式""新速度"。

二、首都城市更新制度建设存在的问题

我国在国家层面还未出台全面整合的城市更新法律法规，除广州、深圳、上海外，北京等城市还尚未设立专门的机构来管理城市更新，相应的管理办法和配套政策尚未出台，针对城市更新项目的规划编制、审批和实施路径有待建立。北京城市更新制度建设背景具有特殊性，主要体现在首都定位、减量发展、疏解整治与有机更新等特殊发展要求的约束上。其对传统制度的路径依赖以及对改革风险的规避需求，使之在城市更新制度建设上尚未迈出突破性的步伐。

北京城市更新制度建设存在诸多问题与挑战：街区更新的多主体协同不足、公众参与有限；更新资金来源主要依赖政府财政，融资渠道不足；支持空间功能变更、产权确权与处置、容量调整的政策机制不健全；缺少系统有序的运营管理与组织维护等。北京中心城区由于增量空间不足和资源"错配"，许多建成区缺少公共服务设施配套，补短板成为城市更新的客观要求和重要任务。多数城市更新项目通过"事议"的个案方式来推进，缺少系统和明确的城市更新项目管理、规划要求与实施流程等具体引导，致使城市更新行动成本高、不确定性大、权责不清。再者，北京特殊的首都定位，导致城市更新缺少容许试错的条件与灵活的市场机制应用，制度改革常常表现为政府自上而下的指令，业界与学界的策略反思亦因此更为迟缓和慎重。北京虽初步形成了具有一定特色的街区更新模式，但仍然缺少系统性的制度设计和机制支撑，现有街区更新的相关经验探索尚未能转化为固定的体系化政策以指导实践。因此，首都城市更新制度建设还需要从以下几个方面努力。

首先，健全多级联动的城市更新组织架构。由城市政府及相关管理部门组成城市更新工作领导小组，工作领导小组下设办公室，建议设在自然资源管理部门，负责全市城市更新协调推进和日常管理工作，健全"市-区-重点片区-更新单元"四级联动机制。

其次，开展城市更新立法和政策体系建设。尽快出台专门的城市更新纲

领性文件和条例，配发城市更新的配套政策和实施细则，使城市更新行动有法可依、有章可循。

再次，完善城市更新统筹规划设计。以"双修"＋"双转"（老城区城市修补和生态修复，城市发展转型和经济动力转换）为主线，制定城市更新的专项规划、年度计划，制定相关规范和标准。确定城市更新的总体目标和发展策略，明确分区管控、城市基础设施和公共服务设施建设、实施时序等任务和要求。

最后，做好现有政策规划的有机衔接。树立城市更新"全周期管理"理念，按照北京市"三级三类"国土空间规划体系，建立城市更新"一张图"，融合"现状一张图"和"审批一张图"的数据基础，结合政务数据和社会大数据等多源数据，实现各类空间管控要素精准落地和各级各类规划成果实时更新。同时，与土地整备、公共住房建设、农村城镇化历史遗留问题等工作有机衔接，与历史风貌和历史建筑的保护与活化利用有机衔接，最终形成"政策机制＋重点领域"工作格局。

第二节　建构首都城市更新的法治体系

习近平总书记指出："全面推进依法治国涉及很多方面，在实际工作中必须有一个总揽全局、牵引各方的总抓手，这个总抓手就是建设中国特色社会主义法治体系。"[①]要加快形成完备的法律规范体系、高效的法治实施体系、严密的法治监督体系、有力的法治保障体系、完善的党内法规体系。城市更新治理作为国家现代化治理的基层空间和基层逻辑，其法治体系在内涵和外延上同国家治理法治体系具有一致性，包括完备的法律规范体系、高效的法治实施体系、严密的法治监督体系、有力的法治保障体系和完善的党内法规体系。但是，城市更新治理不同于国家治理，具有高度的自治和共治属性。其中，共治属性决定了城市更新治理法治要统筹协调党组织、基层政府、社区自治组织、社会组织、居民个人等各个治理主体间的关系，科学界定各个治理主体的行为边界及权力（权利）义务范围，公平权衡各个治理主体间的利益分配，并以国家强制力有效保障各个治理主体的合法权益等。自治属性

---

① 习近平：关于《中共中央关于全面推进依法治国若干重大问题的决定》的说明[EB/OL]. http://www.gov.cn/xinwen/2014-10/28/content_2771717.htm[2014-10-28].

决定了城市更新治理在治理规范上涵盖了大量基于平等协商、自律互律而产生的章程、公约、协定、约定等"软法"规范；在治理手段上更加倚重"软法之治"，"超越传统的管制思维，关注和回应多元利益诉求，倚重协商民主，推崇认同、共识与合意的特质和实现过程"①；在矛盾纠纷解决上，更加强调调解、协商、和解等多元矛盾纠纷解决机制。

一、城市更新治理法律规范的内在逻辑

城市更新治理法治体系在法律规范体系上应该是"硬法"规范和"软法"规范的有机结合，彼此功能互济、协调配合；在法治实施体系上，强化法治思维法治方式的运用，建立以社会强制和自愿服从为特征的多样化实施机制以及多元化矛盾纠纷解决机制；在法治监督体系上，借力国家、社会组织和居民的相互监督，协同合作；在法治保障体系上，不仅要加强法律服务、经费供给、人才队伍等法治硬件的投入，更要倾力于法治信仰、法治文化等法治软件的精心培育和扶植；在党内法规体系上，始终坚持党的依法领导，充分发挥党总揽全局、协调各方的"软硬兼施"作用，推进城市更新各项治理资源和力量走向整合，形成合力。

城市更新治理法治体系内在逻辑关系表现在：完备的城市更新治理法律规范及自治规范体系是城市更新治理法治体系建构的前提性基础；高效的城市更新治理法治实施体系必须在法律方法的基础上建构；严密的城市更新治理法治监督体系是城市更新治理法治良性运行的有效保障；有力的城市更新治理法治保障体系是城市更新治理法治的孵化器、推进器和倍增器；完善的城市更新治理党内法规体系确保城市社区治理法治的正确方向。

但是，截至 2022 年底，中央层面还没有出台正式的关于城市更新的法律或规范制度。社会对城市更新的认识也经历了一个漫长的演变过程，从 2008 年开始的全面拆除重建的棚户区改造到 2019 年开始推动老旧小区改造，再到 2020 年正式提出实施城市更新行动，中央的政策演变体现了城市发展理念的变更，从过去的"粗放式发展"进入"精细化运营"时代，从扩大增量向深挖存量转变。地方层面则是各自因地制宜自发地开展城市更新行动，各地制度建设和项目实施水平都有很大的差异，部分省市较早开始尝试，以实践推

---

① 韩春晖，陈吉利. 社会主义法治体系中的软法之治——"党的十八届四中全会精神与软法之治"学术研讨会的延伸思考[J]. 行政管理改革，2015（2）：50-53.

动制度建设，经过多年摸索仅有上海、广州、深圳等少数城市形成了较为完善的规则体系，大部分省市至今对此仍没有清晰完善的认识。

二、尽快构建"1+5+N"的城市更新政策法规体系

为完善城市更新制度与政策法规配套，北京可借鉴广州等地的相关经验，建构"1+5+N"的城市更新政策法规体系，如图21-1所示。其中，"1"指由北京市政府应尽快下发"北京城市更新条例/管理办法/指导意见"。通过纲领性文件明确北京街区更新的基本概念、适用范围、工作原则和要求、各级政府职责、规划编制与实施规定、土地处置要求、公众参与流程等。"5"指五大分类指引文件，按城镇老旧小区、公共空间、老旧厂房、老旧商办、历史街区等不同拆迁类型出台分类型、差异化的管控措施；按拆除重建、局部改变、综合整治等不同拆迁力度出台具体指引，这可在目前已经出台的相关专类政策基础上进行集成、补充和完善。"N"是指与具体更新实践操作相关的其他多种类规范性文件，以问题为导向，分部门、分机构出台配套文件，包括城市更新项目的申报与审批、规划编制与年度计划、规划/土地政策、实施主体、项目监管、资金监管等程序性或实质性规定，以及适合存量规划的规范、标准和指引等[①]。

图 21-1　北京街区更新的"1+5+N"政策体系建议

---

① 唐燕，张璐. 北京街区更新的制度探索与政策优化[J]. 时代建筑，2021（4）：28-35.

在北京城市更新的"1+5+N"政策体系构建中，"1"的纲领性文件尽早出台极为重要。北京由于缺少统筹性、纲领性的城市更新政策文件引导，不同社会角色和主体对"什么是城市更新""城市更新的理念与价值导向如何""城市更新怎样做"等基础性和根源性问题存在认知上的不一致，导致部分城市更新行动的五花八门和无序推进。由于不同部门颁发的政策常常"政出多头"，缺少统筹、对接和协同，也造成政策覆盖面不足且落地实施难。从"N"项支撑性规范文件来看，北京完善城市更新体系应重点关注以下四个方面：强化多元共治与公众参与；拓宽融资渠道，建立资金共担模式；完善产权制度与利益分配机制，加强空间管控与设计指引；促进全流程运营维护及监管①。

第三节　建构首都城市更新的激励体系

激励是管理工作的重要手段，也是提高治理效能的关键选择，城市更新治理也需要激励提高治理效率与效果。一是城市更新治理任务重。城市更新治理不仅要解决市政基础设施老化、交通拥堵、城中村人居环境较差等基本城市问题，更需要尊重人民群众意愿，聚焦居民"急、难、愁、盼"问题，完善适老化和无障碍设施，健全城市防洪排涝体系，增加公共体育活动场地，加快建设宜居、绿色、韧性、智慧、人文城市，更好地满足人民群众对城市宜居生活的新期待。二是城市更新效率低效果不佳。城市更新目标为实现转变城市开发建设方式，推动城市结构优化、功能完善和品质提升，但政府、企业、社会等多元主体常常因为利益冲突存在行动博弈，出现政策配套出台不及时、资金投入不足量、技术创新不高效、行动参与不配合等保障不足、动力不够、人力不齐等问题，使城市更新进程较慢，效果不佳，无法满足人民群众日益增长的对美好生活的向往需求。亟须构建首都城市更新激励体系保障和加快首都城市更新，提高政府、企业、社会多元主体参与城市更新治理的积极性。

建构首都城市更新激励体系需参考传统经典的激励理论，厘清激励的主要方式及作用机制。基于不同的人性假设、视角和分析方法形成不同的激励理论。美国心理学家、行为科学家赫茨伯格（F. Herzberg）提出了双因素理

---

① 唐燕，张璐. 北京街区更新的制度探索与政策优化[J]. 时代建筑，2021（4）：28-35.

论，认为职工工作积极性主要受保健和激励两个因素的影响。保健因素有企业政策与管理、监督、工资、同事关系、工作环境与安全、地位与福利等；激励因素有工作表现机会和由工作带来的愉快心情、工作上的成就感、良好的工作成绩、对未来发展的期望、职务上的责任感提升等。弗鲁姆（V. H. Vroom）的期望理论认为激励的力量等于某一行动成果的评价（或效价）和对行动成功的可能性程度评估（或期望值）的乘积。亚当斯（J. S. Adams）公平理论指出，力图恢复"公平"愿望可以被理解为一种激励，这种激励的方式可以表现为试图改变其报酬或贡献、有意或无意地曲解自己或他人的报酬与贡献，或竭力改变他人的所得报酬与贡献等三种形式。罗伯特·豪斯（Robert J. House）和迪尔（W. Dill）等人在赫茨伯格和弗鲁姆的两种理论基础上提出了激励力量的结构公式：激励力量＝任务内在激励+任务完成激励+任务结果激励。

实践中，企业常用的激励机制有荣誉激励体系、情感激励体系、利益激励体系。荣誉激励体系从给予用户荣誉感的角度出发设计产品功能，荣誉激励的手段主要还是积分、等级体系、信用体系，关键是要做到不同等级的积分拥有不同的特权和稀缺性。通常体现在个人展示样式以及可用功能差异化，有对比，有差距感，用户才有成为第一的动力和上升为高级别后的优越感。情感激励体系主要是通过涉及产品的用户情感反馈机制来实现的，体现在人与人之间的社交互动、认同感以及平台和用户的情感共鸣上，以互动激励和平台激励为主。互动激励是指产品通过点赞、喜欢、认可、评论等功能来激励用户之间产生链接。平台激励一般体现在平台运营和功能引导方面。利益激励体系分为两块，一块是特权，一块是福利。特权指优先权、优惠权等。特权有两种获取方法，一是行为积累，二是付费购买。福利是一个超越用户期望的免费服务、免费奖励，如积分商城，平时的积分可以兑换各种折扣券。构建"政府-企业-社会"多层次的首都城市更新激励体系，关键要厘清北京城市更新治理的主要目标及参与主体的根本需求。实施城市更新的根本目标是转变城市开发建设方式和经济增长方式，全面提升城市发展质量，满足人民日益增长的美好生活需要，促进经济社会持续健康发展。首都城市更新涉及中央政府、北京市政府、企业、社会和业主等多元主体，不同主体所承担的城市更新使命任务和发展需求是不一样的。激励要做到有效，就必须具有针对性，因此需要构建"政府-企业-社会"多层次的首都城市更新激励体系，这是适应城市更新治理多元参与、共治共享基本原则做出的选择。

首都城市更新激励体系包括政策激励、投资激励、行动激励多维度内容。激励体系的本质在于通过树立清晰可感知的目标，通过设置有吸引力的奖励，引导主体做期望他们做的事情，从而传达产品或服务的意志。激励体系具有目标明确、规则限制、系统反馈、自愿参与四个基本原则。城市更新治理的目标就是营造良好的城市环境，满足人民日益增长的对美好生活的需要。但是，城市更新必须遵守不搞大拆大建的原则，除城镇棚户区改造外，不包括房屋征收、土地征收、土地储备、房地产一级开发等项目建设。城市更新的反馈系统就是人民美好生活的需求是否得到满足，自愿参与就是以政府为主导，引导企业与公众了解并愿意接受任务目标、规则和反馈，自愿尝试克服种种障碍达到目标。

一、对政府主体的政策激励

政府作为政策的制定者与执行者，对城市更新治理起着重要的引导与保障作用。政策激励体系包括政治激励、组织激励、工作激励等多种形式。从城市更新政策演进历程来看，北京、上海、广州、深圳四大一线城市的城市更新政策机制不断优化，呈现出由"棚改""旧改"升级为"城市更新"。北京市城市更新政策经历了从支持类政策向引导类政策，再向规范类政策的转变。支持类政策常见的有《北京市人民政府关于加快棚户区改造和环境整治工作的实施意见》（2014年）、《北京市2015年棚户区改造和环境整治任务》（2015年）、《北京市2016年棚户区改造和环境整治任务》（2016年）、《北京经济技术开发区关于城市更新产业升级的若干措施（试行）》（2020年）；引导类政策有《老旧小区综合整治工作方案（2018—2020年）》（2018年）、《北京市人民政府关于实施城市更新行动的指导意见》（2021年）、《关于老旧小区综合整治实施适老化改造和无障碍环境建设的指导意见》（2021年）；规范类政策有《北京市老旧小区综合整治标准与技术导则（征求意见稿）》（2021年）与《关于进一步加强老旧小区更新改造工程质量管理工作的通知》（2021年）。2021年8月，北京市人民政府印发了《北京市城市更新行动计划（2021—2025年）》，明确了聚焦城市建成区存量空间资源提质增效，不搞大拆大建，推动六类城市更新项目的发展。梳理现有城市更新政策发现，现有的基于政府主体的政策激励以督查激励和工作激励为主，以"为人民服务"的政治激励与"放权基层"的组织激励的配套政策较少，亟须丰富政策激励的多元形式，充分发挥政府主体的治理作用。

二、对企业主体的投资激励

积极参与城市更新的企业主要包括区域内国有企业、大型房地产开发企业与施工企业、金融机构等，它们具有不同的资源优势与利益需求，但逐利是企业共同的本性，对于不同的企业主体需要采取不同的方式激励其积极投资城市更新治理。目前，企业参与城市更新的模式主要有四种：企业或基金等投资机构投入的重资产模式；政府主导、企业实施的合作开发模式；轻资产运营模式；品牌管理输出模式。

对于国有企业，地方政府授权地方国有企业为主体进行投融资，引导国有企业在前期牵头投资城市更新项目。城市更新项目涉及面广、影响大、涉及主体多、缺乏政策法规依据、审批监管环节多，区属国有企业对此具有特有优势，如区情和城市更新项目情况熟悉，项目审批、监管等资源沟通、整合能力强，政府支持力度大，风险承受意愿强。区域内国有企业可牵头参与各种类型的城市更新项目的前期工作，项目成熟后可通过招标等形式引进社会资本方，合作成立特殊目的公司（special purpose vehicle，SPV），由该公司作为主体完成城市更新项目。

对于大型房地产开发企业与施工企业，可从积极调控房地产市场引导其深度参与城市更新治理。随着城市空间的不断扩张，城市核心区域几乎很难再有新增土地供应，再加上土地竞拍成本越来越高，城市更新项目给予了房地产开发企业以更低成本进入城市核心区域的机会；同时，随着城市的转型升级，城市更新已拥有万亿元级别市场，参与城市更新项目成为房地产开发企业持续保值增值的有效手段。政府积极调控房地产市场引导房地产开发企业深度参与城市更新。目前，房地产开发企业参与城市更新的组织方式主要包括独立运作、收并购和合作三种方式。根据自身的实力，房地产开发企业可以选择不同的合作方式参与城市更新，同时，积极引导企业向产业升级、生态宜居城市建设、历史文化价值挖掘发展。鼓励房地产开发企业根据项目实际情况规划城市更新项目类型，如"工改商""工改民""民改商"等多种更新方式；施工企业可通过与房地产开发企业建立深度战略合作，寻求长期、稳定的项目，使城市更新治理可持续发展。

对于金融机构，通过政策强化信心，积极引导其参与城市更新治理。2021 年国家发展和改革委员会、住房和城乡建设部印发的《关于加强城镇老旧小区改造配套设施建设的通知》指出，推动发挥开发性、政策性金融支持城镇老旧小区改造的重要作用，积极争取利用长期低成本资金，支持小区整体改造项目和水电气热等专项改造项目。鼓励金融机构参与投资地方政府设立的老旧小区改造等城市更新基金。金融机构可通过发放城市更新贷款、设立城市更新基金和专项债等多种模式为城市更新项目的投融资提出解决方案，参与主体包括国家开发银行、股份制银行、私募投资基金等。但是，金融机构参与城市更新项目也面临着巨大的风险。与传统"招拍挂"项目相比，城市更新项目的风险包括：①政策风险。该项目是否符合政府政策，能否顺利完成审批，指标是否可靠。项目申报立项、专规、实施主体阶段越往后，风险相对越小。②主体风险。借款主体（融资主体）能否最终确认为项目实施主体，土地能否落到借款主体名下。实施主体确认之后无风险，确认之前出具承诺函。③拆迁风险。项目拆迁是否存在很大障碍，如钉子户问题。考量签约率，单一业主或几个业主的项目风险偏小。

三、对社会主体的行动激励

对于社会组织及居民参与城市更新治理的激励就是要赋予其正当的权利，并多维度地构建社会权利保障机制。由于城市更新本身的特性，21 世纪初以来，对于城市更新实践中的"公众参与"问题的探讨实际上是对以"社区权力"为核心的问题探讨。党的十八大以后，随着公民权利向社会治理领域扩张，各地促进公众参与城市规划决策的制度改革措施也在持续研究和试验中。多元主体参与是城市更新作为一种综合性的城市问题解决方案的内在要求和基本手段。在诸多利益相关主体中，居民作为更新改造过程中物质环境损失的承担者和改造后城市空间的实际使用者，无论从损失补偿、市场需求还是从公共利益的角度，都应当被纳入城市更新的决策过程中。社区参与方式都为获取公开的规划建设信息，并在公示期提交相关意见。所以，在技术实施层面完善公众参与流程，加强公众参与反馈；在权力结构层面保障社区赋权稳定及参与各方的权力关系平衡；在制度层面对公众参与进行全面且谨慎的干预。

第四节 建构首都城市更新的协同体系

构建首都城市更新的协同体系，首先要明确政府、企业、社会协作主体的地位。《北京市城市更新行动计划（2021—2025年）》提出坚持"政府引导，市场运作；多元参与，共治共享"的基本原则实施城市更新行动，既要充分发挥政府统筹引导作用，建立以区为主、市区联动的城市更新行动工作机制，也要充分激发市场活力，调动不动产产权人、市场主体和社会力量等各方积极性，多种方式引入社会资本，还要鼓励居民、各类业主在城市更新中发挥主体主责作用，加强公众参与，建立多元平等协商共治机制，探索将城市更新纳入基层治理的有效方式，不断提高精治共治法治水平。城市更新行动是推动城市开发建设方式转型、促进经济发展方式转变的有效途径，是满足人民日益增长的美好生活需要的重要选择，需要城市政府、企业、社会多元主体共同参与。共同参与城市更新的关键是要协调好各方利益需求，首要关键是要确立政府、企业、社会协作的主体地位。

一、构建"一核多元"的多元主体协同治理体系

开展首都城市更新实践要构建"一核多元"的多元主体协同治理体系。在基层治理的一盘大棋中，要完善"一核多元"的基层治理体系，因地制宜地探索基层协同治理体系的新体制机制，形成"一个核心、一个主导、一个基础"的基本治理框架。"一个核心"，即充分发挥基层党组织领导核心作用，坚持党建引领。新发展阶段，巩固基层党组织的领导核心地位，要进一步突出基层党组织的政治功能和组织力，严密组织体系，广泛联系不同单位、行业及各领域党组织，构建好区域统筹、条块协同、上下联动、共建共享的城市更新治理工作新格局。"一个主导"，即有效发挥基层党组织的主导作用。推进基层治理现代化应进一步强化基层政权组织的主导性作用，从最突出的问题防起，从最基础的环节抓起，从最明显的短板补起，着力解决城市更新治理越位、缺位、错位问题，按照经济调节、市场监管、社会管理、公共服务、生态环境保护的职能准确定位。"一个基础"，即注重发挥基层群众性自治组织基础作用，统筹发挥社会力量协同作用。完善社会力量参与城市更新治理激励政策，创新社区与社会组织、社会工作者、社区志愿者、社

会慈善资源的联动机制。健全社会组织参与治理机制，培育公益性、服务性、互助性社会组织和群众活动团队，引领各类社会组织专业规范运作、依法依规办事，达到共建、共治、共享的多元协同治理格局。

二、健全"三治融合"和"智慧治理"

开展首都城市更新协同治理亟须落实"三治融合"和"智慧治理"的有益经验。《中共中央国务院关于加强基层治理体系和治理能力现代化建设的意见》明确了基层治理现代化的制度建设、能力建设和机制创新，为当前我国突破基层治理困境、推进基层治理现代化提供了明确的路线指引，也为城市更新协同治理提供了重要参考。该意见提出，党领导下的自治、法治、德治"三治融合"和现代技术的"智慧治理"是当前基层治理方式从行政性单一化管理向党领导下的基层多元共治方式的转变，从以往硬性治理方式向柔性治理方式的转变，从传统的粗放式管理向现代精细化治理方式的转变。城市更新要大力健全"三治融合"的工作理念和"智慧治理"的工作要求，推进城市更新协同高效发展。